PNR(Puritans and Reformed Publishing Company)
개혁주의신학사는 청도교 신학과 개혁 신학에 관한 기독교 서적을 출판하는 출판사이며, 자유주의 신학과 다원주의 신학을 배척하며 순수한 기독교 신앙을 보수하기 위하여 설립된 문서선교 기관이다. PNR KOREA(개혁주의신학사)는 CLC가 공동으로 운영하는 출판사이다.

추천사

이경직 박사
백석대학교 기획 산학 부총장, 조직신학 교수

저자 존 오만(John Wood Oman, 1860-1939)은 스코틀랜드 장로교의 신학자이자 목회자다. 그는 17년간 목회했으며 약 28년 동안 케임브리지대학교 웨스트민스터대학(Westminster College) 교수로서 조직신학과 변증학을 가르치면서 학장으로도 섬겼다. 옥스퍼드대학교와 에든버러대학교에서 명예 신학 박사를 받았으며, 영국학술원 회원으로도 섬겼다.

1917년 초판이 나온 이 책은 1911년 10월부터 「엑스포지터」(*Expositor*)에 게재한 글들을 모은 것이다. 저자가 밝히듯이 이 책에 담긴 글들은 저자가 대학 연구실과 강의실에서 인간을 추상적으로 연구하지 않고 인간의 연약함과 악함을 제1차 세계 대전의 현장에서 뼈저리게 경험하고 고민한 결과이다. 참된 평화는 인간의 의지와 능력에서 나오지 않고 하나님을 신뢰하는 신앙에서 나온다는 것이 저자의 확신이다. 저자에 따르면 하나님의 은혜가 느껴지지 않는 전쟁터에서 우리 신앙의 대상은 우리의 친구가 되시기 위해 하나님 아버지를 믿고 순종하신 인간 예수다.

저자는 하나님의 은혜로 우리의 칭의뿐 아니라 성화도 가능하다는 점을 강조하고자 한다. 세계 대전을 통해 드러난 인간의 문제는 하나님의 은혜를 인격적으로 받아 들여 하나님께 절대 의존하지 않는 데 있다.

저자는 인간 인격의 자율성을 강조한 근대 계몽주의 낙관론이 세계 대전으로 무너진 상황에서 하나님의 절대적 은혜를 강조하는 신학을 회복하고자 한다. 하나님의 절대 은혜가 우리 인격을 어떻게 형성해 나가는지를 알고자 하는 분들에게 일독을 권한다.

은혜 그리고 인격

Grace and Personality
Written by John Oman
Translated by Noh-Eul Myung
All rights reserved.
Korean Edition Copyright ⓒ 2022 by Puritan and Reformed Publishing, Seoul, Korea.

은혜 그리고 인격

2022년 4월 20일 초판 발행

지 은 이 | 존 오만
옮 긴 이 | 명노을

편　　집 | 한명복
디 자 인 | 박성숙, 서민정
펴 낸 곳 | 개혁주의신학사
등　　록 | 제21-173호(1990. 7. 2.)
주　　소 | 서울특별시 서초구 방배로 68
전　　화 | 02-586-8761~3(본사) 031-942-8761(영업부)
팩　　스 | 02-523-0131(본사) 031-942-8763(영업부)
이 메 일 | clckor@gmail.com
홈페이지 | www.clcbook.com
송금계좌 | 기업은행 073-085852-01-016 예금주: 개혁주의신학사
일련번호 | 2022-22

ISBN 978-89-7138-078-9 (03230)

이 책의 저작권은 저자와 개혁주의신학사가 소유합니다. 신저작권법에 의하여 한국 내에서 보호받는 저작물이므로 무단 전재와 무단 복제를 금합니다.

은혜 그리고 인격

존 오만 지음
명노을 옮김

Grace and Personality

개혁주의신학사

차례

추천사 이경직 박사 | 백석대학교 기획 산학 부총장, 조직신학 교수   1
저자 서문   8
역자 서문   10

제1부

은혜로운 인격적 관계(A Gracious Personal Relation)   15

제1장 무오류성(The Infallibilities)   16
제2장 저변의 문제(The Underlying Problem)   25
제3장 은혜의 현대적 생각(Its Modern Statement)   30
제4장 불가항력적 은혜(Irresistible Grace)   38
제5장 가톨릭의 타협(The Catholic Compromise)   45
제6장 자율성(Autonomy)   50
제7장 도덕적 인격(Moral Personality)   56
제8장 의존과 독립(Dependence and Independence)   69
제9장 비인격적 역사(Impersonal Operations)   82
제10장 은혜로운 관계(A Gracious Relationship)   89

제2부

은혜 계시의 형식(The Mode of Its Manifestation)   99

제1장 축복(Blessedness)   100
제2장 구속(Redemption)   118
제3장 화해(Reconciliation)   123
제4장 사랑 그리고 믿음(Love and Faith)   132

제5장 믿음 그리고 불신(Faith and Unbelief)	143
제6장 그리스도에 대한 믿음(Faith in Christ)	149
제7장 계시(Revelation)	163
제8장 은혜의 교제와 방편(The Fellowship and Means of Grace)	172

제3부

은혜 역사의 방식(The Way of Its Working)   **185**

제1장 기계적 대립 관계들(Mechanical Opposites)	186
제2장 참회(Penitence)	193
제3장 칭의(Justification)	201
제4장 죄의 결과들(The Consequences of Sin)	217
제5장 하나님의 뜻(The Will of God)	228
제6장 성도의 교제(The Communion of Saints)	249
제7장 하나님의 통치(The Rule of God)	263
제8장 영생(Eternal Life)	289

저자 서문

존 오만(John Oman)
전(前), 웨스트민스터대학 조직신학 교수

「엑스포지터」(*Expositor*) 1911년 10월부터 실렸던 일련의 기고문들이 이 책의 바탕이 되었다. 그러나 이 책은 그 기고문들의 재인쇄가 아닌 전적으로 다시 쓴 책이다.

이 책의 출간이 너무 오랫동안 지연된 까닭에 제1차 세계 대전이 끝날 때까지 기다리려고 했는가 싶기도 할 것이다. 그러나 이 전쟁은 연구를 위해서 더 많은 여유와 마음의 평온을 주었다. 그렇지만 이 연구는 대부분의 사람들에게는 갈등의 문제들과는 거리가 있는 것처럼 보일 것이다.

그런데도 지금 세상에 나온 이 작품은 제1차 세계 대전의 결과물이다. 그 전쟁으로 나의 학생들은 흩어졌고, 더욱 직접 내가 케임브리지대학교의 종교철학에 대한 대학 강연자로서 임명되어 해야 했던 역사적, 철학적 연구를 멈춰야만 했다. 나는 군대 야영장과 병원으로 갔으며, 거기서 근본적인 신앙 질문들을 끊임없이 자문했다. 또한, 나의 총체적 신앙 입장을 재고하게 되었다.

게다가 지구상에서 그런 슬픔과 사악함이 생길 수 있었다는 사실은 시련의 장이 되었고, 여기서 세상에 대한 나의 모든 견해는 시험받아야만 했다. 하지만 내 의도는 세상에 대한 견해가, 결국 이 전쟁과 함께 다른 모든 사건을 포함해야 한다는 것이기에 제1차 세계 대전에 대한 직접적인 언급을 피하고자 했다. 이는 보다 큰 문제에 대한 관심을 놓치지 않기 위해서였다.

이 책을 쓰는 동안 나는 영국 혹은 프랑스에서 군인들과 더불어 계속 살고 있었고, 슬프게도 많은 수의 나의 학생 친구가 줄어드는 것을 목도했으며 또 나의 젊은 시절 동료 그리고 가깝고도 사랑스러운 자들의 부고를 너무나 자주 접해야 했다. 그런 연유로 책 저술은 나의 의도처럼 되지 않았다.

그러나 내가 믿기로 그것은 확신을 흐리게 하지 않고 오히려 지난 몇 년 동안 강화했다. 그리고 그 확신은 우리가 궁핍한 시대 중에 가장 큰 필요는 신앙이고, 이는 그 자체의 빛 가운데 빛나야 하며 평화를 위해서는 모든 정치적 안전책보다 더 큰 것은 사람과 방편, 영혼과 사물에 대한 기독교적 가치여야 한다.

형식을 제외하고 기고문의 본질은 바뀌지 않았다. 이미 수년 동안의 연구와 사색의 결과물인 까닭이다. 그리고 만일 내가 주제에 대해 새로운 생각을 제시하는 것을 자신한다면, 그 주된 주장은 불가능한 방식으로 검증을 거쳤다. 이는 이성의 절대적 과정으로든 혹 절대적인 신적 주권으로든 간에 은혜로운 하나님에 대한 감정적인 믿음을 위해서뿐만 아니라 절대자로부터 시작하는 교리를 위해서였다.

나의 주장에 대한 적용은 방법론이 훌륭함을 크게 보여 주지 않는다. 하지만 방법론은 어떤 특별한 적용보다는 더욱 중요했다. 그 이유는 나의 한계가 어떤 자들로 하여금 더 나은 목적을 위해 이를 사용할 수 있도록 고무시킬 것이란 소망을 나에게 주기 때문이다. 알렉산더와 암스트롱 목사는 나를 도와 교정했고, 배처 버치는 요약과 목차를 준비했다.

웨스트민스터대학에서
1917년 10월

역자 서문

명노을 목사
캐나다 트리니티교회 담임

 현대 교회의 문제가 무엇인가?
 교회는 대형화, 세련화되어 가지만 사회적 영향력을 잃어 가고 있고, 많은 신학적, 교리적 연구에도 불구하고 잘못된 이단적 가르침이 넘쳐 참된 구원의 길은 갈수록 좁아져 간다. 또 세상의 소금과 빛이 되어야 할 그리스도인이 그 짠맛과 빛을 잃어 간다.
 이는 신앙과 삶의 괴리로 인한 현상, 곧 신앙인으로서 도덕적 주체성을 망각하고 잃어버린 것 때문이 아닐까?
 하나님이 주 예수 그리스도를 통해 주신 은혜가 우리 안에서 살아 있는 인격적 힘이 아닌 교리와 지식의 비인격화된 힘으로 나타날 때에 이런 현상은 일어난다. 신앙의 하나님과 삶에서의 하나님이 각각 다른 칸에 있다면 우리는 하나님을 온전히 보는 것이 아니요, 참된 구원을 얻는 믿음을 갖는 것도 아니다.
 우리는 '생명'과 '삶'을 분리하려 한다. 하지만 우리가 따로따로 쓰는 이 단어들은 영어로 'life'로 표시되듯 의미상 하나다. 성도는 영원한 생명을 가진 삶을 사는 존재다. 따라서 생명과 삶은 절대로 구분될 수 없다. 생명의 예수와 삶의 예수가 다르다면, 이는 생명과 삶을 분리하는 것이며 그러면 우리의 믿음은 진정한 것이 될 수 없다.

예수 그리스도를 다른 칸에 두는 이유는 무엇일까?

이는 우리가 예수 그리스도를 우상화하는 데 있다. 하지만 우상화된 그리스도의 믿음으로 우리는 참된 신앙의 길을 놓칠 수밖에 없다. 나의 삶과 함께하는 주가 아니기 때문이다. 성도가 주목할 그리스도는 바로 인성을 가진 예수여야 한다. 주 예수는 신성을 갖은 성자 하나님이지만, 우리가 붙들고 바라보고 따라야 할 믿음의 대상은 인간 예수다.

예수 그리스도의 삶은 세상의 소금과 빛이 되는 능력을 제시한다. 예수 그리스도는 때로는 제자들에 의해 주로 불렸지만 오히려 그들의 친구로 나서길 원하셨다. 바로 자신의 인간적 모습 가운데서 우리가 하나님 아버지를 보고 알기를 주 예수는 원했기 때문이다.

우리의 믿음의 대상은 인간 예수다. 그가 보인 하나님 아버지에 대한 믿음과 순종의 모습이 바로 하나님의 성품과 인격을 드러내기 때문이다. 우리가 예수의 신성의 면만을 본다면 우리는 절대로 주가 보이신 하나님 아버지의 성품과 인격을 온전히 보지 못하게 된다. 우리가 경배할 대상은 신성의 예수 그리스도이지만, 주 예수는 스스로 인성의 존재로 나타나 하나님을 우리에게 보이고 하나님의 어떠하심을 우리가 따르기를 원하신 까닭에 주는 우리와 친구되기를 원하셨고 그래서 죄인된 우리를 친구로 부르셨다.

> 너희가 나의 명하는 대로 행하면 곧 나의 친구라 이제부터는 너희를 종이라 하지 아니하리니 종은 주인의 하는 것을 알지 못함이라 너희를 친구라 하였노니 내가 내 아버지께 들은 것을 다 너희에게 알게 하였음이니라 (요 15:14-15, 개역한글).

하나님의 은혜는 하나님의 전능성의 능력이지만 동시에 우리를 향한 하나님의 관계를 포함한다. 하나님은 우리를 전능성으로 구원하며 동시에 그 자녀 된 우리와의 지속적인 은혜로운 관계를 맺고자 하신다. 그런데도 우리는 생명의 구원을 받게 되는 방편으로만 은혜를 생각하는 경향이 있다.

그러나 하나님은 그 은혜를 통해 우리로 하나님의 성품과 인격을 갖게 하는 데 있다. 이것이 바로 성경이 그렇게도 그 백성이 거룩하고 점도 흠도 없기를 권면하는 본질이기도 하다. 저자는 이를 도덕적 인격의 이름으로 부른다.

저자 존 오만(1860-1939)은 영국의 장로교를 대표하는 신학자다. 18세기와 19세기 유럽에서는 합리주의에 바탕을 둔 유토피아적인 믿음의 만연으로 인류의 무한한 완전 가능성을 기대하며 낙관주의에 사로잡혀 있는 가운데 제1차 세계 대전이 일어났다.

그리고 문제는 비극적 전쟁의 당사자들이 바로 예수 그리스도를 믿었던 자들이었다는 점에 있었다. 오만은 이 전쟁의 경험 가운데 인간의 절망과 타락, 부패를 목격하고, 거짓된 믿음에 대항하여 하나님 앞에 참된 믿음이 무엇인가를 고민하고 사색하며 자신의 서문에서 밝힌 대로 '총체적인 신앙적 입장을 재고'하는 가운데, 바로 하나님의 은혜를 인격적으로 받아들이지 않는 것이 문제임을 인식하고 그 진정한 해결책을 찾고자 모색한다.

이 책은 하나님과 인간 간의 관계의 본질이 무엇인가에 초점을 맞춘다. 그 관계는 한마디로 '은혜로운 인격적 관계'로 정의한다. 이는 주기도문에서 하나님이 "하늘에 계신 우리의 아버지"라는 주 예수의 가르침의 함의다. 이 관계가 은혜로운 것은 신앙적으로 인간은 하나님께 전적으로 의존적이며 삶의 모든 경험 가운데 하나님의 도움이 필요하다는 이유에서다. 그런데도 그 관계가 인격적임은 인간이 하나의 도덕적 인격이고 그래서 우리의 도덕적 주체성이 언제나 존중받아야 하기 때문이며 은혜가 없이는 인간은 하나의 도덕적 실패자일 뿐이다.

따라서 복음의 핵심은 하나님이 인간을 자신의 사랑하는 자녀로 다루며 은혜가 줄 수 있는 것은 그 어떤 것도 아끼지 않지만, 동시에 도덕적 인격체로서의 인간의 독립성을 기각시키려 하지 않는다는 점이다. 그런 점에서 은혜는 비인격적인 힘인 충동이 아니라 하나님이 자신을 주심이며 이는 진리의 계시를 통해서 그리고 사랑의 제약으로 인해서이다. 그렇기 때문에 오만은 은혜만이 기독교의 진정한 신학이 되어야 한다고 결론 낸다.

　하나님의 은혜에 대해 쓰인 책들 중에 최고봉이라 평가되는 이 책은 그러나 깊고 어렵다. 하지만 저자의 철학적 신학적 물음과 사색은 우리에게 하나님에 대한 진정한 믿음이 무엇이며 하나님의 은혜를 입은 자의 인격은 어떠해야 하는가를 다시 한번 생각하게 하는 도전과 반성을 준다. 믿음은 하나님의 성품과 인격 안에서 우리의 도덕적 주체성을 찾을 때, 선한 목자로 오신 주의 약속처럼 구원의 생명과 함께 이 땅에서의 풍성함이 된다는 것을 상기하게 한다.

　이런 점에서 이 책은 심연(深淵)에 놓인 값진 보석이다. 우리는 이 보석을 찾고 얻기 위해 힘들지만 깊이 들어가야 한다. 저자가 말하고 있는 하나님의 은혜를 묵상하고 천착함으로 우리는 하나님의 성품과 인격에 대한 보다 깊고 확실한 성찰과 통찰을 갖게 되며 그래서 이 책은 세상의 소금과 빛이 되는 성도의 삶을 이루는 데 큰 도움을 줄 것이다.

Grace and Personality

제1부

은혜로운 인격적 관계
(A Gracious Personal Relation)

제1장 무오류성(The Infallibilities)
제2장 저변의 문제(The Underlying Problem)
제3장 은혜의 현대적 생각(Its Modern Statement)
제4장 불가항력적 은혜(Irresistible Grace)
제5장 가톨릭의 타협(The Catholic Compromise)
제6장 자율성(Autonomy)
제7장 도덕적 인격(Moral Personality)
제8장 의존과 독립(Dependence and Independence)
제9장 비인격적 역사(Impersonal Operations)
제10장 은혜로운 관계(A Gracious Relationship)

제1장

무오류성
(The Infallibilities)

모든 세대를 통해 기독교의 최대 위기는 종교개혁이 아니라 지금 시대에 가까운 18, 19세기 두 세기 간에 걸친 한 운동이었다고 주장되어 왔다. 프랑스인과 독일인은 열병처럼 이를 겪었으며 이를 하나의 위기로 알고 다음과 같이 이름 붙였다.

첫째, 프랑스어로 일루미니즘(Illuminisme)
둘째, 독일어로 아우프크래룽(Aufklärung)

하지만 프랑스가 시작하고 독일이 마무리지은 이 운동에 대해 본래적인 명칭을 합당하게 할 만큼 이 의미를 우리는 충분히 깨닫지 않았다. 그 명칭이 값싼 연상 작용을 얻지 않았다면, 우리는 이를 이성의 시대라 불렀을 것이다. 하지만 현 상황에서는 만일 우리가 정확의 대가를 치르고 어떤 의미를 전하기 원한다면, 우리는 이를 합리주의라 불러야 한다. 또한, 우리가 어떤 의미도 전하지 않는 위험 가운데 정확하기를 원한다면, 우리는 불어를 차용해서 이를 계몽주의라 불러야 할 것이다.

지금 주장된 바에 따르면, 종교개혁은 외적 조직의 단순한 파괴였다. 이 조직은 원칙상 외적 권위의 오랜 기초가 공격받지 않고 있으며 이에 기반

한 신조 체계 역시 실상은 당연시되었다. 어떤 전조가 있었다면, 개인 해방이라는 더욱더 과격한 운동에 대한 징후였다. 개인 해방은 그 시발이 12세기까지 거슬러 올라갈 수 있지만, 먼저는 합리주의에서 그 자체에 대해 분명한 이해를 하기에 이르렀다.

이 나라 영국에서는 적어도, 합리주의는 주로 모든 외적, 전통적 권위에 대한 공격으로 생각된다. 합리주의에 의한 전통의 비판은 과거에는 얻을 수 없었던 진지한 역사적 탐구라는 도구의 사용으로 인해 가공할 만해졌다. 광범위한 파급력을 갖는 일임이 증거되었기 때문이다. 하지만 새롭고 혁명적인 발전이 긍정적으로 확언한 것은 어떤 것도 참된 믿음 혹은 올바른 도덕이 아니며 그래서 지금 우리의 것이 아니라는 것 그리고 결과적으로 외적 권위는 원칙상, 불건전한 기초이며 개인적 판단은 권리일 뿐 아니라 의무라는 것이다.

우리가 자신의 어깨에 자기 행동뿐 아니라 자신의 확신에 대한 책임을 져야 하는 때라는 점에서 이 운동의 가장 위대한 사상가는 이를 인류 단계의 새로운 인종의 출현이라고 생각했다. 왜냐하면, 우리가 다음 사실을 알아야 하기 때문이다. 즉, 우리 자신이 진리가 참됨을 알지 않는 한, 참된 믿음조차도 우리에게는 진리가 아니며 우리 자신이 행동이 옳은 것임을 분별하지 않는 한, 올바른 행동조차도 도덕적이지 않다는 점이다.

이런 평가는 종교개혁에 대한 일상적인 비평에 의해 무의식적으로 인정되고 있다. 개탄스러운 것은 이 운동 자체의 업적이라기보다는 그 상태에서 생겨난 것처럼 보이는 병폐 때문이다. 이 운동이 처음에 틈을 열지 않았다면, 회의론의 찬 물결이 우리의 열매 풍성한 들판을 결코 넘치지 않았을 터였다. 그리고 마지막에서의 손실은 분명하다.

극단의 단순성과 명확성을 갖는 하나님과 인간에 대한 교리는 옛 교의적 기초 위에서 가능했다. 하나님은 절대적이고 직접적인 전능자요, 어떤 실수나 실패 없이 모든 것을 행하셨다. 반면에 인간은 그의 손의 피조물로서 직접 지음 받았으며 능력의 말씀 이외에는 인간 창조에 어떤 것도 필요치 않았다. 따라서 전지자(全知者)를 대하는 것은 무오류적 진리를 갖는 것이요, 주권자를 대하는 것은 절대적 법을 갖는 것이며 전능자를 대하는 것은 불가항력적인 도움을 갖는 것이었다. 믿음은 무오류적인 진리, 절대적 법을 받아들이는 칭의, 효과적인 은혜를 쏟아붓는 중생에 대한 수용이었으며 총체적인 교리적 건축물은 튼튼하고 사각형으로 서 있었다.

이 구조를 떠받치는 명확성과 확실성은 사라진 것처럼 보였다. 하지만 이 결과는 뒤따른 진화론의 시대로 인해 한층 더 완전하게 사라졌다. 그러자 모든 것이 유동적으로 보여 우리가 결정하고 확신할 수 있었던 고정된 것은 없었다. 즉 풍요로운 물질적 번영의 시절로 인한 가벼운 성향이 진화를 상위의 진보라는 멋진 흐름으로 해석했던 것처럼, 결정과 확신 역시 불필요한 것으로 간주되었다. 따라서 모든 구분은 목소리를 낮추게 되었고, 특히 도덕과 신앙적 구분이 그러했다.

신앙은 모호한 경계선으로 흐릿한 명암으로 소심한 어림짐작으로 빠질 만큼 유연해졌으며 결국 진리는 대체로 판단을 유예하는 일처럼, 선(善)은 괜찮다는 것을 뜻하는 것처럼 보이게 되었다. 참과 거짓, 선과 악 간의 절대적 구분, 심지어 그 중심에서의 구분도 작금에는 모든 것이 절대적이었던 영역으로부터 사라졌다. 오랜 세월의 논쟁을 통해서도 멀쩡했던 것이 변화하기 시작한 것은 그런 신조와 관습만이 아니었다. 도그마 형식 자체가 산산조각 나기 시작했다. 제안, 추정 그리고 실천적인 설득이 정의(定義)와 법령을 대신해 자리를 잡았다.

역사적 탐구 역시 같은 종말을 맞았다. 옛 교의적 방법론은 전능성과 전지성의 기초가 되는 '선험적인 것'을 주장하는 것이 되었다. 역사적 방법론은 전제 조건 없이 하나님이 실제로 무엇을 행했는가를 탐구하는 것이다. 하지만 이런 용액 아래서 모든 무오류성이 산산조각 나기 시작했다. 무오류의 정통주의가 무오류의 그리스도 대리자를 따랐으며 무오류의 성경이 무오류의 정통주의를, 무오류의 그리스도가 무오류의 성경을 따랐다.

안전과 평강을 자신의 최종 목적으로 삼는 많은 자는 인간의 잘못과 악함이라는 이 같은 오직 황폐케 하는 홍수 가운데, 성령의 열매를 파괴하고, 사회 질서를 밑에서 흔들며 도덕성의 지계석을 없애는 것을 볼 수 있었다. 따라서 그들은 이 운동을 인간의 해방과 계몽으로 간주하지 않는 가운데, 인간은 이로 인해 저주를 받아 과거 믿음의 그늘진 유령 속에서 영원한 황혼 가운데 방황하게 된다고 보았다. 왜냐하면, 그런 믿음은 추방할 수도, 품을 수도 없기 때문이었다.

하나님의 진리가 무오류적이며 하나님의 은혜가 불가항력적이어야 한다고 추정했던 그들의 결론은 오직 인간의 사악함만이 거부하고 부인한다는 것이었으며 그래서 그들은 언젠가는 하나님이 이 모든 의심 가는 것을 낱낱이 악하다는 것을 계시하리라 확신했다. 이 불의가 유약한 삶과 물질적 형통함에 주로 기인했던 것처럼, 새로운 소망이 수년간의 비참함과 전쟁에 의해 격발되었다.

삶의 스트레스 그리고 죽음의 임박 앞에서 지적 효소가 죽어가고, 진보에 대한 확신이 황폐함과 야만으로의 회귀라는 두려움으로 변화되고, 모든 면에서의 인간 행위에서의 기쁨이 인간 노력에 대한 절망감으로 바뀌는 때에 이 모든 지적 자만이 납작 엎드리게 되지 않을까?

만일 우리가 다시 한번 말해야 한다면, 이는 달리는 사람 안에서가 아니라 모든 승리는 오직 하나님으로 인함이다.

그 외 무엇이 모든 세대의 참된 교훈이겠는가?

만일 하나님이 인간의 소경 중에 인도하지 않는다면, 또한 인간의 어리석음 중에 통치하지 않는다면, 또한 인간의 연약함 중에 지탱하지 않는다면, 무엇이 우리의 필요겠는가?

많은 이가 자유라고 찬양했던 것이 오직 가볍고, 세상적이며 지적으로 호기심 많은 한 시대의 특징이 되지 않았겠는가?

하지만 삶과 죽음이라는 실제적 고통의 짐을 진 한 시대의 성향은 이때를 거절할 것이다. 이런 역사의 해석으로부터, 옛 기초 위에 어떤 통일된 교회라는 오랜 댐의 재건축은 많은 개개인의 꿈과 한 운동 이상의 열망이었다. 즉 그 댐만이 고려되고 홍수가 무시되는 한, 그 계획은 희망찬 것으로 보인다.

하지만 종교개혁은 오직 결과였지 원인이 아니었으며 더 큰 운동의 단순한 첫 번째 예시였을 뿐이다. 그리고 그 물줄기가 여전히 차오르고 있다면, 가장 튼튼한 교회적 장애물은 연약한 소망일 뿐이다. 그렇다. 더 큰 힘은 위험의 가중일 뿐이다. 왜냐하면, 이것이 더 오래 붙들면 붙들수록 이 범람은 더욱더 파괴적이 되는 까닭이다.

인간 역사 가운데 잘못된 갈림길이 취해졌다. 이 길이 오랫동안 두려운 결과를 가져왔다. 그리고 이 원인은 의심할 바 없이 인간의 소경됨과 사악함이었다. 하지만 오히려 이는 하나님이 무오류적인 인도와 불가항력적인 권능으로 자신의 세상을 다스리지 않는다는 것을 보여 주는 것 같다. 교회 당국이 이름 없는 수도승의 위험에 눈감고 또 이를 없애는 것도 할 수 없는 것만큼이나 하나님도 그러하다고 가정하는 것은 전지전능한 하나님의 무오류성을 변호하는 설득력 있는 방식으로 보이지 않는다. 게다가 인간의 진보 과정에서의 어떤 굴곡짐도, 인간의 일반적 삶이 자기 자신의 믿음과 행위에 대한 더 큰 책임의 방향 안에 있다는 사실을 무색게 할 수는 없다. 그 결과 역시 외적 권위의 거부만이 아니었다.

왜냐하면, 직접적인 진리의 의식 및 정의의 양심이란 기초 위에서 사람들은 자신들의 생각으로는 현실 증거의 안전함을 갖고 건축할 수 있었고, 외부에서부터 주어지지 않는 확실함을 그 안에서 발견했기 때문이다. 신앙 안에서 우리가 보다 안전한 기초를 갖는다면, 이 직접적 증거를 파 내려갈 수 있었음은 의심할 나위가 없다.

어떤 경우든 역사의 그물망은 풀릴 수 없으며 우리는 이를 발견한 것처럼 이 안에서 우리의 처지를 받아들여야 한다. 실제적 상황은 적어도 개방적 마음으로 또한 현실감을 가지고 건축해야 할 무오류의 권위가 더 이상 그 위에 남아 있지 않다는 점이다. 평화가 없을 때에 "평화, 평화"를 말하는 것 혹은 이미 공격받고 산산조각 난 때에 "이것은 난공불락의 기초다"를 말하는 것은 우리 자신을 안전하게 만드는 것이 아니라 오직 우리 자신이 미혹되도록 만드는 것뿐이다.

이것은 합리주의자의 성향이 옳다는 것을 뜻하지 않다. 비록 이들이 과거보다는 우월하다고 생각하고 그래서 어떤 지적 도움 없이도 그 안에서 참이었던 모든 것을 대체할 수 있다고 보았을지라도 그렇다. 이 우월감은 합리주의의 주된 약점이었다. 뒤따르는 이 시대의 관심은 주로 역사에 있으나, 그 성향은 우월감으로부터 자유롭지 않으며 따라서 우리로 하여금 경외와 통찰 가운데 과거 안에 있는 참된 기초를 찾는 것을 불필요하도록 만든다. 그렇지만 우리가 더 나은 목적을 위해 그 기초 위에 건축한다면, 이는 진리와 의의 발견으로서 그리되어야 하며 단순히 이를 전통으로 수용함으로써가 아니어야 한다.

우리는 한때의 성향 그리고 참 교훈과 부르심 사이를 구별하여야 한다. 비록 그 성향이 지적 혹은 실제적이든 간에 광기로 넘쳐흐르거나 혹은 조심스럽고 비평적이든 간에 그렇다. 오직 우리가 성공함으로 우리는 참된 선지자가 된다. 거짓 선지자는 조개껍질을 모음이요 그 시대의 정신을 흉내 낸다. 참 선지자는 자기 시대의 기분이나 열정의 반향(反響)이 아니라 무엇이 참된 교훈인지를 선언하는 살아 있는 목소리다.

그것은 결코 쉽지 않다. 우리는 우리의 전망을 오직 넓힘과 교정함을 통해서만 전진하지 않는다. 새로움은 옛것과의 싸움의 대가로만 얻어질 수 있으며 우리의 싸우는 것을 우리는 잘못 해석하는 경향이 있다. 새로운 진리는 옛 잘못의 왕관을 벗김으로만 나타나며 새로운 교훈은 옛 습관을 극복함으로만 배워진다. 이 일에 있어 진리와 정의는 오류와 잘못으로 혼합되어 있었던 까닭에 언제나 구별되고 보전되지 않는다. 집중은 모든 인간 노력의 필수다. 잠잠한 관심의 균형은 자주 급박한 일과 진지한 목적과 부합하지 않는 마술사의 술수일 뿐이지만, 그러나 바로 이 집중이 우리로 중요한 문제를 간과하거나 의도적으로 제쳐 두게 할 수도 있다.

그런 다음 이 제한성이 발견되며 그 손실이 유효하게 되는 때가 온다. 거의 모든 인간사에서 노력 뒤에 피곤함과 성급함이 넘치듯, 그 결과는 보통 반작용을 갖는 바, 단지 불완전한 것을 쓸모없는 것으로 저주하고, 과거로의 단순한 회귀를 불가하게 만드는 장애물을 무시한다. 이런 류의 반작용이 신앙에서만큼이나 일상적이고 비참한 곳은 없다. 과거에 대한 맹목적인 경외는 믿음의 문제가 된다. 비록 믿음의 얼굴은 언제나 앞을 향한다는 것이 과거의 주된 교훈임에도 그렇다. 그리고 그 길에 맹목적으로 붙어 있음은 신성한 의무가 된다. 비록 피곤한 오랜 여정의 주된 결과가 그 길은 '큰길 없음'의 표지가 될 수 있음에도 그렇다.

우리는 진리와 지혜의 정신을 위해서는 모든 감정을 복종시켜야 한다. 그 감정이 무엇인가는 중요하지 않다. 그리고 지적 관심을 억누르고 다양한 인간성을 말살하려는 감정은 특히 통제가 필요하다. 만일 우리가 과거 안에서의 오랜 섭리의 방식으로 판단해야 한다면, 참 교훈은 결코 인내 없이는 될 수 없다. 이는 우리의 성향이 성급하기 때문이다. 만일 무오류성의 지름길이 탐구와 이성으로 인해 닫혔다면, 우리는 확언으로써 혹은 그 효용성에 대한 가장 강한 확신으로써는 그 길을 다시는 따를 수 없다.

옛 무오류성 위에서 재건축하기 위한 많은 시도가 있어 왔다. 물론 다른 시도들도 따를 것이다. 왜냐하면, 반계몽주의라는 이음매 없는 갑옷을 입고 있어, 어떤 사실의 가장자리를 바꾸기에는 너무나 딱딱한 자들이 언제나 있기 때문이다. 하지만 진리, 선함, 아름다움을 위한 우리 자신의 통찰, 선택 그리고 의도적인 목적의 가치는 한번 보이면 결코 다시는 완전히 포기될 수 없다. 그 결과 외적인 힘에 대한 믿음은 흔들림 없는 충성이 될 수 없다. 왜냐하면, 이 힘은 우리가 믿어야 할 바를 우리 위에 강제하며 우리가 경외할 바를 우리를 위해 세우며 우리가 해야 할 바를 우리를 위해 처방하는 까닭이다.

이 힘을 경건의 일로써 변호하는 모든 시도는 처음부터 마지막까지 그 안에 광적인 비현실성을 갖는다. 통찰, 경외 그리고 충성으로 말미암아 우리가 힘을 소유하지 않고는 최상의 힘의 소유도 무가치함을 우리가 일단 분명하게 안다면, 우리는 우리의 왔던 길로 되돌아갈 수 없다.

순례자를 위한 쉼터와 보호를 위한 견고하고 올바른 교의적 아성(牙城)과 함께하며 곧바르고 평편하고 좋은 담장 처진 길을 바랐던 후회는 여전히 남아 있을 수 있으며 심령은 울퉁불퉁하고 가파르고 굴곡진 길로 인해 지도상에도 없는 큰 땅에 이르게 됨으로 떨릴 수도 있지만, 우리는 이 길을 따라서 하나님의 더 나은 나라를 구하지 않음은 비겁한 일임을 알고 있다.

우리가 의심과 부인이라는 황폐케 하는 홍수의 형상으로 돌아가고 그리고 이것이 많은 심령에게, 비록 험악함에도 약속의 땅으로 인도할 어떤 길보다는 고적감(孤寂感)을 더 잘 드러낼지라도 여전히 더 확실한 소망이 있기 때문에 이는 짓기 힘들고 안전하지 않은 교회적 댐을 건축하기보다 더 확실한 것이다. 나일강이 사막으로부터는 얻을 수 없는 검은 진흙의 퇴적물을 들판 위에 넓힘으로 옛 모습을 지우고, 인내의 수고라는 대가로 물을 줄 때 이를 이기는 승리자는 방책을 둘러 그 물줄기를 막는 기술자가 아니라 영감 얻은 농부였다. 그는 이런 험악하지만 부드러운 진흙에 과감히 자신의 소중한 벼를 뿌리는 자다.

풍성한 열매라는 새로운 발견의 모험이 모든 생명의 병 그리고 특별히 모든 생명의 의심에 참된 답이 되지 않을까?

우리 시대의 큰 당혹스러운 것들뿐 아니라 그 큰 고통은 더 고귀한 목적을 위한 하나님의 행함을 발견하고 하나님의 섭리로부터 더 풍성한 수확을 얻는 도전이 되지 않을까?

무엇보다 그렇게 함으로써 인간은 진리와 우리 자신의 양자(兩者) 밖에 있는 어떤 불확실한 권위보다 더 나은 안전을 얻으며 심지어 우리 자신의 영혼에 직접적인 진리의 증거를 얻지 않을까?

만일 우리가 다른 모든 주제 위에서 진리—이것만이 우리로 하여금 상호 간에 실제에 대한 동일한 증인이 되는 마지막 합의점을 얻게 한다—의 유일한 근거를 발견했다면, 신앙도 예외가 될 수 없으리라. 왜냐하면 다른 어떤 것이 아닌 신앙 안에서 우리의 모든 영적 가치는 오직 우리가 본 것만이 참되다고 믿으며 오직 우리가 분별한 것만이 옳다고 따르는 것에 관계되는 것을 알기 때문이다.

그리고 인간이 갖는 이 믿음의 기반 곧 진리와 의의 기준이 신앙적 확신, 즉 하나님이 사람을 자기 형상을 따라 만드셨고 그래서 이 확신이 신앙 안에서보다 더 옳다는 곳은 없다는 확신을 알기 때문이다.

제2장

저변의 문제
(The Underlying Problem)

    믿음에 대한 외적 무오류의 근거로써 최종 권위의 문제는 만일 그 자체로 온전히 서 있고 또 단지 탐구의 문제뿐이었다면, 오래전에 해결되었으리라. 이것을 떠받친 것은 확신이다. 즉, 탐구를 죄로 만들고 역사의 조작을 경건의 행위로 만들기 위해 최종 권위를 주장하는 것은 무오류의 권위가 하나님 성품에서 나오는 단순한 추론이라는 확신이다.
    만일 하나님이 전능하고 그 전능성이 전지성에 의해 인도된다면, 하나님의 계시는 어떤 잘못이나 흠결 없음이 되어야 하지 않는가?
    혹은 하나님이 순전함 가운데 그 권위를 떠받치기 위한 적절한 수단을 제공하지 못했다는 것을 우리가 가정할 수 있는가?
    그렇다면 이는 어떤 자들에게는 옛 기초가 사실들에 대한 어떤 대가에도 불구하고 뒷받침되어야 할 것처럼 보이고, 또 사실들에 더욱 고분고분한 다른 자들에게는 하나님이 그 능력과 지식에 합당하게 행하지 않고 대신에 사람을 비참하게도 그들 자신의 환영과 헛된 궁구함으로 놓아두었던 것처럼 보인다. 우리가 하나님의 행하심을 마치 직접적이고 불가항력적 힘과 같은 이런 개념을 수용하는 한, 당연히 있어야 하는 교의적 주장 그리고 실제로 있는 것의 고통스러운 깨달음 사이의 긴장감으로부터 우리는 절대로 피할 수 없다.

마음을 어느 정도 열어 놓음에도 고통스럽게 분명해지는 것은 하나님이 오직 적절하게 일하심은 불가항력적인 힘으로 말미암으며 전지적 계획을 통해서 인도된다는 것을 생각하는 것에 대한 어려움이다.

만일 우리가 현 세상에서 적어도 선 혹은 악에 무관한 우주적 과정의 이름만으로 하나님을 만들지 않는다면, 우리는 하나님의 행하심이 그 권능과 지식에 합당하지만 매우 소수의 사람들에게만 그리고 그 행하심조차도 오직 특별한 경험에만 적합하다는 것으로 제한해야 할 것이다. 하지만 그런 경우에 신앙은 일상적인 사람인 우리의 기대에 미치지 못하게 하며 특별히 우리의 필요가 가장 큰 곳인 일상적인 길들에서 그렇다.

하나님의 능력과 지식이 무한하다면, 왜 하나님은 그 온전한 일을 우리에게 또한 우리의 모든 관심사에까지 확대하지 않는가?
전능자의 유일한 합당한 방식이 불가항력적, 무흠결의 힘이라면, 왜 하나님은 실수와 잘못을 너무나 분명하게 허용하는 열악한 방식을 사용하되, 그것도 그처럼 광범위하게, 아마도 그렇게 배타적으로 그런가?
이런 난제들만으로도 분명하게 보여 주는 것이 있다!

즉, 하나님의 필연적인 역사(役事)에 대한 이런 견해가 수정될 필요가 있다는 점, 또한 이를 행하는 방식은 단지 전능성의 개념에서부터 주장되는 선험적인 규제를 내리는 것이 아니라 대신 그 자녀를 다루시는 하나님의 실제적 방식을 고려하는 점이다. 우리가 그렇게 한다면, 하나님의 전능성에서 연유한 주장은 절대적 힘이라는 오직 적나라한 개념에 기초한 추정이며 결코 아버지로서의 하나님의 개념과 관련 없는 어떤 추정임을 우리는 알게 된다.

만일 만사에 하나님이 아버지로서 우리를 다루신다면, 그의 은혜는 성품 안에서의 하나님의 행하심과 일반 역사(歷史)로부터 분리될 수 없을 것이다.

모든 삶이 우리에게 말하는 것은 하나님이 자신의 강들을 바다에까지 인도하시는데, 화살처럼 하지 않는다는 점이다. 잣대와 나침반은 오직 유한한 필멸의 존재에게나 필요하지 무한한 생각을 가진 분을 위함이 아니다. 인간은 걱정으로 인해 자신의 한계를 극복하기 위해 힘쓰는 유한한 존재일 뿐이다. 인간의 작은 능력과 짧은 날수로 인해 요구되는 조급함은 운하를 만들되, 이는 유익하고 그림 같은 굽이침을 갖는 자연이 아니다. 반면 포용력 있고 덜 조급한 마음을 갖는 자의 행위는 강을 만든다.

하나님의 여타 모든 길에서 하나님은 그 강에서는 기뻐하지만, 신앙에서는 하나님이 운하를 구하기 위해 합당한 방식을 사용할 수 없다고 왜 우리는 추정해야 하는가?

오류가 없는 자의 변호는 강이 아닌 운하에 대한 변호이며 자갈에 혹은 더 딱딱한 진흙에 흐름을 바꾸는 어떤 요소로 인해 파인 분지가 아닌 수로에 대한 변호, 즉 바위로 인해 부서진 수로의 변호다.

하나님이 인간의 영을 직접적 방식으로 기각하는가?
그리고 우리는 그의 성령에 대해 생각해야 하는가?
혹은 우리가 이를 가능케 했던 모습을 좇는 우리의 영을 생각해야 하는가?
그런 불가항력적인 권능이 우리를 모든 잘못으로부터 구원하려 한 것처럼, 우리로 하여금 하나님의 인격에 따라 혹은 우리의 인격에 따라 올바른 행위를 하도록 강제하려 할 것인가?

우리가 상반된 주장을 한다면, 우리는 경험을 해석하는 것이 불가할 수 있다.

우리는 우주의 왕좌에 앉아 어떻게 우리 자신이 행해야 하는가라는 헛된 상상으로 인해 간단하게 오도되지 않겠는가?

우리 자신의 조급하고 고압적인 정신을 가지고서 하나님을 생각하는 것은 그의 모든 행하심에서도 하나님을 찾는 길이 아니다.

우리가 주장에서 현실로 돌아설 때, '진리' 혹은 '의'사이의 어느 것도 항상 불가항력적 권능의 방식으로 왔음을 보여 줄 것이 없다. 진보는 항상 굴곡지고 느리게 앞으로 나아가며 매 장애물에 조바심치며 지속적으로 그 길로 되돌아오되, 절대적인 것들과 결코 함께 일하지 않고 언제나 인간의 생각과 목적을 두고 싸우며 일한다. 모든 세대가 갖는 오랜 슬픈 경험이 보여 주는 것은 하나님이 생각하는 최종적 행하심은 저항할 수 없는 고삐를 죄어, 인류를 의의 높은 길로 몰고 가는 일이다.

모든 무오류성은 은혜의 개념이 기계적으로 불가항력적임을 전제한다. 그러나 인격들을 사물들처럼 통제하는 직접적 힘은 하나님과 사람 사이의 인격적 관계가 결코 아니다. 이 관계에 의존하는 신앙은 신앙에 대한 최고 관심을 주장하기 위해 아무것도 할 것이 없다. 왜냐하면, 신앙은 사물들을 뛰어넘는 인격들의 가치이며 물질적 힘을 능가하는 도덕적 가치에서 나오기 때문이다.

하나님은 사람들 위에서 이처럼 행하실 수 있으되, 여전히 인격일 수 있으나, 그 행하심 가운데서는 인격적인 것이 없을 것이다. 물론 하나님은 한 사람, 한 사람을 보살필 수 있지만, 이는 영혼과 같지는 않을 것이니, 영혼은 자신의 사고를 생각하고 또 자신의 생각을 좇아 행동하는 까닭이다. 그리고 총체적 방식은 특별한 은혜의 영역에 제한되어야 한다, 아니면 이는 어떤 근본적인 방식에서 무정하고 합리적이고 우주적인 과정과는 상이한 세상에 대한 설명이 될 수 없을 터이다.

어떤 무오류성에 사실과 부합하는 존재의 외양을 부여함으로써, 많은 역사가 조작되었을 것이며 탐구를 위한 열심히 조심스럽게 혼자 설 수 없게 되었음은 심각한 결과다. 하지만 만일 이것이 은혜의 개념이라는 이해 관계에서 행해졌다면, 이는 여전히 더욱 심각하다. 왜냐하면, 전능성이라는 불가항력적인 힘으로써의 은혜가 전지성에 의해 확고부동한 선 안에서 인도되는데, 영적이지 않고 기계적인 까닭에 도덕적 자유와 하나님의 도움 사이에 양립 불가한 갈등을 낳게 되기 때문이다.

우리는 모든 삶 안에서 하나님을 찾을 수 있으며 그의 역사는 우리의 영적 필요에 합당함을 알 수 있다. 이때는 하나님의 방식이 오래 참음으로 인해 우리의 잘못과 실패에도 불구하고 설득과 교육의 방식에 의해 진행되는 것을 우리가 발견할 때다. 즉 그때만이 그분은 하나님이며 단순히 과정이 아니다.

제3장

은혜의 현대적 생각
(Its Modern Statement)

만일 믿음의 근거에 대한 질문이 이처럼 은혜의 본질에 대한 질문으로 바뀌게 된다면, 왜 전자의 질문을 강력히 제기했던 현대적 생각은 특이하게 후자에 무관심했던 것처럼 보이는가 물을 수 있다.

심지어 이 무관심이 확실하게 사실이라면, 아무것도 아닌 것으로 증명될 터이다. 질문의 한 면에 크게 집중함은 하나의 방어로 다른 질문들의 공격로부터 또한 같은 질문의 다른 면들로부터의 방어다. 이것이 즉각적인 집중의 필요성으로 이것 없이는 우리는 나아갈 수 없고, 이에 대한 한계가 그 질문을 보기에 열매 없는 것으로 만들 것이다. 오직 하나의 관심이 한때는 우리의 주목의 초점이 될 수 있다.

하지만 다른 문제들을 가장자리처럼 가볍게 여기는 방식으로 인해 그 문제들이 덜 중요하거나 더 잘 해결되었기 때문이 아니라 단지 우리가 관심이 없어서라면, 우리는 자신이 안고 있는 문제에 대한 참된 해결로부터 배제될 것이다. 이는 마치 빛을 무시하고 거울을 집중하는 것으로는 반사의 이치를 발견하지 못함과 같다.

18, 19세기에 우리는 확실히 문제 해결에 이르지 못했다는 것, 이 문제는 사물의 본질에서 너무나 확실하고, 많으며 그래서 우리를 당혹게 했으며 이것이 우리에게 들에 더 나아가 찾도록 하는 어떤 소명도 남겨 주지

않는다는 확신은 충분한 답이 될 것이다

 하지만 더 깊은 이유는 사실들이 자주 그 외양과는 사뭇 다르다는 점이다. 특히, 삶의 가장 중심적 문제들은 사실과 본질에서보다는 매 시대를 통해 형식과 성향 안에서 변한다. 인정되어야 할 것은 새로운 옷차림은 옛 문제를 변화시키지만, 우리가 그 주된 현상에 관심을 둘 때까지 알지 못한다는 점이다. 따라서 합리주의와 낭만주의라는 새로운 이름 아래서 우리는 자유의지와 예정의 오래된 대립을 인식한다. 이는 어떤 시대에는 펠라기우스주의와 아우구스티누스주의의 이름을 또 다른 시대에는 알미니우스주의와 칼빈주의의 이름을 가졌다.

 가장 분명하고 눈에 띄는 변화는 성향에 있다. 오랜 격렬함은 오랜 교의적 안정성을 요구했지만, 안정성의 상실은 우리를 지배하는 당혹함이 되었다. 특별한 방식의 하나님 역사는 필연적으로 더욱 망설여지는 관심사가 되기 때문이다. 이때는 하나님이 정말로 행하는가라는 의심을 마주해야 했을 때다. 그러나 하나님이 행하는가라는 질문은 하나님이 어떻게 행하는가라는 질문과 결코 구별될 수 없을 것이다.

 상이한 성향을 두고 여전히 더욱 중요한 이유는 개인적 구원의 영역에서부터 경험의 모든 영역까지에 이르는 질문의 확장으로 인해 이 성향이 신학적 교리부터 철학적 이론에 이르기까지 조용한 변화를 겪었기 때문이다. 하지만 이 확장은 처음부터 그 안에서 묵시적이며 칼빈은 이미 오랜 길을 걸어 이를 명시적으로 만들었다. 원리들이 더욱 차분한 공기 가운데 있어 우리의 개인적 구원보다는 우주적 구원에 적용되는 때에 이것들은 반드시 변화되는 것도 아니요, 이것들 안에 있는 우리의 개인적 지분이 적게 되지도 않는다.

 18세기의 주된 운동인 합리주의가 펠라기우스주의로 인식하는 것은 어렵지 않다. 선택 교리라는 옛 교의적 확실성을 여전히 붙들고 있는 자들은 즉각적으로 합리주의에서는 옛 원수로 간주되었다. 그들은 옳았다. 합리주의가 인간 자유의 문제를 아주 심층적으로 생각했지만, 그 관심은 동일하고 그 성향은 상이하지 않았기 때문이다. 이런 이유로 정도의 차는 아닐지라도 그 종류에서 그 원리는 동일했고 그 한계 역시 동일했다.

그 관심 역시 합리적이고 책임지는 개인에게 존재했다. 과거와는 달리 합리주의가 깨달은 놀라운 사실은 어떤 것도 진리, 선과 아름다움에 대해서는 참된 가치가 없다는 것, 즉 그 가치는 우리 자신의 통찰, 선택 그리고 의도적 목적에서 나오지 않는다는 의미 때문이다. 우리가 수용된 것으로 단지 받아들이거나 혹은 관례로써 행한 것이 바로 그 이유 때문에 도덕적이 아님을 분명하게 함으로써 만일 그들이 참으로 도덕적이 된다면, 특별히 합리주의는 도덕적 판단과 도덕적 결정 안에서 절대적 독립에 대한 필요성을 분명하게 이해하게 되었다. 게다가 외적인 권위에 대한 부인(否認) 위에 도덕적 인격의 이 의미를 둔다는 것은 마치 무오류설의 옹호자들이 즉각적으로 감지했던 것처럼 처음부터 분명하다.

부정적인 공격에는 언제나 저항이 있을 수 있다. 하지만 여기에는 새롭고, 긍정적이며 확신 있는 모든 건전한 경외에 대한 기초의 제시가 있다. 이 경외는 사람을 사람으로서 경외함이며 사람을 큰 자, 혹 좋은 자, 혹 현명한 자로서가 아니라 사람을 단지 책임 있는 존재로 그 자신을 목표로 그리고 다른 모든 목적에 대한 가치의 정도로 경외하는 것이다.

여기에 크게 깊어진 옛 펠라기우스적인 이해 관계가 있다. 하지만 이런 심화에도 불구하고 이와 함께 동일하게 얕은 성향의 상당수가 그리 나아갔다. 합리주의의 지지자들은 몇 가지 주목할 만한 예외를 갖고, 인류의 무한한 완전 가능성에 대해 입심 좋게 말하며 사람에 대해 값싸게 낙관주의자가 되었다. 그 옛 이유 때문에 사람은 자신이 손쉽게 완수할 수 있는 규율로 말미암아 매우 편안하게 되어야 하는 존재로 그들은 평가했다. 더 심오한 사람들은 도덕을 더 큰 명령으로 생각했지만, 그 격언은 쉽지 않은 멍에와 가볍지 않은 짐을 부과했음에도 인간의 노력에 있어 무한자에게 미치지 못했다. 또한, 그들의 시험이 보편적 율법이 될 만큼 적합함이 되었으나 그들은 삶의 충만함을 품지 못했고, 빈 형식만이 되었다.

이 도덕주의자적 성향 자체가 한계였지만, 그을린 안경을 통해 세상을 볼 수 있다는 아둔한 상식 가운데 그 성향을 보여 주었으며 또 인간의 경이로움은 세상의 이적과 다양함을 반영하는 데 있다는 어떤 인식도 없었다. 이 성향은 잠자고 있는 그 사랑받은 자들에게 아무것도 주지 않았지만, 그런데도 자주 이야기하기를, 마치 마음은 무에서부터 자신의 세상을 만들어야 하고 그럴 때에만 세상은 매우 선하다는 것을 알게 될 것이라 했다.

하지만 그 최고의 한계는 하나님의 개념에서 보인다. 하나님은 현재 있는 그대로의 사물에 대한 유용한 변명거리였지만, 어느 날 만물은 원래 있었어야 했던 것처럼 다시금 만물의 재판장으로 필요할 수도 있다. 하지만 하나님을 진지하게 그 체계로 소개하는 것은 도덕적 개개인을 위한 전적인 배려를 뒤집는 것처럼 지금은 보였고, 이는 최근의 강도 높은 그리고 분명하게 진지한 발견이었다. 만일 하나님이 우릴 위해 어떤 것들을 했다면, 우리는 책임이 없는 것처럼 보이며 또 하나님께 호소하는 것은 우리의 도덕적 독립성에 반하는 것이었다. 간단히 말해, 이를 위해 경건은 오직 목발을 짚는 도덕일 뿐이다.

그 이유는 간단하다. 즉, 전능한 직접적 힘으로써의 하나님의 개념이 결코 의심받은 적이 없기 때문이다. 사람은 경계 안에서 역사하는 유한한 힘으로 놀랍게도 그 경계가 정해질지라도, 그 경계는 한량없는 전능성의 홍수보다 훨씬 적음으로 인해 여기에 침수될 것이다.

그러므로 전체적 체계에서 가장 중요한 것은 하나님으로부터 인간의 경계를 정하는 일이며 하나님이 어떤 체계—하나님이 더 완전하게 만들수록, 하나님 없는 편이 더 좋은 편이 될 수 있었다—로부터 신적 고립 상태로 있는 것을 확보하는 일이다. 하나님의 고립으로 인해 만사가 잘 나아가되, 이는 힘쓰거나 우는 것으로 인함이 아니다.

뒤따랐던 그리고 19세기를 지배했던 시적 및 철학적 운동은 보통 낭만주의 운동으로 불리며 합리주의의 완결이 아닌 그로부터의 반동이었다. 이 운동이 아우구스티누스주의 혹은 칼빈주의와 어떤 유사성을 갖는다는 그 인식은 쉽지만은 않다. 왜냐하면, 그 관심은 동일하고 그 한계 역시 동일하며 또 본질적으로 그 원리마저 동일하다는 그 이유 때문에 그 성향은 비교하는 일에 힘쓰지 않는다.

낭만주의는 다음과 같은 점에서 합리주의와 동일한 감정을 갖는다. 즉 도덕이 규율보다는 더 섬세하다는 것, 화평의 기초는 결의보다 더 안정적이라는 것, 사람에게서 가장 최상의 것은 인간의 성취를 훨씬 뛰어넘는 사물의 반영이라는 것, 또한 하나님은 자기 계시의 영원한 현존으로 모든 행사에 내재적인 실제라는 점이다. 이전과는 달리, 낭만주의는 세상이 크고, 변하며 부요한 영적 실제라고 생각했으며 사람 안에 무한히 다양한 형태, 즉 우주의 부요함을 반영하는 인간의 놀라운 개별성에 가치를 두었다. 이런 폭넓은 세상적 성향은 5세기나 16세기를 제시하지 않는다.

하지만 얼마나 많이 다른 이해 관계가 비슷한 전환을 겪고 있지만, 여전히 본질상 동일하게 머물러 있는가!

그리고 심지어 옛 성향조차도 전적으로 변화되지 않았다는 예시들이 있다. 그들 방식으로 말하자면 '가장 높은 곳에 계신 하나님께 영광'이다. 게다가 이로 인해서 당국자들이 즉시로 그들 자리를 회복하기 시작했다. 오직 한 당국자만이 스스로 무오류함을 선언했다. 하지만 다른 자들도 자기들 역시 그런 것처럼 행동했다. 개개인의 발견은 상당한 큰 사탕발림에 불과했고 그래서 실제로 혼란스러움이 되었다. 우리 자신의 통찰력, 선택과 인격적 성별(聖別)을 통하지 않고는 어떤 영적 가치가 없다는 사실 그리고 도덕적 인격이 그 자신 안에서 목적이 되지 않는 한, 어떤 영적 목적이 없다는 사실은 명시적으로 확증되었음에도 묵시적으로 부인되었다.

이제는 교회보다는 모호한 가치의 화신(化身)인 국가가 형상으로서 사람 위에 군림하고 있으며 그 형상은 사람이 절해야 하는 대상이요 또한 이를 섬기는 것이 창조에서의 그의 목적의 대상이다. 모든 문제의 본질은 개개인이 거미줄 안의 한 양식(樣式)일 뿐이지만, 양식으로써 중요하다는 점이다. 왜냐하면, 오직 씨와 날이 나머지 모든 우주를 통해서처럼 그자를 통해서 움직이기 때문이다. 최종의 말씀은 내재하는 우주적 과정이었고, 합리적 인간은 오직 그 과정의 가장 높은 도구이며 최고의 깨어 있는 거울이었다.

이것은 예정설로 칼빈의 숨결까지도 탈취했었을 정도였다. 그리고 이는 선과 악에 대한 조용한 우위성을 주며 의심할 바 없이, 칼빈은 그의 강열하고도 맹렬한 마음으로 거절했을 터였다.

하지만 이는 그의 입장 논리와는 다른 것인가?

만일 하나님의 영광이 전지성에 의해서 직선적으로 인도되는 전능성에 의한 행동이라면, 영원한 이성의 과정 가운데 하나님은 만물의 계획만을 확정시킬 수 있을 뿐이었다. 이 이성에 대해서 우리가 오직 말할 수 있는 것은 우리가 자주 전혀 좋지 않은 꿈을 가졌다는 점이다. 일단 당신이 절대자와 시작하고 또 절대자를 이처럼 기계적으로 힘과 같은 것으로 생각한다면, 당신이 이르게 되는 유일한 화평은 최선을 다해 다음처럼 생각하는 것, 곧 모든 것을 그 일부분에 묶여 있는 당신의 불행한 한계 위에 임하는 개선의 한 징표로 여기는 일이다.

정해진 우주와 책임 있는 개개인의 문제들은 합리주의와 낭만주의에서처럼 분리되어 있을 때는 너무나 쉬워서 누구나 자주 의아해한다.

왜 그리도 많은 사람이 그것들에 대해 그렇게 풍성하게 글을 쓰는 수고를 했던가?

곧 합리주의 끝에서부터 시작하라!

그러면 당신은 도덕적 개개인이 독립된 힘인 것을 알게 된다!

그래서 당신은 더 앞으로 나아가기를 거절한다. 곧 낭만주의 끝에서부터 시작하라. 그러면 우주는 모든 것에 충만한 힘이다. 이는 모든 외양에도 불구하고 오직 개개인을 통해 흐를 뿐이다. 양자는 깔끔하고 기계적인 설명이며 인간의 마음은 깔끔하고 기계적인 것에서 만족을 느낀다.

하지만 그런 조건 위에서 어떻게 우리는 즉시로 큰 책임 때문에 죄인을 경외할 수 있게 되는가?
그녀의 죄는 그녀가 자신의 영혼 안에 이 책임을 갖고 있었음을 보여 주며 작은 아이가 단순한 감수성으로부터 그 심령 안에 하나님 나라에 대한 한량없는 모든 가능성을 숨겼다는 이 책임 때문인가?
무엇보다, 왜 우리는 하나님에 대해 흔히 늘 말해야 하는가?
그의 세상 안에 묻힌 우리는 하나님이 그의 세상에서 배제되는 때만큼이나 결과적으로 그를 잃어버리기 때문인가?

우리를 사물이 아닌 인격으로 만드는 사실의 조명은 우리는 받은 것이 없다면 아무것도 아니라는 사실 그리고 우리는 우리 자신으로서가 아니면 유익을 얻을 아무것도 받을 수 없다는 점이다. 그리고 양자의 해결책은 쉽고 무가치하다는 것이다. 왜냐하면, 그것들로 인해 하나님이 개입했던 것들은 분리되기 때문이다.

18세기의 문제는 낯선 경계를 가진 개개인이었다. 그 경계 위로는 그 자신의 판단과 행위가 없이는 어떤 것도 지나가서는 안 되는 것이었다.
19세기의 문제는 상이하고 폭넓은 개성이었고, 이는 세상의 다양한 모든 부 그리고 만사에서 역사하는 이성의 무한한 부요함의 거울에 대한 반응이었다.

이는 우리로 이 두 운동이 그 해결책으로 제공했던 모든 물질적인 것에 대해 배은망덕하게 하지 않는다. 하지만 우리는 다음과 같을 때 그 해결책의 진정한 가치를 발견하게 될 것이다. 즉, 20세기의 문제는 18, 19세기의 문제들을 함께 묶어야 하는 것을 깨달을 때이며 어떻게 인격의 본질이 그러하며 또 어떻게 이를 돕는 은혜가 그러해서 인격과 은혜가 나뉠 수 없는가를 보여야 할 때이다.

또한, 어떻게 더 높은 책임감이 더 깊은 겸손인지 그리고 어떻게 더 많은 전적 겸손이 더 많은 용기 있는 책임인지 혹은 다른 말로 어떻게 절대적인 도덕적 독립성과 절대적인 신앙적 의존성이 대립적이지 않고 대신에 필연적으로 하나이며 또 불가분적인가를 드러나도록 만들 때이다.

제4장

불가항력적 은혜
(Irresistible Grace)

신앙적 교리에서 철학적 이론으로의 변화는 세 가지 큰 파급 효과를 냈다.

첫째, 이는 열정을 줄이고 탐구를 늘렸다.
둘째, 이는 하나님이 그 성품에 합당한 유일한 방식을 소수의 사람에 대한 몇 가지 관심사 안에서만 사용한다는 믿음을 믿을 수 없는 것으로 만들었다.
셋째, 우리의 하나님의 의존에 대한 의문은 도덕적 독립의 의무를 부인하는 쉬운 방식으로는 해결될 수 없음을 보여 주었다.

그렇지만 모든 형식의 변화에도 그 실체는 본질적으로 하나님과 사람 간의 관계라는 오랜 문제로 남아 있다. 이러니 저러니 해도 유일한 답은 우리가 믿어 가장 확실히 신뢰할 수 있는 것에 대한 믿음을 통해서 그리고 우리가 사물의 단순한 변화로부터 해방을 찾는 것에 대한 믿음을 통해서이다.

18세기에는 이는 우리에게 도덕적 독립을 확보해 주었던 것에 있었다.
19세기에는 우리에게 신앙적 의존을 주었던 것에 있었다.

만일 우리가 20세기에 어떤 특별한 문제를 갖는다면 이는 양자를 묶는 일이다!

우주에 대한 순전히 지적 견해는 전혀 없다. 그러나 모든 견해는 의식적 혹 무의식적이든 간에 그 실체 안에 무엇이 인간의 생명인가 하는 신앙적 견해들이다. 그러므로 대부분의 철학적 부속물은 단지 무대 소품일 뿐이며 살아 있는 문제의 핵심은 우리가 그 부속물들을 벗겨내면, 여전히 예정된 자 혹은 자유자에 대한 신학적 혹은 반(反)신학적 교의일 뿐이다. 따라서 과거 두 세기가 기여한 바를 잊지 않는 한, 은혜에 관한 오랜 논쟁으로 시작하는 것은 우리에게 더욱 간단한 셈이다.

그 어떤 논쟁도 그 안에 그처럼 많은 생혈(生血)을 갖지 않는다. 강경한 주장들 그리고 때로는 강한 노력이 있었다. 단순히 신학이 아닌 신앙에 관한 한, 문제의 논점은 사람의 신뢰가 하나님 안에 있는가 혹은 그 자신 안에 있는가 하는 것이었다. 만일 그 주장들이 사상가의 연구에 의해 주어진다면, 일꾼의 오두막에서 자주 뜨겁게 논의되었고, 전선의 참호 속 군인들도 그 주장들을 알게 되어 동조자 한 명이 더해진다는 식이었다.

간단히 말해, 실천적 믿음은 심령의 확신을 신뢰하는 한에 있어 곤혹함이 없을 수 있다. 왜냐하면, 하나님의 도움과 그 자녀의 섬김은 그처럼 상충되지 않기 때문이다. 그리고 대부분의 사람에게는 사람이 아닌 하나님에 대한 큰 신뢰라는 지속적인 감각이 있다. 또한, 이 신뢰는 도덕적 인격을 폐기하지 않을 뿐 아니라 그 최상의 도움이 있어, 양측이 어딘가에서 그들의 길을 사모했다는 감정을 준다. 하지만 생각 없이 살기에는 더욱 어려운 몇 가지 사실들이 있다. 비록 우리가 어떻게 선뜻 행할 것인가 하는 모든 생각이 실천적 믿음을 혼돈케 할지라도 그렇다.

모든 논쟁이 향하고 있는 은혜의 개념에 대해서 비판에 이르지 못한 비판은 생각을 위한 어떤 휴지(休止)가 필요한 것은 아니다. 왜냐하면, 만일 은혜가 전지성에 의해 인도되는 전능자의 힘이라면, 일방적 믿음이 품어야 하는 측면에 관해서 어떤 의심도 일어날 수 없다. 그 주사위는 아우구스티누스주의 쪽에 던져져 있어야 한다. 왜냐하면, 믿음이 없다면, 결국에는 모든 것을 하나님께 돌리는 일도 없기 때문이다. 오늘날 우리가 인생의 두려운 실패를 인식해야 하는 때에 언제나처럼, 믿음은 부분적인 것이 아니라 전적으로 하나님께 의존해야 한다.

심지어 준(準)펠라기우스주의도 어떤 만족스러운 신앙적 기초를 제공할 수 없다. 만일 어떤 조건을 이루는 것처럼 우리가 행위를 시작하거나 지속할 때만 하나님이 행하신다면, 그렇다면 결국에는 우리의 의존은 사람이지 하나님이 아니다. 그러나 그런 신뢰에 대한 비참한 불확실성과 고통스러운 걱정에 이를 만큼, 모든 경험—특히 우리의 현재적 고통—은 증언을 한다.

신앙인은 항상 모든 것을 하나님 탓으로 돌렸으며 자신의 전적인 평강과 확신을 하나님 탓으로 돌림에서 발견했다. 특히, 어떤 좋은 결과를 그는 부분적으로 하나님께 돌리고 부분적으로 자신의 올바른 결단에 돌리는 것을 꿈꾸지 않는다. 그는 말하되, 달리는 사람에 대해서가 아니라 그 승리를 주신 하나님에 대해 말하고, 오직 찬미의 찬송을 한다.

"깊도다. 하나님의 지혜와 지식의 부요함이여."

펠라기우스주의는 잠잠한 신뢰와 인내를 제공하는 대신에 사람들로 그들 자신의 행위에서 안전을 찾도록 만든다. 혹은 더 나쁘게는 그들 자신의 감정에서 이를 찾게 하고, 그래서 그들 안에 끝없는 노력을 하게 만들어 그들 영혼이 공적으로 기뻐하게 하거나 혹은 스스로에게 사적으로 근신을 강요한다. 하지만 그 길 어떤 것도 평강은 아니다. 우리 자신의 통찰과 주도 위에 혹은 우리 자신의 충실함과 계속성 위에 믿음은 건축될 수 없다.

우리의 어떤 것도 신적 도움에는 필요가 없다는 것을 안다면 그렇다. 우리는 "어떻게든" 실패의 지속을 제외하고는 올바른 출발을 하는 데 실패할 뿐이다. 시험이 오직 외부에 있다면, 이는 결코 시험이 될 수 없을 것이다. 무슨 이유에서든 우리의 시험받고 연약하고 흔들리는 의지에 대한 도움이 최상의 은혜의 역사다.

게다가 우리 자신의 노력에 대한 이 총체적인 염려는 평강의 마음에 적대적이다. 믿음이 하나님께 전적으로 의지하지 않고, 부분적으로 자신의 영혼을 기쁘게 하고 훈련시키는 것에 의존한다면, 이는 영적 건강에 대한 병약한 걱정 가운데 사는 것이다. 우리 자신의 심장 소리를 영원히 느끼는 일은 건강함이 드러나는 자기 헌신적 활력을 스스로 빼앗는 가장 확실한 길이다. 게다가 도덕적으로 신앙 이론이기보다는 차라리 도덕 이론이라고 할지라도 펠라기우스주의는 역시나 천박하고 불만족스럽다.

어떤 의미에서는 우리는 그것을 확신해야 한다 하더라도, 우리 자신이 할 수 있는 것을 해야 한다는 도덕적 신실성—신앙적 진지함 만큼이나 적다—이 동의하는 때는 펠라기우스가 "사람은 뜻만 있다면 쉽게 죄 없이도 있을 수 있고 하나님의 명령을 지킬 수 있다"라는 것을 확신한 때이다.

이것이 사실임을 상상한 것만큼이나 할 수 있기 위해서는 하르낙의 말과 같다.

> [우리는] 그런 행운의 사람들에 속해야 하며 그들은 성품으로 인해 차갑고 또 훈련으로 인해 절제적이지만, 자신들이 해야 할 것과 자신들이 실제로 할 수 있는 것과의 주목할 만한 차이를 결코 보지 못한다.

또한, 열정적 성품이나 아우구스티누스와 같은 사람들의 도덕적 갈등에 대한 어떤 경험도 가질 수 없을 것이다.

만일 우리가 도덕과 품행의 단정함을 혼동하지 않으려면, 서슬 퍼런 권력에 의해 호의를 받았어도 우리는 여전히 선한 마음의 결단이라는 쉬운 승리의 개념을 품는 것으로 만족하지 않아야 한다. 참된 도덕은 참된 통찰과 올바른 동기를 필요로 하고, 품행의 단정함은 단지 눈에 보이는 순응만이 필요할 뿐이다. 참된 신앙에서처럼 참된 도덕적 행동 가운데 우리가 하나님을 전적으로 믿는다면, 하나님은 우리의 모든 행위에서 힘이 되실 것이다.

더 나은 성공은 신앙적이든 도덕적이든 간에 이론을 펠라기우스적이지 않게 만드는 시도가 아니라 오히려 하나님의 도움을 더욱 강조하고 또 인간의 행위를 대부분 하나님의 지원에 합당한 조건으로 만드는 것으로 말미암는다.

하나님의 도움을 얻기 위한 행위로써의 도덕은 도덕적이지 않다. 이유인즉 도덕은 이기적 선이라는 부패한 인격적 동기를 가지고 행하며 의무보다는 또 다른 이해 관계를 고려하기 때문에 부패한 인격적 망설임으로 인해 복잡해진 때문이다. 우리의 관심은 우리의 과제로부터 우리의 하나님에 대한 공로로 향하게 된다. 하지만 공로는 정당한 도덕적 행동이 아닌 것처럼 정당한 신앙적 동기도 아니다. 또한, 이를 바라보는 눈은 성하지 않으며 온몸은 분명히 빛으로 충만하지 않을 것이다.

게다가 독립적인 목적과 의존적인 믿음의 혼합은 바로 책임감을 유지하지 못하게 하는 바, 이를 위해 준펠라기우스적 이론이 주로 고려된다. 책임감은 절대적, 비편애적인 독립을 요한다. 우리는 "우리는 할 수 없다"라고 말해야 하는 상황에서도 말하려 하지 않는다. 하나님 의존조차도 우리의 복종 능력에 대해 우리로 의심을 겪게 만들 수 있다. 진정으로 독립적인 도덕적 인격은 이 이론이 생각하듯이 낮은 수계(水計)의 호수와 넓은 바다의 만(灣)이 아니다.

만일 은혜가 전능성의 불가항력적인 힘이며 전지성에 의해 직선적으로 인도되고, 인간의 의지가 은혜를 대면하기 위해 달리는 유한한 힘이라면, 하나님의 역사는 어떤 실패도, 어떤 잘못도 없는 것으로 기록되어야 한다. 또 우리가 실패나 혹 잘못을 만나는 곳에서 우리는 하나님을 만나지 않는다. 호지(Hodge)의 주장은 부인할 수 없다. 그의 말에 따르면, 만일 중생이나 효과적인 부르심이 전능성의 일이라는 것이 인정된다면, 알미니우스 편에서의 모든 것은 그 가치를 당장에 잃는다. 과학자 혹은 형이상학자의 경우처럼, 여기서도 마찬가지로 하나님은 절대적이고 조건 없는 힘이되, 무한하고 직접적 힘이며 그런 점에서 인간 의지의 유한한 힘은 아무것도 아닌 것으로 간주된다.

그런 경우에 믿음과 이성이 이번만은 합치되는 것처럼 보이는 것 이외에 무엇이 말해질 수 있겠는가?

그런데도 아우구스티누스주의부터 펠라기우스주의까지, 칼빈주의부터 알미니우스주의까지, 불가피한 반작용이 보여 주는 것은 인간의 영적 필요는 만족되지 않는다는 것이다. 또한, 펠라기우스의 주장의 천박함은 영적 필요라는 본능의 깊이에 대한 증거일 뿐이다. 왜냐하면, 사람이 보통 나쁜 주장에 만족하는 때는 그들 확신이 다른 근거에 달려있을 때이기 때문이다.

신앙의 일 자체가 압도적 힘을 갖는 넓은 세상에서 우리에게 도움을 주는 것임을 확신한다면, 우리는 우리의 전 생애를 하나님의 직접적 역사의 탓으로 돌리는 것에 만족하며 하나님을 모든 힘 중에 가장 압도적인 것, 이름이 인격에 주어지는 어떤 실제 중에 가장 파괴적인 것으로 만드는 모습을 좇으며 안식할 수는 없다.

만일 은혜가 직접적인 전능성의 힘이라면, 유일한 피난길은 인격을 어느 정도 하나님으로부터 떨어져 있게 하는 일이며 그 인격을 하나님과 대항시키는 일이다. 유한자가 무한한 자에 대항하는 것, 가치를 절대적 뜻이 아닌 인간 의지의 탓으로 돌리는 것은 논리상 설득력이 있지 않을 수 있다.

그러나 이처럼 우리의 신앙적 의존과 우리의 도덕적 독립이 대립적 관계로 두지 않는다면, 도덕에 의미를 주듯 신앙에 가치를 주는 그 인격이 어떻게 보전되겠는가?
게다가 때로는 주장이 너무나 우세할 수 있다!
만일 우리가 중생에 있어 전능성만의 역사를 생각해야 한다면, 우리가 다른 영역에서 이를 뛰어넘어 갈 수 있는 무슨 이유를 가져야 할까?
중생된 자들만이 책임이 있고 중생되지 않는 자는 그렇지 않은가?
왜 우리는 이를 효과적인 부르심으로 제한해야 하며 악한 욕망과 전도된 의지 역시 이의 탓으로 돌리지 않아야 하는가?

모든 세상이 전능성의 역사가 아닌가?
그렇다면 만일 하나님이 어디서나 압도적인 명령으로 행할 수 있다면, 왜 모든 곳은 아닌가?
한 세상이 악할지라도 이처럼 쉽게 교정될 수 있는가?
오직 전능성만이 선하고 책할 것이 없어도 그런가?

이런 의문들은 실천적 믿음이 무시할 수 있는 단지 논리적 딜레마로서 기각될 수 없다. 반면에 믿음은 깊이 개입되어 있다. 왜냐하면, 하나님의 전능성에 대한 이 직접적인 개념으로 일하는 믿음은 하나님이 선한 것에 너무나 인색하고 또 악한 것에 너무나 관용한 것처럼 보이는 세상에서 하나님이 도울 수 없거나 혹은 개의치 않는 두려움을 안고 죽음의 싸움 가운데 지속적으로 갇혀 있기 때문이다.

제5장

가톨릭의 타협
(The Catholic Compromise)

　가톨릭의 모든 형식은 믿음과 책임, 양자의 필요를 맞추려는 아우구스티누스주의와의 타협의 산물이다. 가톨릭 역시 유한한 능력을 가진 인간의 의지와 갈등하고 있는 무한한 능력으로서의 은혜라는 개념을 갖고 있다. 하나님께 이르는 순간, 우리는 불가항력적인 권능을 발견하며 그러므로 그 영역에서는 무오류적인 관계자와 절대적으로 효과적인 조직적 활동이 있다. 하지만 오직 때때로만 우리는 그 충만한 활동의 영역 안에 있게 된다. 하나님은 무한한 대양이지만, 수문들이 그 조류를 규제하므로 인간적인 인격의 작은 호수는 대양의 신선함과 내해 바다의 쾌적성이라는 두 가지의 어떤 점을 가질 수 있다.
　은혜에 대한 아우구스티누스적 개념은 변하지 않고 남아 있고, 은혜의 역사의 한계에 전적으로 눈길이 돌려진다. 이것은 로마가톨릭교회에 국한된다. 전지성에 의해 인도되는 전능성으로 말미암아 신조, 조직 그리고 은혜의 방편에서 절대적 안전함을 확신하는 가운데, 로마가톨릭교회는 은혜의 영역에 머물면서 모든 편향된 매개체를 기각시킨다. 하지만 그 은혜가 든든할수록, 은혜 안에 남겨질 수 있는 사람은 더욱더 자신의 길이라는 자유로 나아가게 된다. 말하자면 개인적 속박은 교회의 울타리가 흠결이 없다면, 완화될 수 있다. 신앙이 요구하는 하나님에 대한 절대적 의존이 이처럼 제공된다면, 우리는 안전하게 자유를 개인적 뜻으로 돌리며 그래서 아우구스티누스주의와 펠라기우스주의 양자에게는 공의를 행하는 것에 공로를 돌릴 수 있게 된다.

펠라기우스 구성원들과 아우구스티누스 교회의 이런 타협은 믿음과 의무 양자에게 여지를 제공함에 있어 실제적인 가치를 가졌다. 융통성 없는 아우구스티누스주의나 혹은 쉬운 펠라기우스주의로부터의 하나의 피난처가 된 이 타협은 은혜에 대한 그들 자신들의 개념에서 어떤 작은 성공도 갖지 못했다.

하지만 어린애 같은 확신 이외에도 다른 안전책을 요구하는 '어린아이의 두려움'(*timor filialis*)과 같은 이 망설임의 성향은 신앙이 요구하는 하나님에 대한 의존을 제공하지 않음을 보여 준다. 반면에 개인적 자유와 정치적 자유 양자로 인한 오랜 세월의 갈등은 도덕적 행동을 만족시킬 수 있는 절대적 독립을 제공하는데 실패했다는 큰 외침에 불과하다.

이성과 신앙은 공히 아우구스티누스주의를 확대하려 하며 또 이를 제한하지 않는 경향을 보인다.

만일 선지자나 교황이 오류가 없는 인도를 보장하는 것과 같은 하나님의 직접적인 권능으로 인해 기각될 수 있다면 그리고 그것이 더 높은 길 즉 하나님의 일하심을 절대적으로 계시하는 유일한 길이라면, 왜 더 낮은 길이 있는가?

만일 하나님이 어떤 영적 존재를 이처럼 통제할 수 있다면 그리고 이처럼 통제받는 것이 최고의 선이라면, 왜 모든 영적 존재가 잘못과 죄의 세상으로부터의 철저한 배제에 이르지 않는가?

만일 어떤 영혼들이 하나님의 능력의 손가락으로 인해 아우구스티누스가 표현한 것처럼 그들의 본질이 '좋은 상태로'(*in melius*) 변화된다면, 왜 모든 자가 우선 먼저 최상의 본질로 되어 있지 않는가?

아니면 만일 미지의 이유 때문에 개선이 나중에 효력을 나타낸다면, 은혜라는 특별한 경로에 이르는 사역에 대한 제약을 두고 사람들은 무한자 안에 있는 이상하리만치 인색한 마음에 대해 분명히 언쟁하리라!

로마가톨릭교회의 울타리가 유효한 동안에도 하나님을 의뢰하는 것에 대한 이런 에두르는 방식의 불만족 그리고 더 인격적이며 직접적인 의존을 위한 욕구는 쉽게 억제될 수 없다. 모든 신앙의 부흥, 더 큰 영적 진지함과 깊이에 대한 모든 운동은 로마가톨릭교회뿐만 아니라 개개인에게도 아우구스티누스주의로 돌아가려는 경향이 있다.

그래서 종교개혁이 로마가톨릭교회의 울타리 안에 큰 틈을 만들었던 이후, 은혜에 대해 더 가깝고 더 인격적인 확신을 위한 이런 필요는 자연적으로 강화되었다. 루터와 칼빈은 말할 것도 없이 아우구스티누스주의자였고, 또 많은 자가 완전한 예정론에 미치지 않는 모든 것은 하나님의 영광에 이르지 않으며 우리의 신뢰를 전적으로 하나님께 두는 이유가 더더욱 아니라는 칼빈의 강한 확신을 공유했다.

종교개혁 이후에도, 그렇지만 예전과 마찬가지로 은혜의 개념은 변화되지 않았으며 오히려 더 분명하게 은혜는 진지성으로 인해 인도되는 전능성의 역사로 여겨졌다. 유일한 변화는 다시금 역사(役事)의 영역으로 이는 가시적 교회로부터 택함 받은 자들의 몸으로 바뀌었다는 점이다. 그들은 각자가 개별적으로 선택되고 절대적 능력으로 중생이 되었기 때문에 하나의 몸이 되었다. 이것은 여전히 효과적 은혜와 일반 은혜 간의 구별이 요구된다.

하지만 효과적 은혜는 이제 각자를 위한 고삐이지 모든 자를 위한 울타리가 아니다. 그렇지만 이는 여전히 로마가톨릭교회와 관계가 있다. 은혜의 직접적, 불가항력적, 개별적 힘은 택함 받은 자들을 보장할 것으로 기대되지만, 부패되고 쪼개진 교회에는 불가능한 방식이다. 왜냐하면, 교회는 직접적이고 외적으로 확보된 구원뿐 아니라 믿음의 연합과 조직의 순전함이기 때문이다.

이 점에 대해 영국 기독교의 역사는 잘 예시하고 있다. 종교개혁 이후 70년 동안, 영국 기독교는 가톨릭이 아닌 한 칼빈주의자였다. 이 70년은 선택받은 자의 몸에 대한 칼빈의 소망을 품고 지키는 것이 가능했던 총체적인 시기였다. 택함 받은 자의 몸은 믿음과 행실의 연합 안에서 전능성의 능력으로 인해 지켜진다고 여겨졌기 때문이다. 하지만 그 기간의 말기에는 눈 감고도 알 수 있었던 것은 은혜의 힘이 비록 국가의 힘에 의해 지지를 받았음에도, 조화의 모습조차도 유지하는데 실패했다.

그럴 때 외적 화합을 자유 위에 두었던 자들은 자신들의 소망을 다시 한 번 참된 로마가톨릭교회의 울타리에 시선을 돌렸고, 그 결과 그들은 개개인의 견해로 볼 때에 알미니우스주의자가 되었다. 반면에 외적 자유와 연합하고자 했던 자들은 여전히 더욱 배타적으로 하나님의 무조건적인 선택, 그 안에서의 깨달음과 통제를 강조하기에 이른다.

이 일탈의 원인은 목적의 차이 혹은 얻게 된 은혜의 차이가 아니라 전능성의 동일한 직접적 역사를 통해 동일한 연합의 목적을 이루려는 오직 다른 방식의 추구 때문이었다. 왜냐하면, 전능성의 역사만이 하나의 무오류적 진리, 하나의 진정한 교제 그리고 하나의 변하지 않는 외적으로 보장된 구원을 온전케 할 것이기 때문이다. 한쪽은 그 영역을 개개인에 두었고, 다른 쪽은 로마가톨릭교회에 두었다.

하지만 둘 다 마찬가지로 하나님에 대한 의존을 뜻했고, 어떤 점에서는 압도적인 힘에 대한 의존이었다.

첫째, 전통은 밖으로부터 더 잘 보장되었다.
둘째, 전통은 한편으로 안에서부터 더욱 잘 보전되었다.

하지만 두 당사자 공히, 믿음은 근본적으로 오류가 없는 것으로 어느 정도 보장된 전통의 수용이었다. 칭의의 전달은 다음과 같다.

첫째, 칭의는 로마가톨릭교회를 거쳐 분배되었다.
둘째, 한편으로는 개개인에게 더 직접 전달되었다.

그러나 양자 공히 칭의는 절대적인 신적 명령으로 말미암아 믿음에 임의적으로 부속된 심판이었다. 이 칭의에 중생과 성화를 위한 은혜가 달려 있었다.

로마가톨릭교회라는 통로의 필요성에 대해 다만 약간의 견해차가 있지만, 밖으로부터의 하나님의 직접적인 역사로써 이를 보는 견해에는 실질적인 차이가 없었다.

이 모든 제도 안에는 통일된 목적이 있다. 그리고 이것은 모든 자를 위해 다음과 같은 양자의 영속적인 근거가 하나님의 은혜라는 점을 분명하게 만든다.

첫째, 높은 믿음
둘째, 깊은 도덕

하지만 만일 이 제도들이 사실과 갈등 중에 있고, 논리 중에 파탄나고 신앙과 도덕의 화해―이는 우리 본성의 가장 불가분의 이해 관계다―가 불가하다면, 은혜의 개념에서 어떤 것, 곧 하나님을 향한 인간의 더 좋고, 더 미묘하고, 더 편만한 의존이 생략된 것처럼 보이지 않을까?

마치 우리가 호수는 오직 수로 혹은 조류에 통해 바다에 달려있음을 추정하고, 정작 깊음의 심장부에서 올라오며 그리고 넘치는 충만함으로 있는 호수를 항상 유지케 하고 또 그 모든 대지를 새롭게 하는 비를 품는 구름을 잊는 것과 같다. 그렇기 때문에 이 구름은 죽은 눈처럼 사막의 창백하고 경직된 시야 가운데 있는 것이 아니라 아름답고 기름진 계곡을 앞에 둔 항상 변화하는 영광이 된다.

제6장

자율성
(Autonomy)

하나님의 뜻을 무한한 힘으로 그리고 인간의 뜻을 유한한 힘으로 보는 이런 견해는 우리의 영적 본성이 관계되는 한, 우리에게 세 가지의 선택지를 남겨 주는 것처럼 보이며 이 모두 공히 불행해 보인다.

첫째, 하나님 권능의 수문들은 사람을 향해 열릴 수 있음으로 인해 우주적 홍수 한번으로 그자의 모든 개인적 특징들을 망각시킬 만하다.

둘째, 그 수문들이 하나님의 도움을 차단할 수 있어 사람의 총체적 본성을 건조한 황량함이 되게 할 수 있고, 또 그 황량함 가운데 활기 없는 결단이 볼품없는 소금 관목으로 자라게 놔둘 수 있다.

셋째, 그 수문들이 장소에 따라서 은혜를 풀어주고 또 다른 장소에서는 이를 유보할 수 있어 오직 고여있는 풀장으로 인해 그 사막을 끝장낼 수 있다.

하나님의 능력은 절대적이고 어떤 제약도 가질 수 없음을 우리가 주장할 때에 인간의 책임은 사라지고 또 어떤 인간 성품도 허물과 죄 안에서조차 남겨지지 않는다.

하지만 만일 우리가 도덕적 결정에 유일한 요소로써 인간의 뜻을 하나님께 대항시킨다면, 도덕적 행위는 부정적이고 외적이 되며 신앙은 이런 형식적 도덕의 단순한 부속물일 뿐이다. 설령, 논리에도 불구하고 타협이 행해질 수 있다면, 행하여지는 타협은 곧장 논리적 모순을 무시한다. 그러나 그 타협이 신앙으로 말미암아 도덕적 행위의 부패를 낳고 또 도덕적 행위로 말미암아 신앙의 부패를 낳는다면, 이론보다 더욱 위험에 처한다.

그래서 그 결론은 "운명, 자유 의지, 절대적 예지"는 논란을 갖되, 너무나 끝없고 무확신적이고 무익해서 이는 텅 빈 영원을 차지하도록 남겨져야 하며 시간으로부터 묵살되어야 한다.

하지만 문제는 묵살된 채로 남아 있지 않을 것이다. 왜냐하면, 우리의 하나님 의존의 본질은 우리의 자유와 우리의 믿음, 우리의 도덕적 행위와 우리의 신앙 모두를 위해 가장 실천적인 순간에 속하기 때문이다.

또한, 우리가 하나님의 뜻을 무한한 힘으로 그리고 인간의 뜻을 유한한 힘으로 생각하는 한, 유일한 길은 그것들의 경계를 정하는 일이다. 그러면 당장에 우리의 도덕적 독립과 우리의 신앙적 의존은 다음이 된다.

> 적대적인 국경 이외에는 아무런 공통점도 없는 힘센 대적자들이 격분하는 임계점일 뿐.[1]

하지만 실천적 결과를 너무나 비참하게 이끄는 방식은 우리로 하여금 더욱 그 질문을 상기시키고 정말 은혜가 한계가 정해질 수 있는 힘인가를 묻도록 요한다. 이 질문의 이면에는 우리가 답해야 할 또 다른 핵심적 중요성이 있다. 즉, 어떻게 우리가 물을 것인가이다.

이는 하나님의 왕좌로부터 아래를 향해 주장하는 곧 자기의 유한한 피조물을 향한 무한 존재자의 관계에서 우리에게 합당하게 보이는 것을 제

---

1 셰익스피어의 『햄릿』 5막 2장에 등장하는 햄릿의 대사이다(역자 주).

시하는 옛 길 가운데 있는 것인가 혹은 이는 우리가 지금 낮은 곳에서 점유하는 실제적 지위로부터 위를 향해 주장하는 것인가?

하나님의 역사를 뛰어넘는 것에서부터 그려본다면, 우리가 어떤 유리한 고지도 점유하지 않다는 사실을 인정할 수밖에 없다. 우리는 날아 오를 수도 없으며 독수리 눈으로 쳐다볼 수도 없다. 은혜가 이 땅에서 행하는 때에 오직 우리가 이를 볼 수 있다면 또한 은혜가 우리 자신의 경험에 영향을 주는 때에 이를 이해할 수 있을 뿐이라면, 우리는 분명함이나 혹은 확실성 중 하나를 갖음을 아마도 소망할 수 있다.

그런데도 우리가 예정적인 계획에 대한 불가항력적인 폭력과 같은 전능성 곧 전지성에 의해 인도되는 전능성의 개념을 제거할 수 있는 순간 그리고 전능성을 그 자체의 목적을 선택하는 자유로 생각하는 순간, 우리는 이 하나님의 계획이 얼마나 무가치한 것이며 또 우리 자신의 경험에 대한 이해가 얼마나 중요한 것인가를 알기 시작한다. 왜냐하면, 전능성은 그 자체의 목적들을 이루기 위해 수단들의 선택과 사용이라는 다양한 지혜로 인해 인도되기 때문이다.

만일 자신의 존엄성을 고려함으로써 도처에서 우리를 제한하는 어떤 하나님 대신, 가장 사소한 일들과 평범한 관계들에서 자신의 현명한 관심을 드러내는 한 분, 곧 그가 자신의 계획이나 자신의 존귀가 아닌 우리의 필요에 주된 관심을 갖는 어떤 하나님을 우리가 갖는다면, 이 땅에서부터 올려다보는 것은 우리의 비천함으로 말미암아 우리에게 강요된 불리한 지위가 되지 않는다. 오히려 유일한 장소가 되어, 거기서부터 적어도 우리가 어떤 존재인가를 생각하는 의미에서 우리를 향한 관계, 다시 말해 사랑에 속하는 관계를 이해하는 장소가 될 것이다.

만일 은혜가 사랑에 의해 결정됨이 넓은 감정뿐만 아니라 이런 실제적인 관심이라면, 질문은 "어떻게 은혜가 그 존엄성을 드러내고자 할까?"가 아니라 "어떻게 은혜가 그 자녀를 섬기려 하는가?"가 되어야 한다.

그리고 그 섬김이 이 땅에서 일어날 때에 이 땅에 대한 우리의 경험만이 그 은혜의 성격을 이해하는 수단이 될 수 있다. 그러므로 은혜에 대한 최상의 질문은 다음이 될 터이다.

'은혜가 만물 가운데 우리에 대해 무엇을 행하며 그 목적은 섬김을 구하는 것인가?'

그리고 그 확실한 답은 '은혜의 목적은 도덕적 인격들에 대한 도움이다'가 될 터이다. 그런 경우 은혜의 본질을 이해하는 길은 전능성의 역사에 대해 이론화하는 것이 아니라 다음처럼 자문하는 것이다.

'무엇이 도덕적 인격이며 어떻게 그 인격이 도움을 얻는가?'

불가항력적인 힘으로서 전능성의 번쩍함 그리고 변경 불가한 계획으로서 전지성의 번쩍함을 대신하여 생각하는 것은 마치 어떤 엔지니어가 자신의 능력을 증거하기 위해 모든 다리를 부술 수 있을 만큼 충분히 기계들을 무겁게 만드는 것과 같다. 반면에 진정한 능력은 결코 폭력적이지 않으며 진정한 지혜는 결코 완고하지 않다.

그러므로 만일 은혜가 사랑의 역사이며 그 핵심이 사랑의 눈을 갖는 것이 되어, 그 자체의 존엄이나 어떤 형태의 자기 과시에서 벗어나고 대신에 그 관심의 대상을 향하게 한다면, 은혜가 돕고자 하는 인간 본질을 고려함으로써 출발하지 않는 그 본질에 대한 탐구는 헛된 것일 것이다. 그런 경우, 첫 번째 질문은 "무엇이 하나님 은혜의 본질인가?"가 아니라 "무엇이 도덕적 인격의 본질인가?"가 된다.

우리가 이 후자의 질문에 몸을 돌리는 순간, 우리가 발견하는 것은 도덕적 인격의 핵심적이고 두드러진 특징은 철학자들이 불렀던 자율성이다. 자율성이 잃어질 때에 인간은 더 이상 인격이 아니고, 단지 살아 있는 피조물에 불과할 뿐이다. 이 독립성이 한 인격의 뛰어난 특질, 특유한 특질이다. 그리고 인격들 간의 관계에서 어느 쪽이든 간에 이것이 무시된다면, 그 관계는 결코 인격적이 되지 않는다.

반면에 사람들 사이의 모든 자유롭고 고귀하고 올바른 관계는 양측(兩側)에서 그리고 삶의 모든 면에서 자율성을 거룩하게 또한 어길 수 없게 지키는 것에 달려있다.

이 자율성은 다양하게 나타난다.

첫째, 우리 경험의 핵심적인 특질에서는 경험은 자의식적(自意識的)이다.
둘째, 우리 목적들의 핵심적 특질에서는 그 목적들은 자기 지향적(自己指向的)이다.
셋째, 우리의 행위들의 핵심적 특질에서는 그 행위들은 자기 결정적(自己決定的)이다.

하지만 우리는 이런 것들을 별개의 자율성들로 간주하는 것을 깨달아야 한다. 왜냐하면, 많은 열매가 없고 오도하는 논의가 이같이 마음의 문제들을 분리시킴으로써 생기기 때문이다. 그 자율성들은 도덕적 인격의 한 독립성의 측면일 뿐이며 이 독립성은 자기 결정적인 것이 존재하되, 자기 지향성을 따라서 자신의 자의식적 세계 안에 있기 때문이다.

인격적이 될 수 있는 도움은 도덕적 인격의 이런 중심적 특징을 결코 무시하지 않을 것이다. 매일 우리가 깨닫는 것은 남들을 통하지 않고는 참으로 그들을 돕는 것이 불가능하다는 것 그리고 어떤 인격적 관계를 통해서 우리에게 가까이 오지 않는 모든 것은 우리 자신의 삶을 위해서는 무관하다는 것이다.

도움은 불가항력적으로 개별적일 수 있다. 우리가 유모차에 깔린 애를 그 애가 반항한다고 해도 들어 올릴 때, 이는 그 애가 낯선 이의 팔 안에서 그 엄마를 찾아 울며 여전히 힘쓰고 있는 때만큼 인격적이 아닐 수 있다.

참으로 인격적인 도움은 순전히 외적 사역에 속할 수 있는 것이 아니라 안으로부터 어떤 반응을 불러일으켜야 하는 것이다. 이는 어찌하든 직접적일 수 없으며 오직 한 교제 안에서 준 자와 받는 자를 품기 위해 서로 주고받아야 한다.

이 목적을 얻을 수 있는 길은 직접적 힘의 권능을 키움으로써 심지어 전능성에 이르거나 혹은 이 목적을 완전한 계획에 향하도록 해서 심지어 전지성에 이르는 것이 아니다. 오히려 이 목적이 더욱 압도적이라면 이는 더욱 덜 인격적이 될 것이다.

만일 이것이 자기 자녀를 향한 하나님의 관계에 대해 사실이라면, 명확한 것은 하나님의 은혜가 자신의 세상을 통해 일할 것이며 우리 경험에 대한 신앙적이고 도덕적 해석으로부터 이를 격리하는 것은 처음부터 끝까지, 살아 있는 인격적 관계를 어떤 기계적 추상으로 돌리는 일이며 하나님에 대한 우리의 생각에서 우리를 오도할 수밖에 없는 일일 뿐이다.

제7장

도덕적 인격
(Moral Personality)

은혜가 하나님의 자녀에 대한 도움과 관계되지만, 하나님의 주권의 나타남과 관계되지 않는다면, 이는 주가 그 자녀에게 주셨던 그리고 그들 안에서 향상시키고자 하는 그 같은 인격과 조화되어야 할 것이다. 은혜의 본질에 대한 탐구는 그러므로 자신의 자기 지향성을 좇아, 자의식의 세계에서 자기 결정적이 되는 도덕적 인격이 무엇을 뜻하는가를 묻는 것으로 시작되어야 한다.

먼저, 도덕적 인격은 자기 결정적이다.

삶의 특질은 비록 모호하더라도 어찌하든 자신의 목적들을 이루려는 능력이며 또 생명 없는 것들처럼 밖으로부터의 충격으로 말미암아 동요되는 것도 아니다. 따라서 인격은 적어도 이런 정도의 자기 결정성을 갖는다.

하지만 세상의 통합을 기계적 인과론의 획일성으로 봄으로써 이것을 부인하는 견해들도 있다. 또한, 만일 자기 결정이 여전히 절대적 강요여서 물리적 힘의 경우처럼 의지에서의 실제를 남겨 주지 않는다면, 물리적 에너지로부터 영적 은혜로 통제력을 바꾸는 것으로는 자기 결정은 실제로 확보되지 않으며 게다가 맹목적 힘으로부터 구별하는 것은 어렵다. 왜냐하면, 그 결과에서는 전혀 참된 자유가 없다면, 그 원인에서는 인격을 추정할 어떤 이유도 없기 때문이다.

따라서 칼빈이 매우 열정적으로 하나님의 영광을 위해 주장했던 그 같은 필요성은 단지 우주적 과정의 영광을 위할 뿐이다. 다시 말해 합리적 행위는 동기를 기초로 한다. 그럴 때 동기들은 충동이 되게 되는데, 이는 느낌처럼 충동의 힘이 우세하기 때문이다. 이것은 어떤 의지가 아닌 대각선 형태의 물리적 힘을 따르는 단지 결과적인 느낌만을 남겨준다.

또한, 우리의 의식 그리고 자유와 책임에 대한 우리의 감각은 실제로 우리를 반응케 하는 진짜 원인들에 대한 무지로 인해서 단지 환영이 될 수 있을 뿐이다. 왜냐하면, 그 의식은 의지를 자기 결정적인 것처럼 보며 그 감각은 우리의 행위가 기계적으로 필요하지 않은 것처럼 보기 때문이다.

하지만 충동과 합리적 동기는 각각 별개다. 우리는 충동의 피조물이 될 수 있으며, 그런 연유로 의지는 단지 고관대작처럼 가장 목소리 큰 동기에 고개를 까딱거리며, 그래서 그 결과는 합리적 행위가 아닌 난장판일 뿐이다.

게다가 책임은 우리의 가장 직접적인 의식적 경험이다. 이에 더해 그 실제는 자의식을 설명하기 위해 필요하다. 만일 자유가 단지 우리 자신의 느낌의 문제만이라면, 개인적 환영으로 잘 설명될 수 있을 터인데, 이는 의지를 움직이는 실제적 원인들에 대한 무지로 인해서이다.

하지만 우리가 갖는 능력을 행사할 영역이 없다면, 어떻게 자의식이 세상을 대적하여 이기고 일어설 수 있겠는가?

우리가 세상에 대항하여 일어서지 않는 한 그리고 단지 인과 법칙 이상으로 우리가 세상 안에서 일하지 않는 한, 왜 우리가 우리 자신을 사물 세계로부터 구별하는 꿈을 꾸었어야 했단 말인가?

만일 하나님이 은혜를 통해 우리를 위해서 일하는데, 그 은혜가 우리의 충동을 결정함으로써 우리를 결정한다면, 그 힘을 하나님이라 부른다 한들, 이는 어떤 것도 바꾸지 않는다!

또한, 우리의 행함을 우리 자신에게 전가함이 없이는 어떤 지속적인 자의식도 있을 수 없다. 자의식은 자아가 삶의 행위와 관련되지 않는 한, 자아와는 아무런 관계가 없다. 우리는 세상을 향해서는 우리의 얼굴을 들고 서며 우리 자신에 대해서는 우리의 등을 보이고 서고, 우리의 어깨 넘어 우리 자신을 스쳐 지나가며 일별할 뿐이다.

그리고 우리의 경험에 계속성을 주는 지속적인 인격적 기억은 우리 자신에 대한 깨어지지 않는 상상 덕분이 아니라 우리의 행위를 우리 자신의 책임으로 돌리는 지속적인 탓 덕분이다. 물론 하나님 자신은 우리로 자신의 행동을 생각하도록 행하고 미혹하게 할 수 있지만, 만일 삶이 그런 속성의 환상이라면, 하나님을 말하는 것이나 혹은 지식에 대한 어떤 다른 생각 가능한 대상을 말하는 것도 헛일이다.

게다가 의지는 우리 자신과 하나로 다른 소유물은 그 소지자와는 동일시될 수 없는 것과 같으며 우리와의 인격적 관계는 의지를 통하지 않고는 있을 수 없다. 인간 그 이상으로 하나님은 이를 무시하지 않겠지만, 우리를 인격으로 대우하실 것이다. 우리는 바꾸기에는 우리의 능력을 넘어서는 제약들이라는 많은 경험을 갖는다. 왜냐하면, 이 제약들은 의심할 바 없이 하나님에 의해 약정된 까닭이다.

이 제약들이 우리가 스스로 결정해야 하는 상황을 결정한다. 그리고 이것이 불가한 곳에서조차 이 제약들은 잘못된 길에서의 장애물처럼, 바른 길을 찾도록 우리 자신에 대해 우리를 격려한다면, 도덕적 가치에 속할 수 있다. 하지만 그 자체로 보면 이것들은 인격적이 아니며 그러므로 엄격한 의미에서 우리의 도덕적 관계가 하나님을 향하든 인간을 향하든 간에 이에 관심을 갖지 않는다.

인간은 말할 것도 없고, 하나님은 우리의 자기 결정을 무시할 수 있고 또 우리를 인격체로 다룰 수 있지만, 주가 의지를 단지 어떤 균형추로 다루고, 이를 결정함이 사랑 혹은 어떤 다른 감정의 주입으로 인해서라면, 자기 결정은 이에 무게를 주는 단순한 물리적 충동으로 말미암아 저울을 누름으로 인한 것처럼 비현실적이 될 것이다.

　더불어 자기 결정은 자아에 의해, 곧 자아의 성품, 자아 자신의 목적들과 그 자신의 동기들에 의해 결정된다. 이것은 다름 아닌 우주 가운데 있는 그 인격의 경계를 표시하며 또 그 경계를 실제로 만든다. 하지만 이것이 단지 '모든 행위는 이미 결정된 성품의 단순한 산물이다'를 뜻한다면, 자의식을 설명하거나 책임을 정당화할 수 있었던 실제적인 자기 결정은 여전히 없게 된다.

　책임 교리 같은 이런 이론을 다루는 데 있어, 칼빈부터 맥태거트[1]에 이르기까지 많은 작가가 상당한 미묘함을 보여 주었다. 즉, 책임 교리는 우리의 행함을 우리 자신에게 전가함 같은 것을 적어도 설명하려 한다. 왜냐하면, 그 전가는 우리에게 계속성의 감정 그리고 다른 것들과의 분리됨의 감정을 주기 때문이다.

　하지만 팽이는 그 안에 있는 탄력으로 계속 돌지만, 밖에서의 채찍으로 인해 맞아서 움직이게 되는 기계적인 장난감일 뿐이며 여타의 기계적 세상으로부터 이를 구별하는 것은 옳지 않은 것과 같다.

　왜 책임감이 자책감의 형식을 띠어 우리가 이를 어떤 원인에 돌리지 않고 우리 자신의 의지에 돌려야 하는지는 여전히 분명하지 않다. 맥태거트의 설명으로는 고칠 수 있는 우리 능력 안에 그 상황을 가정하는 것이 환상일지라도, 자책감은 우리가 나쁜 성품인 것을 자신에게 보여줌을 깨닫게 하여 자연적으로 고통을 당한다.

　따라서 자책감은 우리 옷을 더럽게 함을 후회하는 것과 같은 동일한 성질에 속할 것이다. 왜냐하면, 절름발이인 우리는 도랑을 치우는 일에 좋지 않기 때문이다. 이런 견해 위에 자책감이 어떤 근거를 갖는다면 이는 과거에는 다를 수도 있었을 어떤 것에서부터 오는 것은 아닐 것이며 오히려 절름발이에게 부목(副木)처럼 미래를 위한 우리의 성품을 경직되게 하는 어

---

[1] 맥태거트는 20세기 초, 형이상학론자 중 한 명으로 헤겔 철학의 대변자였다.

떤 것일 것이다.

하지만 이 성품이 절대적 자기 결정으로 인해 만들어질 수 있는 것처럼 이미 경직되어 있을 때에는 왜 이처럼 달갑지 않은 고안책이 떠오르게 되어야 했는지는 알기가 어렵다. 만일 우리가 이것이 자책감에 대한 참된 설명이라고 인정한다면, 물론 실상은 그렇지 않지만, 우리는 여전히 물어야 할 것이다.

어떻게 도덕적 성취 같은 성품이 본성의 어떤 은사 같은 단지 기질만이 되지 않고 개선하여 성품이 되는가?

이런 식의 주장이 그럴듯해 보이는 것은 단지 윤리적 개념을 성품으로 전가하기 때문이다. 이 견해에 따르면, 자책감은 성품에 아무런 정당함도 갖고 있지 않다. 성품은 좋아지고 나빠진다.

하지만 왜 그런가?

이는 마치 태양열이 석탄 안에 간수되듯, 단순히 그 자체 동기를 묻어두기 때문인가?

양자 공히 우리는 집에서의 소비를 소망하지 화재를 바라는 것은 아니잖는가?

그러나 이것이 성품의 형성을 설명하는가?

의심할 바 없이 우리 모두는 어찌하든 우리의 성품을 좇아 행한다!

하지만 어떻게 우리들 중 일부는 성품이 좋아지는 방식으로 행하고, 다른 이들은 성품이 나빠지는 방식으로 그리한가?

성품은 삶의 세파(世波) 가운데 스스로 형성된다고 말해진다. 그러나 삶이 구원을 얻거나 혹은 난파될 수 있는 동안, 우리가 자신이 우연히 그렇게 된 그런 류의 인격을 따라서 세파에 저항하여 노를 젓거나 혹은 이와 함께 출렁거린다면, 우리의 성품은 과거에 그랬던 것처럼, 운명이 정한 대로 싫든 좋든 간에 단지 기질에 머물러야 한다.

단지 기질에 속하지 않는 그 이상이 없다면, 우리는 무슨 권리로 성품에 대해 말해야 하는가?

도덕적 성품을 기준으로 행동을 다룬다면, 마치 행동이 자연적 기질에 바탕을 둔 것처럼 한다면 그리고 그다음에 자유의지를 희화(戲畫)하여, 저울에 놓인 무게를 무시하며 또 우연히 그리고 순전히 임의대로 저울대를 발로 차서 엉터리 특성을 갖는 저울추로 본다면, 자유는 손쉽게 불합리하고 심지어는 비도덕적으로 증거 될 수 있다. 사람들은 묻는다.

"어떤 행위가 승인되고 거부되는 것은 단지 성품의 결과가 아닌가? 그리고 한 인격이 나쁜 행위에 대해 책임을 지고 있다면, 그자가 비난받는 것은 그 행위 때문이지 나쁜 성품 때문은 아니잖는가?"
어떤 의미에서 이것은 사실이다!
하지만 우리가 그자를 비난하는 것은 오직 그의 비뚤어진 본성적 기질 때문이라고 말하는 것은 역시나 사실일 수 있을까?

우리가 나쁜 성품을 말할 때에 우리는 이와 비슷한 행위들이 저질렀던 것을 말하고 있으며 그러므로 이는 단 한번의 행위보다는 더 큰 비난을 받을 합당한 원인이 된다. 하지만 우리가 어떤 사람을 비난하는 것은 그자 안에 좋은 성품의 가능성에 습관적인 불순종 때문이라고 말하는 것이 그자의 나쁜 성품 때문에 비난한다고 간단하게 말하는 것보다 여전히 더욱 사실적일 것이다.

만일 우리가 성품을 바탕으로 한 행동을 고정적, 직접적, 일정한 결과로 생각하여, 마치 기름이 그 성질을 따라 행하여 불을 내고, 물이 그 성질대로 불을 끄는 것처럼 생각한다면, 우리는 그 안에서 본질적인 선함 혹은 악함 어떤 것도 발견하지 못할 것이다. 우리는 이것이 경우에 따라 행할 때만 좋다고 하거나 혹 나쁘다고 할 것이다. 마치 우리를 따뜻하게 하는 난로 안의 불을 좋다고 보지만, 방 한가운데서 가구를 삼키는 불을 나쁘다고 보는 것과 같다. 어떤 경우든 우리는 다른 어떤 것을 하지 않는 것을 두고 책임을 성품으로 전가하는 것을 꿈꾸어서는 안 된다. 이는 마치 우리의 난로가 잘 타지 않을 때에 물이 기름이 아니라고 우리가 탓하지 않듯 혹은 카펫이 불붙을 때에 기름이 물이 아니라고 탓하지 않는 것과 같다.

우리는 책임을 동기의 탓으로 돌린다. 이는 우리가 동기에 무관심하거나 혹은 우리 성품에 의해 영향을 받지 않기 때문이 아니라 우리가 동기를 허락하거나 혹은 억제하는 능력을 확신하기 때문이다.

이 능력은 어떤 성품, 곧 과거의 불순종들로 인해 잃어졌던 성품을 제외하고, 선을 인정하고 또 악을 부인하는 능력을 가진 성품에 우리가 따르는가 혹은 따르지 않는가 하는 것에 달려있다. 행위는 특별히 나쁜 성품의 결과로써는 부인되지만, 이는 성품이 기질과는 달리, 그 자체가 우리의 순종들과 불순종들의 가장 영구적 결과이기 때문이다. 나쁜 행위가 단지 생래적인 기질의 결과라면, 우리는 오히려 용서한다.

만일 의지가 이런 직접적인 방식으로 성품에 의해 결정된다면, 은혜의 유일한 효과적 역사(役事)는 아우구스티누스가 기술한 바처럼 영혼의 실체를 더 나은 것으로 바꾸는 것이 될 것이다. 이 순전히 기적적인 사역은 의심할 바 없이 우리의 행위들을 고칠 것이지만, 우리에게 자유 가운데 책임을 주는 일에는 아무것도 하지 않을 것이다.

그리고 사실 아우구스티누스는 이런 류에 대해서는 어떤 여지도 갖는 않으며 또 칼빈과 마찬가지로 하나님을 어떤 힘이 아닌 아버지로서 보여줄 여지가 없다. 심지어는 그가 칼빈처럼 자신을 철학적 결정론자로 간주하지 않았음에도 그렇다. 그런 변화는 충동을 고칠 뿐이며 기질을 좋게 할 뿐이다.

왜냐하면, 진정한 도덕적 동기는 달성되어야 할 목적들에서부터 나오기 때문이지, 과거의 거래로부터 나오는 것이 아니기 때문이다. 또 도덕적 성품은 그 목적들을 따르는 것으로 성취되며 단지 주어지는 것이 될 수 없다.

자기 결정은 그러므로 그 자체로 떼어 놓고 볼 때는 정당하게 판단될 수 없다. 자기 결정을 인도하는 자기 지시로부터 그리고 자기 결정이 행하는 자의식의 세계로부터 이를 분리함으로써만, 동기는 충동으로 축소되게 되고 또 숙명론은 그럴싸하게 된다. 그런 까닭에 우리는 인격의 더 많은 면을 바라보아야 한다. 즉 이는 자기 지시적이고, 이것은 동일한 행위의 오직 또 다른 면이지 새로운 속성이 아니라는 것을 항상 기억해야 한다. 인격, 행위, 타율성, 양심, 교육에 관한 내용은 다음과 같다.

첫째, 도덕적 인격은 자신의 자기 지시를 따르는 자기 결정적이다. 자유에 대한 모든 논의는 단순히 말이 아니라 우리를 위한 자신의 입법의 순종을 다룬다.

둘째, 행위는 비록 다른 경우라면 잘못은 아닐지라도, 만일 우리가 자신의 통찰력에 의해 이를 올바로 판단하지 않는 한, 결코 옳지 않다. 또한, 그 행위가 통찰력과 갈등한다면, 그 무해함 때문에 우리의 잘못됨이 막아지는 것은 아니다. 우리 자신의 믿음에 속하지 않는 것은 무엇이나, 바로 그 이유 때문에 죄이다.

셋째, 타율성(他律性)이라 불리는 것은 다른 이들에 의해 우리를 위한 입법이 됨으로 인해 기껏해야 무도덕적 상태이며 비도덕적이 될 상존의 위험 가운데 있다. 견인(牽引) 되는 것은 조향(操向)이 아닌 것처럼 그리고 견인줄에 손상을 입으면 난파될 수 있듯, 외향적으로 지시된 도덕도 마찬가지다.

넷째, 비록 양심은 교육받아야 할 필요가 있고, 또 모든 삶이 양심의 교육이 되어야 하지만, 이는 무엇을 말할까를 들었다는 의미에서 지시받은 것일 수 없다.

다섯째, 교육은 타인의 의견을 우리에게 강요하는 것 대신 우리 자신의 인격적 통찰력으로부터 옳음과 그릇됨에 대한 지식을 더욱 전적으로 생산하는 과제에 우리로 헌신케 만든다.

여섯째, 양심의 지시라 불리는 것은 단지 통찰력을 위한 규율의 대체일 뿐이다. 따라서 사람은 물론 하나님을 향한 올바른 관계의 핵심에 속하는 것은 하나님은 그런 의미에서 양심의 감독자가 아니라는 점이다.

옳음에 대한 판단이 다른 사람들의 양심에 의해 우리에게 부과되도록 허락하는 것은 삶에 대한 잘못된 도덕적 태도이다. 왜냐하면, 이는 의무에 대한 잘못된 척도 그리고 그 실행을 위한 잘못된 동기, 두 가지를 우리에게 노출시키기 때문이다.

첫째, 가장 어려운 결의법(決疑法)은 그 요구들과 비교했을 때, 우리 자신의 양심에 의해 만들어져, 행위는 물론 동기 위에서 쉽게 만날 수 있다. 우리에게 놓인 규율에 우리의 마음을 여는 것은 실제로 좋은 관습과 분명한 선한 품행을 뛰어넘어야 하는 모든 부르심에서 면제되는 것이다. 반면에 우리 자신의 양심에 전적으로 우리의 마음을 여는 것은 규율이 끝나는 지점에서 우리의 참된 의무가 시작되는 것을 발견하는 것이다.

둘째, 다른 사람들의 규율을 우리의 표준으로 만들고자 구하는 가운데, 우리는 다른 사람들의 승인을 우리의 동기로 만들도록 인도받는다. 하지만 그것은 도덕적 동기가 아니라 다른 사람들이 필요로 하는 것이 도덕적 이상(理想)이 아니라는 것에 단지 만족하는 것뿐이다.

우리의 이웃을 향한 관계보다 더욱 배타적으로 하나님을 향한 우리의 총체적 관계는 우리의 도덕적 판단의 독립성에 의해 결정된다. 옳음에 대한 모든 신실한 판단을 존경하는 근거는 이것이 무오류라는 것이 아니라 그 판단이 자주 오해받고 언제나 부적절하기 때문에 절대적 의를 더욱 분명하게 보는 유일한 길은 이에 대해서 더 큰 독립성으로 판단하는 것이기 때문이다.

그럴 때 만일 우리가 본 하나님의 뜻이 옳다고 생각한다면, 우리의 도덕적 독립은 하나님을 의존하는 조건이 된다. 즉 하나님의 뜻과 도덕적 질서가 하나가 된다면 이는 그리될 것이다.

일단 외적, 임의적 명령을 우리의 분별력이 미치는 한에 있어, 하나님의 뜻 곧 밖으로부터 그리고 임의적으로 부과된 명령을 인정하라!
그러면 하나님과 도덕적 질서는 더 이상 하나가 아니다!
그러면 선함은 단지 하나님이 원하는 바가 되며 또 하나님을 선하다고 부르는 것에 어떤 의미도 더 이상 없다!

우리 자신의 옳음의 감정을 통한 것 이상의 다른 경우라면 하나님에 의해 부과된 질서는 비록 그 요구들을 기뻐할지라도, 전혀 진실한 도덕적 질서가 되지 못하리라. 하나님 뜻의 강청으로써 이루어진 것은 어느 것도 도덕적으로 준수되지 않는다. 이는 심지어 복종 가운데 있는 것이라도, 우리 자신의 표현일 뿐이다. 하나님을 향한 우리의 모든 도덕적 관계에서 우리 자신의 통찰력을 통해 하나님의 뜻과 우리의 의무에 대한 식별이 없다면, 어떤 것도 합당하지 않다.
양심을 한편에 그리고 성별(聖別)을 다른 편에 두고서는 하나님은 섬김받을 수 없다. 독립적인 도덕적 인격이 되어, 우리 자신을 위해 입법을 하고, 하나님에 대한 참된 지식과 올바른 섬김에 적대적이지 않는 것, 이것이 절대적 조건이며 이것 없이는 하나님은 알려질 수도, 섬김 받을 수도 없다.
자기 결정에 관한 유일한 핵심적 질문은 이 자기 지시를 따르는 우리의 자유에 관한 것이다. 즉, 우리가 아는 바를 행하는 것은 우리 자신의 목적에 속하며 우리가 해야 한다는 것은 우리 자신의 통찰력에 속한다는 점이다. 무관심의 자유는 존재할 수도, 혹 없을 수도 있지만, 순간의 유일한 자유는 우선적 선호와 의무 간의 선택의 자유에 관련된다. 우리의 의무 안에 있다는 감정은 동시에 우리의 능력 안에 있다는 감정이다.

왜냐하면, 우리가 "해야 할 일"이 아닌 것은 할 수 없다는 것이 우리를 강요할 수 있기 때문이다. 이것을 오직 물리적 장애물에만 적용하고 성품에 적용하지 않음은 단지 비도덕적 저글링이며 우리가 하나님의 필요한 도움을 갖지 않아서 할 수 없다고 말하는 것은 동일하게 비도덕적 운명론이다.

끝으로 우리 자신의 자기 입법에 따라서 이 자기 결정이 가능한 것은 그 영역이 우리 자신의 자의식의 세계이기 때문이다. 도덕적 인격이 자신의 자의식의 세계에서 산다고 우리가 말할 때에 각각의 인격은 자아를 의식하고 있으며 심지어는 그 자아가 모든 경험의 중심이라는 의미 그 이상이다. 이는 내가 관계하고 있는 세계 그 모두가 나의 세계이며 세계의 모든 것을 향해, 승인 혹은 거절의 방식으로만 내가 활동적일 수 있다는 의미다.

이 활동성으로 인해 우리의 도덕적 세계의 중심뿐만 아니라 그 주변도 결정된다. 왜냐하면, 오직 세계가 우리의 자의식 안에 있을 때만, 이것은 우리 자신의 자기 지시에 따라서 우리가 자기 결정적일 수 있는 영역이기 때문이다. 이것의 지평선은 우리 자유의 효율에 의해 그려진다. 마치 우리가 바라보는 것의 폭이 등정(登頂)의 효율에 의한 것과 같다.

우리가 알 수 있다는 우리 밖의 세계에 대한 엄청난 다양성의 관점에서 그리고 이미 알려져 인식할 수 있는 우리 안에서의 마음에 대한 엄청난 다양성의 관점에서 M. 베르그손(M. Bergson)의 주장은 맞을지도 모른다. 즉 어려움은 무엇이 의식에 들어가는가가 아니라 어떻게 그 나머지가 들어가지 못하는가를 설명하는 일이다.

우리가 줄 수 있는 유일한 답은 적어도 도덕적 자질에 속한다. 우리의 창문은 일차적으로 조망을 위해 디자인된 것이 아니라 사건들이 진행되는 길을 바라보는 실제적 목적을 위한 것이다. 이는 사건들이 올 때에는 이를 예견하기 위해 그리고 사건들이 있는 동안에는 그 위에 짊어질 경험을 가져오기 위해, 또한 그것들이 떠날 때에는 그 교훈을 지키기 위해서이다. 그 목적은 가장 큰 가능성의 풍광(風光)을 품는 것이 아니라 우리를 우리의 이해 관계와 활동의 세계로 가두는 일이다.

그 결과는 매우 직접 하나의 매우 본질적인 우리 자신의 경험이다. 또한, 우리는 경험 안에서 다스려야 하거나 혹은 항구적인 내적 혼돈 가운데 살아야 한다. 참으로 인격적인 모든 것은 바로 이 통치에 관심이 있다. 이 자의식적 경험에서 상당히 벗어난 사건들도 상황들, 동기의 원인들 또한 심지어는 기질을 결정할 수 있다.

왜냐하면, 그 상황들은 우리가 다루어야 할 바요, 동기 역시 우리가 자신을 지시해야 하는 점에서 그러하며 기질은 우리의 해야 할 일의 쉬움과 어려움에 깊이 영향력을 주기 때문이다. 하지만 그 사건들이 우리의 자의식의 세계에 들어오기 전까지는 우리와는 아무런 인격적 관계를 갖지 않는다.

그런데도 이것들이 의식에 들어가는 순간, 변화는 일어난다. 전에는 상황들이 사건들에서 분리되었고, 도덕적으로 그 자체로는 무관심했지만, 이제는 즉각 우리 경험의 일부가 되며 우리 판단의 영역 안으로 들어온다. 이 판단은 세상뿐만 아니라 우리 자신에 대한 평가를 포함한다.

우리가 도덕적 의미에서 우리 자신의 세계가 된 그 안에서 행한 것을 깨닫기 전까지는 우리는 인격적 독립에 대한 충분한 범주를 볼 수 없다. 얼마큼 그 독립이 주어지든 우리의 실제적인 도덕적 영역이 되는 세계는 우리가 이를 해석하고, 이에 관심을 가지며 이를 판단하고, 사용하는 만큼만 우리의 것이다. 새로운 경험은 단지 이 세계에 더해질 수 있는 것이 아니라 우리의 총체적 세계가 이를 수용하기 위해 적응되는 것만큼 들어올 수 있다. 충동이나 그 어떤 것도 어둠을 벗어난 화살처럼 이에 박혔다고 해서 그 세계에서 이길 수는 없다.

만일 어떤 행위가 인격적 성품을 억제하고, 또 감정에 맹목적으로 굴복하지 않는다면, 이는 인격적 의지에서 생겨날 뿐만 아니라 우리 자의식의 총체적 세계를 다루는 일이다. 인정하든 혹은 인정하지 않든 각각의 참된 인격적 행위는 칸트가 금언으로 부른 것, 즉 특별한 행동 방식뿐만 아니라 이와 관련된 우리 자신과 우리 세계에 대한 평가에서 이루어진다.

마치 증기 힘으로 인한 피스톤 축처럼 손은 배고픔의 힘으로 인해 훔치기 위해 앞으로 내밀어진 것이 아니라 이처럼 배고픔을 만족시키는데 개입된 행위의 과정은 의식적으로 다음과 같은 방식으로 받아들여진다. 즉, 우리의 총체적인 세계 가운데 모든 반대되는 동기는 배제되고, 적어도 우리 자신의 인격적 세계의 총체적인 수준이 우리의 행위의 수준으로 내려지거나 올려지는 순간, 그렇게 함으로써 그 영구한 수준도 영향을 받는다.

따라서 하나를 범하는 것은 참된 의미에서 볼 때에 모두를 범하는 일이다. 이는 우리 자신과 총체적 세계 양자가 포함되지 않는 의식적 결정이 없기 때문이다. 실패의 비참함은 실패가 가져오는 혼돈이다. 이는 자기 집안 일 수밖에 없는 것이며 우리가 다스리기를 고백하기를 지속해야 한다. 해야 할 일에서 사람은 말할 것도 없고 우리 자신의 세계를 다루는 자신의 통찰력으로 말미암아 인도되는 자신의 목적을 통하지 않고는 하나님은 우리를 도울 수 없다. 그리고 오직 우리 자신을 통한 이런 인격적 방식으로만 은혜가 행하듯, 이것이 하나님이 자기 자녀로서 우리를 향한 다루심이다.

제8장

의존과 독립
(Dependence and Independence)

한 인격이 단지 개개인과 구별됨은 자기 자신의 능력 안에서 그리고 그 자신의 통찰력과 자신의 세계를 좇아서 다스림의 부르심으로 말미암는다. 도덕적 인격의 근본적 자질은 도덕적 독립이며 이상적 인격은 절대적인 도덕적 독립에서 나올 것이다.

하지만 신앙적 인격의 근본적 자질은 하나님을 의존하는 것이다. 그자는 도덕적 인격이 절대적으로 독립적이어야 한 것처럼, 절대적으로 의존적이어야 한다. 그자가 자기 불신과 죄된 맹목감(盲目感)과 역경의 압도적 힘을 참아내는 평안을 찾고자 할 때, 그의 의뢰함의 어느 부문도 불굴의 의지 혹 순전한 양심 혹 다루기 쉬운 세계에 달려 있을 수 없다.

그러므로 신앙과 도덕은 타협으로 조화될 수 없으며 우리 자신에 대한 의뢰와 하나님에 대한 의뢰 간의 합당한 수단으로도 할 수 없다. 게다가 타협은 이론만큼이나 실제에서 치명적이다. 이 경우의 성질상, 불행한 사건과 개인적인 악한 일로 인해서뿐 아니라 도덕적 독립을 위한 지지대로 쓰인 경건은 도덕을 약화시키고 부패케 한다.

의식적으로 경건한 사람들은 자주 도덕적이지 않다. 이는 부분적으로 육적 인간이 여러 편리한 발뺌처럼, 경건에 대한 생각을 활용해 도덕적 문제를 혼동케 하기 때문이기도 하지만, 오히려 하나님에 대한 의존을 우리가 해야 하기 때문에 우리가 할 수 있는 분명한 도덕적 감정으로 대체하는 것이 그 자체가 도덕적 문제의 혼돈이기 때문이다.

하나님이 즐겁고 유익한 때때로의 일탈(逸脫)을 소망함으로써 양심에 뇌물을 줄 지경에 이를 필요는 없다. 왜냐하면, 한편에는 양심을 올려놓고 또 다른 편에는 하나님의 마음을 올려놓는 것과 한편으로 우리의 의지를 그리고 다른 편에는 하나님의 도움을 올려놓는 일은 도덕적 함정에 가득한 마음의 상태인 까닭이다. 심지어 보다 적은 것도 악에서 나온다.

비록 우리가 그것들 간에는 갈등의 불가능성을 인정하더라도 하나님의 호의를 얻기 위해 선한 일을 하는 동기로 인해서 우리의 양심의 승인을 지지하는 것은 그 자체가 오직 옳음에 대한 경외로 인해서 옳게 행하는 태도, 즉 유일하게 안전한 도덕적 태도를 위험하게 할 것이다.

왜냐하면, 도덕은 도덕적 독립과 신앙적 의존 간의 타협으로 인해 매우 쉽게 부패될 수 있는 까닭에 근대 윤리학의 역사는 도덕을 신앙적 권위와 신앙적 동기로부터 자유케 하며 그 자체로 자신의 제재와 그 법의 보상을 찾는 다양한 시도들에 대한 하나의 설명에 불과할 뿐이다.

왜 현대 신학의 역사도 신앙을 신학 자체의 기준에 근거를 두려는 다양한 시도의 역사에 불과할 뿐인가?

이와 같은 질문에 관해 동일하게 합당한 이유가 있다. 이는 신앙이 좋은 처신에 대한 단순한 보상이 아니라 그 스스로의 영역을 갖으며 또 그 스스로 자신의 신뢰와 소망의 근거라는 것을 보여 주기 때문이다.

신앙은 도덕적 독립성에 의해 수정된 까닭에 순전할 수 없다. 왜냐하면, 이는 참된 영적 소망에 대한 믿음에서 도덕적인 법적 의에 대한 신뢰로 바뀌었기 때문이다.

또한, 이는 강한 이유일 수는 없으나, 믿음이 우리의 도덕적 상태로 인해 조절되는 까닭에 결국에는 하나님에 대한 믿음이 아니라 우리 자신에 대한 믿음이 되기 때문이다.

타협이 실행 불가한 것으로 보인 까닭에 분리가 시도되었다. 우리가 듣기로 신앙과 윤리는 아브라함과 롯처럼 그들 각자의 길을 가야 하며 같은 초장에서 양들을 더 이상 먹이지 않도록 해야 한다.

신앙적 유형은 동쪽으로 향해야 한다.
도덕적 유형은 서쪽이어야 한다.

영원에서조차 화해에 대한 그들의 유일한 소망은 세상의 반대편 어디에서 만날 만큼 멀리 떨어져야 한다. 적어도 이 편에서는 그들은 의심과 적대적 감정을 예방할 만큼 충분히 떨어져 있을 수 없었다. 이에 관한 의견은 두 가지로 나뉜다.

첫째, 우리는 아우구스티누스와 같은 자를 보게 되는 데, 그는 도덕적 독립에 대한 모든 주장을 불경건의 향내로 간주하는 경향을 가지며 또 개인적 심판이 그에게는 하나님의 군대가 되는 것에 대적하는 것이 될 때에 양심의 호소를 칭의가 아닌 범법의 본질로 다룬다.
둘째, 우리는 칸트와 같은 자를 보는데, 그에게는 모든 종류의 의존, 심지어 하나님에게의 의존도 오직 도덕적 무기력일 뿐이다. 도덕적 갈등의 긴장 가운데서조차 도움을 위해 기도할 수밖에 없음은 우리가 가장 잘 이겨낼 수 있는 순간에도 우리의 도덕적 일체성을 위험하게 하는 일이다. 이 두 가지 타입을 우리는 수용해야 하지만, 그러나 이는 언제나 떨어져 있어야 한다.

이렇듯, 절망에 대한 충고는 지루함을 지나 만연해졌을 것이며 실제적으로 용납할 만한 상황을 남겨 주었다. 하지만 이 경우의 성질상, 우리의 경험, 믿음과 도덕적 행위의 역사, 이 모든 것이 주장한 바는 상이한 인격들에게 너무나 중심적이고 불가분적인 이해 관계를 부과하는 것의 결과는 재앙 외에 아무것도 있을 수 없으며 혹은 심지어는 한 생명의 객차를 분리하는 결과만이 있게 된다.

신앙은 도덕적 독립의 수액이 마르면 영적이 되지 못한다. 믿음이 진리를 향한 우리 자신의 통찰력을 통해 얻어지고, 우리 자신의 의지의 동의를 통해 받아들여지며 우리 자신의 삶의 지배에 적용되는 것이 없다면, 그 믿음은 영적이지 않다. 자체의 빛 가운데 빛나는 선함이 없이는 우리가 하나님의 교리로 판단할 수 있었던 모든 기준은 상실되며 믿음은 단지 자의적인 위대함의 단순한 복종이 될 뿐이다. 그 위대함이 우리를 향한 도덕적 관계를 갖지 않는다면, 이는 단지 기계적인 힘의 방식을 따라 우리 위에 역사할 수 있을 뿐이다. 그러면 문을 통해 쫓겨난 자아는 창문을 통해 돌아온다. 왜냐하면, 하나님의 임의적 역사에 속하는 구원은 우리 자신의 이기적 복리만을 위한 욕망이 될 것이기 때문이다.

그것은 그 자체로 불길한 출발이다. 하지만 무의식자들의 휘장 뒤에서 영향을 받는 사역을 두고 우리는 어떤 조건과 어떤 결과를 갖는다고 생각할 것이다. 조건은 순전히 임의적이지 않는 한 우리의 도덕적 상태만이 그리고 그 결과는 도덕적 개선만이 될 수 있을 뿐이다. 하지만 그런 외적인 방식으로 우리의 구원에 연계되어 있음으로 인해서 우리의 도덕적 조건은 공로로써 들어갈 수 있을 뿐이며 그 공로는 하나님의 도움의 탓일 때라도 교만에 속한 것이다.

은혜를 조건 짓고 또 그 효율성을 나타내는 공로는 처음부터 끝까지 이기적이며 이는 우리를 그 능력으로부터 해방시켜 줄 참된 신앙의 해야 할 일이다. 그런데도 어떤 신앙도 구원을 순전히 무관한 땅 밑의 폭발의 효과라고 간주하는 우리를 해방시킬 수 없다. 왜냐하면, 아우구스티누스의 표현대로 그러면 하나님의 은혜는 우리의 공로가 되기 때문이다.

그러나 신앙이 공로에 어떤 자리를 내주는 순간, 이는 도덕적이 되어, 말하자면 어떤 외적인 목적을 위해 규율로 인해 어떤 것들을 행함이라고 말할 것이다. 그러나 이는 하나님을 향한 우리의 직접적, 자연적 그리고 합당한 관계가 되지 못한다. 따라서 결국은 이는 하나님을 향한 그 자신의 철저한 의존이라는 이해 관계에 거짓이 된다.

그렇지만 만일 한편으로 신앙이 도덕적 독립의 수액이 마를 때에 참으로 영적이지 않다면, 다른 한편으로는 도덕은 신앙적 의존의 거절로 인해 참으로 윤리적이지 않다.

만일 신앙이 도덕이 없음으로 인해 거닐 수 있는 딱딱한 땅이 없다면, 도덕은 신앙이 없음으로 인해 숨을 들이마실 넓은 하늘이 없다. 살아 있는 신앙의 대기 가운데가 아니라면, 도덕은 절대로 그 절대적 요구를 주장하거나, 외적인 순응으로부터 내적인 동기로 침투하거나, 겸손과 연민의 보다 깊은 필요 사항에 민감하게 되거나, 또 마지막으로 법이라는 모든 융통성 없는 경계를 통과하거나 하지 못했으며 무한한 사랑의 주장에 얼굴을 맞대지 않게 된다.

왜냐하면, 그 사랑은 공로에 대한 모든 개념을 파괴하며 또 사람들에게 그들이 최선을 다했음에도 무익한 종으로 남게 하기 때문이다. 한마디로 신앙이 없는 도덕은 선한 형식으로부터 선함으로까지, 매너에서부터 도덕적 행위로까지 결코 침투할 수 없다.

도덕 역시 동일하게 홀로 남겨지면, 그 자체의 특별한 이해 관계가 도덕적 인격의 절대적 독립성을 주장하지 못한다. 단지 선한 결의는 어떤 자가 해야 하기 때문에 그가 할 수 있다는 것을 그에게 확신시키는 일에 적절한 근거가 아니다. 격리된 결정들을 뛰어넘는 어떤 것으로 지원받지 않으면, 우리는 우리의 '해야 할 것'을 우리가 '할 수 있는 것' 정도로 그 수준을 낮추게 된다. 그런 이유로 도덕은 옛 신학자들이 불렀던 "시민적 의"[1]로 축소된다.

---

1   이는 루터가 말하는 두 가지 의의 하나로 성도가 하나님에 의해 주어진 책임들을 행하는 행위로 말미암아 세상 사람 앞에서의 의를 얻는 것으로 이를 '시민적 의'로 부른다 (역자 주).

이 시민적 의는 체면과 공명정대한 행동 그 이상을 넘어가지 않으며 모든 도덕적 요구 사항 가운데 가장 깊은 것을 시야에서 벗어나게 한다. 왜냐하면, 도덕적 요구 사항들은 양심적으로 행동하는 것이 아니라 더욱더 마음속을 꿰뚫어 보는 양심을 찾는 것이기 때문이다. 이로 인해 온전함에 대한 비도덕적 만족이라는 위험이 우리를 괴롭히는 바, 이는 과실(過失) 행위에 대한 더 큰 형태의 절제에 지나지 않는다. 그리고 그것은 우리 사회의 외적 기준에 대한 의존을 뜻한다.

이런 도덕의 제약은 마음의 결단으로 이길 수 있기 때문에 불충분하게 도덕적이지만 의식적으로 경건한 인격들이 있는 것처럼, 왜 신앙적이지 않지만 의식적으로 도덕적 인격이 있는가 하는 이유를 설명한다. 그 이유는 너무나 큰 도덕적 독립 때문이 아니다. 왜냐하면, 그들은 가장 높은 정도로 수용된 도덕에 의존적이며 또 지속적으로 타인의 승인을 통해 스스로를 판단하기 때문이다. 반면에 진정한 이유는 그들 자신의 양심의 요구들을 따르지만, 자신의 도덕이 자신들보다는 더 큰 실제에 달려있음을 발견하는 지점까지 따르는 일에 실패하기 때문이다.

신앙과 도덕은 이처럼 함께 멍에를 맬 수도 혹은 양측의 깊이와 실제를 파괴하지 않는 채 갈라 설 수도 없다. 참으로 신앙적이고 도덕적 인격은 절대로 자신의 뜻과 하나님의 뜻 간의 타협에 미혹당하지 않으며 이것이 생경하며 대립된다고 생각하지 않는다.

모든 올바른 삶의 본령은 우리 자신을 부인함으로써 자신을 아는 것이며 자신의 선호하는 것들을 포기함으로써 자신을 감독하는 것이며 또 세상을 잃어버림으로써 우리의 세상을 소유하는 것이다. 우리는 인격체이지 단순히 개개인이 아니다. 왜냐하면, 이런 외견상의 반대되는 것들을 하나로 연합하고, 또 우리가 하나님의 세계 가운데 그리고 하나님의 자녀들 사이에 우리 자신을 찾는 것처럼, 우리의 독립을 얻기 때문이다.

이런 살아 있는 움직임을 신학자들 그 이상으로 도덕주의자들도 놓치고 있다. 그러므로 독립은 피히테의 이론 가운데 그 논리적 결과를 갖는다.

그 이론에 따르면, 각자는 자신의 도덕적 뜻을 위해 체육관처럼 자기만의 세계를 세운다. 왜냐하면, 그런 독립은 고정된 체펠린 비행선의 분리이기 때문이다. 체펠린은 자신의 기계적 운동으로 스스로 움직일 뿐만 아니라 세상에 대한 스스로 생겨난 구름낀 시야 가운데 떠다닌다.

그렇지만 우리의 세계가 우리가 만든 것에서 나오지 않는다면, 마치 우리가 살고 있는 세상이 무엇이든 어떤 결과를 갖지 않는 것처럼, 또한 이 독립이 나타내는 어떤 의미나 목적 혹은 이것이 인정하는 어떤 방식의 교통에 대해서 중요하지 않는 것처럼, 우리는 우리의 인격적 독립을 분리하지 못할 수 있다. 우리가 도덕적 세계를 가져 그 안에서 행하며 도덕적 진리를 가져 이를 통해 걸으며(행하며), 도덕적 교제를 갖음으로 그 안에서 섬기는 것이 필요하다면, 신앙적 의존으로부터 도덕적 독립을 나누는 것은 단지 살아 있는 실제를 해부해서 설명을 쉽게 하는 것일 뿐이다. 그렇게 함으로써 살아 있는 연합이 별개의 죽어 있는 기계로 변하는 것처럼, 그 설명은 손쉬운 것만큼 오해를 낳는다.

예컨대 우리가 "우리가 해야 하기 때문에 우리가 할 수 있다"를 확신하고 또 이 격언을 도덕적이며 비신앙적으로 혹은 심지어 반신앙적으로 간주할 때에 우리는 다음 같은 의미를 둘 수 있다.

첫째, 개별적 의지들은 우리가 생각할 수 있는 이상을 실현시킨 능력을 가진다.
둘째, 실제의 본질과는 완전한 분리되는 가운데 또 어떤 갈등을 일으키는 가운데 이런 가능성을 갖는다는 것이다.

하지만 단지 결의에 대한 그런 자신감은 오직 우리 자신에 대한 가장 심오한 무지 그리고 의의 이상(理想)에 대한 가장 천박한 견해를 주장할 수 있을 뿐이다. 이처럼 생각된 의지에 대해, 우리는 다음과 같이 말할 뿐이다.

우리는 얼마나 자유롭게 보이며 얼마나 빨리 족쇄를 차고 누워있는가?[2]

　의무가 능력이라는 확신은 반면에 우리에게 무엇이 가능한가에 대한 확신이되, 이는 분리 안에서가 아니라 우리 형제들 또 영의 아버지, 양자(兩者)와의 참된 교제 안에서의 확신이며 그리고 어떤 류의 세계 안에서가 아니라 도덕적이고 비물질적인 세계의 최종적 질서 안에서의 확신이다. 그것은 말하자면 본질적으로 신앙적인 확신이다.

　자기 결정은 자아에 의한 결정일 뿐이다. 하지만 우리가 거기서 멈춘다면, 우리는 오직 한 도덕적 개인만을 갖는 것이지 도덕적 인격이 아니다. 자아의 깊은 의미는 자아가 의존하지만, 그런데도 자아가 독립적이어야 하는 세계와의 상호 작용이다. 충동이 자아 안에 심어지고 또 이것이 우리의 동기가 되기 전까지는 자아는 충동 위에서 행할 수 없다.

　하지만 그 목표는 결코 동기가 아니라 항상 우리 밖에 있고 독립적인 현실로 말미암아 우리를 위해 약정된 어떤 상황에 대한 다루기다. 우리가 이런 상황을 올바르게 다룰 수 있는 때는 우리가 우리 자신에 대해 더욱 진실됨으로 이기심을 갖지 않을 때, 우리가 외부의 영향들에게 의존적이지 않고 오히려 이것들로 인해 더 나은 도움을 받을 때 그리고 우리가 자신의 이상에 보다 충실하며 기타의 것들에 주목하지 않음으로 우리의 약정의 길을 방해하지 않는 어떤 의에 전적으로 둘러싸일 때이다.

　도덕적 세계 안에서 한 분리된 개인과 한 도덕적 인격 간의 이런 구분은 여전히 더욱 확실하게 우리의 자기 입법 가운데 나타난다. 그 독립이 우리 자신을 뛰어넘는 어떤 실제에 대한 의존에서 벗어난다면, 이는 단지 개인적인 선호일 것이다. 도덕적 판단이 더욱 크게 인격적일수록, 이는 더욱더 분명하게 궁극적인 현실이 명한 바처럼 스스로를 확증한다. 이것은 우리를 둘러싼 현실로부터의 어떤 추론도 아니다. 하지만 삶이 그 모든 요구에

---

[2] 로버트 브라우닝의 시, 'Andrea del Sarto'에서 인용(역자 주).

적대적인 것처럼 보일수록, 더욱더 이는 삶의 유일한 안전한 인도와 현명한 해석으로 확증될 것이다.

우리 자신에 충실함으로써만 우리는 절대적으로 따라야 하는 실제를 찾을 수 있다. 그러나 우리가 절대적으로 따라야 하는 어떤 실제에 대한 감정으로만 우리는 자신에게 진실할 수 있다. 따라서 우리의 의존과 우리의 독립은 단지 한 줄의 가닥처럼 떨어져 있는 것으로 보이게 될 것이다. 하지만 그 줄은 연합되지 않으면 어떤 힘도 가질 수 없다.

게다가 우리의 도덕적 판단은 역시나 우리를 둘러싼 이상(理想)들에 의존이다. 문명은 도덕과 동일하지 않는 까닭에 문명의 각각의 진보는 우리의 인격적 분별에 대한 단지 더 많은 요구일뿐, 그 분별은 그 실수들과 달라야 하고 또 그 부패들을 대적하는 일이다. 그렇지만 마치 우리가 살고 있는 시대나 혹은 나라에 아무런 상관을 하지 않는 것처럼, 우리는 독립적이지 않다.

반면에 우리가 인간의 진보를 통해 대부분 유익을 얻는 것처럼, 우리의 도덕적 판단은 더 많이 독립적이다. 인간 이상에 대한 발전의 정점에서부터만 어떤 분명하고 폭넓은 도덕적 전망이 있다. 그러나 역사를 신격화하려는 단지 진보에 대한 믿음 그리고 인간의 실패 가운데 분별될 수 있는 진보에 있어서의 신적 목적에 대한 의존 간의 이 구별은 신앙적이어야 한다.

끝으로 우리의 자의식의 세계는 도덕적 영역으로써, 의존과 독립의 동일한 유기적 연합을 요한다. 이것이 우리의 도덕적 영역인 이유는 이 자의식의 세계가 우리 자신의 세계인 까닭으로 이는 우리의 이해 관계에 의해 선별되고 또 우리의 노력으로 마련된다.

이 세계에서 우리는 항상 중심점에 있고 또 그 세상은 주변을 갖지 않지만, 우리의 움직임에 따라 움직이는 지평선을 가질 뿐이다. 이 세계는 우리가 그 안에서 거래해야 하는 실제적인 일에 따라서 우리를 둘러싸고 스스로 자리를 잡아가기를 계속한다. 비록 엄격하게 말해 우리 자신의 자의식에 속하지만, 이 세계는 우리를 위해 전적으로 제공된다. 사실상 세계가 우리를 침범하는 것이 아니며 우리는 도덕적 신실성과 비슷한 반응으로 인해 그 증거를 받을 수 있을 뿐이다.

그러나 이것이 우리 자신을 뛰어넘는 현실을 향해 나아갈 때에 전적으로 신실하며 그 현실 한가운데서 우리가 택한 방식을 좇아서는 독립적일 수가 없고, 오직 진리의 인도의 의존을 통해서만 가능하다. 하지만 우리에게서 가장 독립적인 모든 것에 속하는 이 진리를 우리는 오직 우리 자신의 통찰력의 충실함을 통해서만 따를 수 있을 뿐이다. 따라서 우리 의식이 생기는 바로 그 지점에서 우리는 올바른 의존을 통해서만 독립적이어야 하며 오직 올바른 독립을 통해서만 의존적이어야 한다는 불가분의 요구를 발견한다.

의지는 도덕적 자기 결정이지만, 그 참다운 교제를 통해 유지된다. 의지는 도덕적 자기 입법에 의해 인도되지만, 이것은 현실의 의미인 옳음의 양심에 따라야 한다. 이 양심은 우리의 자의식 세계에서 역사하지만, 주어진 실제인 까닭에 진리에 대한 의존 가운데 다루어질 수 있을 뿐이다. 우리의 의존과 독립은 그러므로 동등한 결혼 가운데 연합되어야 한다. 우리는 현실을 압도할 수 있는 것처럼 독립적이지 않다. 역시나 현실이 우리를 단지 압도한 것처럼 우리는 의존적이지 않다. 도덕적 인격은 절대적이고 자족적이지도, 절대적이고 전적으로 외적인 힘에 의해 압도당하지도 않는다.

하지만 이는 어떤 의미로는 대부분 외부에서 사는 동안에도 언제나 집에 있듯 편안해야 한다. 도덕적 인격은 다양한 외부 세계의 매력에 반응하는 것을 제외하고는 의지에 대해서는 아무것도 모르지만, 모든 것을 소유함으로써 그리고 어떤 것의 능력 아래 있지 않음으로써 그 의지를 참으로 실현할 뿐이다. 또 이것은 현실의 궁극적 본질을 찾을 때를 제외하고는 어떤 이상들도 갖지 않지만, 자기 헌법의 절대적 요구 사항으로써 그 이상들을 향하여 돌아서고 발견할 때에 이것들을 깨닫게 된다. 이것은 자신으로부터 나아가 다양한 세계 안에서 자신을 갖음으로써가 아니면 어떤 지식도 갖지 않으며 오직 그 자신의 경험으로써만 이것이 다시 가져오는 바를 얻을 수 있다.

결국, 이는 세상의 문제다. 즉, 항상 새롭게 제공된 세상이다. 그리고 우리의 지평선 안에 세상이 올 때 우리의 것이며 게다가 소유될 수 있는 우리의 것이며 단지 생각되고 받아들여진 것만이 아니다. 심지어 세상이 괴물일 때에도, 그 입술에 여전히 떨리는 비밀이 있고, 그래서 이것은 우리의 동화의 왕자로 바뀔 수 있게 된다. 즉, 신앙은 단지 그 비밀의 발견에만 관계가 있다.

그 경우에 어떻게 우리가 신앙과 도덕을 낯선 혹은 심지어 분리된 이해관계로 상상할 수 있겠는가?

하지만 하나님에 대한 의존만을 강조하고 그 도덕적 조건에 관심을 주지 않는 신앙은 분리된 도덕 가운데 있음과 다름없다. 만일 신앙 없는 도덕이 일반적으로 인정된 형식의 노예가 되게 된다면, 도덕 없는 신앙은 일반적으로 인정된 제문(祭文)의 노예가 되게 된다.

격리에 대한 설명도 역시나 동일하다. 인간은 단위로서 생각되고 진정으로 인격으로서가 아니다. 마치 도덕주의자가 그런 배제의 법칙 아래서 다른 사람에 의한 도움이, 비록 참된 독립과 자유를 위해 우리를 돕는다 할지라도, 반드시 우리 자신의 제약이라 생각한다면, 마찬가지로 신학자도 동일한 법칙 아래서 그 도움은 독립과 자유를 위해 우리를 도왔거나 혹은 단지 우리를 압도했던 것이 될 것이다.

하지만 만일 은혜가 하나님의 일반적인 섭리와 구별되고 무력한 개인에게 오직 복종 이외에는 아무것도 요구하지 않을 만큼 효과적이라면, 그것은 분명히 은혜가 불가항력적 힘으로 쉽게 강제할 수 있었던 조건이다. 그리고 왜 그 자신의 통찰력과 그 자신의 목적을 좇아서 자신의 세상을 지배코자 시도한 한 인격의 나타남을 은혜가 겪어야 하는지는 설명 불가일 것이다. 그리고 우리가 우리의 동료 사람들에 대해서 순전히 비인격적인 지배 수단으로 그런 역사(役事)의 통로들을 세울 때에 그 상황은 더욱 악화

된다. 왜냐하면, 이 역시나 수동적 복종 외에는 어떤 관계도 허락하지 않기 때문이다.

만일 은혜가 개인 위에 임하는 이런 류의 강력한 손이 된다면, 우리는 그 선함과 지혜를 더 이상 인정할 수 없다. 왜냐하면, 우리의 도덕적 독립을 무시하는 그런 은혜는 우리의 도덕적 결함을 허용하는데 어떤 변명도 갖지 않는 까닭이다. 만일 우리를 향한 하나님의 관계가 오직 개인적이어야 한다면, 악한 세계 심지어는 결함 많은 세계를 위한 칭의의 방법은 없다.

불행히도 가장 제약적인 신앙의 영역에서도 이런 은혜의 실패는 두드러진다. 특히, 우리가 계시의 불확실성과 교회의 분리를 갖고 있지만, 이것이 하나님의 나태함에 대한 오직 거치는 것이 되는 때는 만일 은혜가 불가항력적인 힘이 되어 개인적으로 그리고 비인격적으로 행하므로 인해 선지자는 펜이 되고 또 교황은 입이 될 때이다.

이런 개념으로 볼 때, 종교가 교리를 강제하고 선생의 마음으로 요구되는 답을 주기에 훈련했던 시도도 없다고 한다면, 역사상(歷史上) 많은 사실을 사실로서 여길 수 없을 것이다.

게다가 세상에 무슨 이유가 있을 수 있어, 만일 은혜가 비인격적으로 일하고 심지어는 물질적 도구를 갖는다면, 왜 은혜는 모든 영역의 인간사에 대해 효과적이지 않았을까?

다른 모든 진리와 선함의 강이 오염된 반면에 왜 이는 오직 어떤 제사장 같은 통로를 순전함으로 통과해야 했는가?

그 이유는 하나님의 임의적인 뜻 외에는 주어질 수 없다. 그러나 힘으로 쉽게 교정할 수 있었지만 단지 그렇게 하려 하지 않는 어떤 뜻은 선하지 않다.

은혜는 교황뿐 아니라 통치자들도 통제할 수 없었으며 또 하나님의 마음의 표현 같은 무오류적인 그들의 의사 결정을 그만두게 할 수 없었는가?

하나님은 단지 능력의 손가락으로 그 결과를 은혜롭게 만들 수 있었을 때, 왜 그 실제적인 결과는 황폐와 상호적 학살인가?

어떤 이유도 없다. 다만 하나님의 순전한 임의적 선한 기쁨 외에는. 하지만 우리가 하나님의 은혜를 세상에서의 그분의 일상적인 행함으로부터 구별하면, 그 기쁨은 더욱 인격적인 것으로 인함이지 더욱 권능적인 것으로 인함이 아님을 알게 된다. 그럴 때 이는 불가항력적이 아니다. 이 사건의 성격상, 은혜가 오직 우리의 도덕적 독립을 통해서 일함을 안다면, 이는 거절될 수 있다. 우리는 은혜를 위하여 단지 종이 아니며 하나님의 예정적 게임 안에 있는 단지 졸개도 더더욱 아니다.

은혜는 우리를 자녀를 다루듯 우리를 그리하며 자유한 자들이 아니라 그들로 자유를 얻도록 도움으로써 은혜가 오직 참되게 복을 주는 자들로서 다룬다. 그다음에 인간의 선택이 세상 가운데 참된 효과를 가져야 함을 그리고 선을 위한 투쟁이 진정한 갈등이며 또 악의 굴복이 진정한 패배임을 우리는 알게 된다.

만일 사람이 자신의 통찰력과 목적으로부터, 자기 자신의 실수의 경험에 의해서만 배울 수 있다면, 그의 삶은 많은 투쟁으로 그렇지 않으면 하찮은 투쟁으로 가득 찰 것이며 그의 역사는 자신의 인격적 승리 이외에 모든 목적을 위해, 실수와 실패가 된 많은 기록이 될 것이다. 하지만 그 이유는 바로 하나님이 오래 참음 때문이며 그분이 연약하지 않기 때문이다.

만일 하나님이 우리로 하여금 그분의 목적을 우리 자신의 것으로 받아들이도록, 그분의 의를 우리 자신의 통찰력으로 분별하도록, 하나님 나라에 대한 그분의 생각을 우리 자신의 복된 발견으로 배우도록 하려 한다면, 우리의 하나님 의존은 진정한 도덕적 자유와 갈등하고 있는 것이 아니다.

마치 어떤 다른 온전한 인격적 관계, 즉 상호적 존경의 기초인 관계 안에서 주어진 도움은 예컨대 아들과 아버지와의 관계가 아닌 것과 같다. 왜냐하면, 부자(父子)의 관계는 아들이 자신의 통찰력을 통해 자신의 과제를 발견하고 자신의 충실함으로 이를 실천하기 위해 아들이 갖추길 아버지가 원하는 관계이기 때문이다.

제9장

비인격적 역사
(Impersonal Operations)

　우리가 보아왔듯이 경험들은 단지 한 인격체에 생긴다는 이유 때문만으로는 인격적이지 않다. 마치 그 경험들이 어떤 선원에게 일어났던 이유로 선원적이 될 수 없는 것과 같다. 그렇지만 인격적인 것과 단지 개별적인 것 간의 혼동은 상시적이고, 은혜의 효과를 수동성, 심지어는 인간의 무능성과 동일시하는 책임이 있다. 순전히 전능성의 역사인 은혜는 너무나 개인적인 까닭에 어떤 특별한 변호도 은혜를 편파적이라고 선고할 수 없지만, 그렇다고 인격적이라 불릴 아무런 권리도 갖지 못할 것이다.
　반면에 은혜가 불가항력적인 바로 그 이유는 이것이 자기 결정 혹은 자기 지시 혹은 어떤 인격이 의식하고 있는 어떤 것과도 관련을 갖지 않기 때문이다. 순전히 외적인 힘인 까닭에 은혜는 우리를 향한 너무나 완전한 개인적 관계를 가질 수 있고, 우리의 머리털을 세우며 우리 심령의 모든 생각을 깨끗이 하며 모든 왜곡된 기질을 바로잡을 정도이다.
　그러나 우리를 향한 인격적 관계를 갖지 않으니, 이는 마치 돛의 찢어짐과 키의 흔들림 없이 통나무처럼 항구에 들어오는 배는 폭풍과 아무런 관계를 갖지 않음과 같다. 그 폭풍은 더 많은 불운의 배들을 바위에 부딪치게 하는 여전히 동일한 종류의 폭력일 것이다. 이런 형식의 은혜는 선택받지 못한 자를 파멸로 떨어지게 하는 여전히 동일한 종류의 힘이 될 터이다.

직접적인 힘은 모든 피조된 사물들 위에 행하듯, 개인적으로 우리 위에 행한다. 물질적 힘뿐 아니라 영적 힘은 우리의 인격적 동의나 혹은 우리의 인격적 협조를 필요로 함이 없이도 이처럼 역사할 수 있다. 우리의 심적 기질은 우리의 육적 몸처럼 우리에게 주어지며 우리가 생명을 갖기를 시작한 영적 특권들은 우리의 사회적 지위처럼 외적으로 약정된 것이다.

크게 치유적이고 회복적인 영향력은 육신에게 그러하듯 영혼에게 비인격적으로 행할 수 있다. 어떤 삶들에서는 적어도 지속적인 선을 행하는 빠르고 변화시키는 영향력이 있는 것처럼 보인다. 그 효과의 일부는 은밀한 회복의 과정이 급작스럽게 드러난 것으로 설명될 수 있다. 이 회복은 몸부림과 열망에 의존하는 것만큼 인격적일 것이나, 갑자기 이것이 가져오는 힘은 나쁜 습관의 끈들을 끊는 데 사용된다. 병든 사람은 갑자기 치유되지 않는다. 왜냐하면, 그 결과는 그가 침대에서 일어날 때에 갑자기 나타나기 때문이다.

하지만 부인하기 어려운 것은 변화에 합당한 지속적인 선의 목적이 눈에 띄게 부족한 인격들에게 새로운 출발은 압도적인 경험들에 의해 영향을 받는다는 사실이다. 왜냐하면, 이 경험들은 도덕적 설득과는 다르며 또 도덕적 노력의 열매가 되지 않고 삶 가운데 주어진 새로운 비인격적 은사, 말하자면 성격에 대한 새로운 자질처럼 보이기 때문이다.

피조된 만물처럼, 도덕적 인격은 주어진 힘 그리고 적어도 인간 경험이 미치는 한에 있어 비인격적으로 행하는 힘을 가지고 일해야 한다. 그 힘이 처음에는 우리의 삶을 만들고, 그 후에는 얼마만큼 이를 다시 만들 수 있는가는 오직 사실만이 보여 줄 수 있다. 하지만 성격에 대한 도덕적 및 신앙적 중요성은 우리가 이 세계에 발을 들여놓기 전에 주어진 것이든 혹은 나중의 자질(성격)이든 간에 동일하다. 두 경우 모두 비인격적 은사로 나중에 인격적으로 이용되는 때만 가치가 있다.

도덕적 면에서 성격의 은사들은 태어날 때부터 갖고 있든 혹은 나중에 허비된 능력의 회복을 위한 뜻밖의 횡재이든 간에 단지 성품의 형성을 위한 원재료일 뿐이다. 본래적으로 선한 성격을 갖으며 목적에 단호하며 또 유혹에 쉽게 자극받지 않는 열정을 가진 인격은 도덕적으로는 많은 것이 주어지고 대신 그에게서 많은 것이 요구되는 하나의 인격체이다. 특권은 이것이 책임이 될 때만이 도덕적 가치를 갖는다.

또한, 우리가 이를 갖고 태어났든 혹은 기대치 않는 유산으로 이를 받는 간에 이는 어떤 식의 차이도 만들지 않는다. 그러므로 그 자체로는 본성에 대해 비인격적으로 영향을 받는 변화의 어떤 것도 도덕적 인정을 위한 근거를 제공하지 않는다. 예컨대, 의지의 힘이 갑자기, 비밀스럽게, 신비하게 부여됨은 팔의 힘의 갑작스러운 나타남과 같이 비인격적이며 또 그 자체로는 도덕적으로는 무관한 것일 것이다. 이는 단지 "우리와 함께 머물고 있는 쓸모없는 재능"[1] 혹은 도덕적 안주(安住)를 위한 거짓 목적이며 또 결국에는 도덕적 재앙의 원인이 될 터이다.

성격의 은사들은 본래적인 싹이든 나중의 접붙임이든 간에 인격적 사용으로 말미암아 성품으로 변화될 때까지는 우리의 도덕적 자아(自我)의 일부가 아직 아니다. 비록 통찰력과 열망의 순간들처럼, 이 은사가 그런 목적을 위해 주어졌을지라도 그렇다. 도덕적 삶은 단순히 힘든 목적도 아니며 단순히 간만의 차가 없는 바다에서의 끊임 없는 노 젓기도 아니다.

오히려 다른 한편으로는 삶이 가장 좋은 물길 조차에도 키 없이 스스로를 포기한다면, 이는 전혀 도덕적이지 않다. 도덕은 단지 강줄기의 집합이 아니라 강이 넘칠 때에 그 조류를 타기 위해 노력해야 하는 수로 안내자이다. 그러므로 우리가 언어를 정확히 사용할 때에 도덕적 자아는 오직 어떤 도덕적 성취가 될 수 있으며 어떤 종류의 비인격적 도움, 즉 그 간접적인 의무가 얼마나 크던, 이를 통해서는 향상될 수 없다는 점을 우리는 보게 된다.

---

[1] 존 밀톤의 시, 'On His Blindness'에서 인용(역자 주).

비인격적 은사들의 신앙적 면은 근본적으로 도덕적인 면과 다르지 않다. 대체로 도덕적 행위보다는 더 의도적으로 신앙이 인정하는 것은 직접 창조적인 그리고 알려진 은사들의 역사에 이르기까지, 순전히 비밀스러운, 신비한 힘의 존재다. 우리의 과거의 경험과 그 힘과의 어떤 연계를 신앙은 도덕의 경우처럼 세우기를 원할 것이다.

하나님이 능히 이 돌들로도 아브라함의 자손이 되게 하시리라(마 3:9).

신앙의 살아 있는 관심은 아브라함의 실제적 자녀를, 그들의 있는 그대로 하나님의 다루심 가운데 있기 때문이다. 하지만 신앙이 이 연계를 발견하든 아니하든 간에 이는 기꺼이 모든 것을 하나님께 돌리며 시편 기자처럼 말한다.

그는 우리를 지으신 이요 우리는 그의 것이니(시 100:3).

따라서 하나님이 지으셨던 것을 회복하고 강화시킬 것임을 의도적으로 믿지 않는 것은 신앙이 아니다. 그런데도, 단지 주어진 영적 은사는 육신적 은사, 즉 좋은 외모, 건강 혹은 인내력 같은 은사와 마찬가지로 그 자체로 신앙적이지 않을 것이다. 우리가 은사의 수단을 통해 하나님을 향한 영적 관계에 이를 때만이 이는 신앙적이다.

그 자체가 단지 위임된 은사로 이 영적 은사는 심지어 반신앙적일 수 있으며 우리의 동료와 우리 영의 아버지를 향한 올바른 인격적 관계를 위한 대체물로서 이용될 수 있는 바, 마치 모든 천부적 재능이 그러하듯, 우리의 행하지 않음에도 이용될 수 있다.

우리의 행복한 성격을 자화자찬의 근거로 만드는 것이 좋은 도덕적 행위가 아닌 것과 같이, 우리 안에 만들어진 풍성한 변화를 우리의 자신감의 근거로 만드는 것 역시 좋은 신앙이 아니다. 이 영적 은사는 우리를 욕망으로부터 해방시키며 마음의 결의를 굳게 하며 악한 상상의 구름을 흩어지게 할 것이지만, 그러나 만일 이 은사가 단지 은사일 뿐 하나님을 향한 겸손으로 그리고 그 자녀를 향한 섬김으로 바뀌지 않는다면, 어떻게든 우리 안에서 신앙의 목적들을 향상시키지 않는다. 진정한 신앙은 핫지(Hodge)가 그 문하생들과 함께 기술한 바처럼, 어떤 유형적 변화로써 어떤 갑작스럽고 변화시키는 경험에 의해 필연적으로 도움을 받는 것이 아니기 때문에 은사를 의지하는 것은 우리 자신을 큰 도덕적 영적 위험에 노출시키는 일이다.

우리에게는 유혹이 있다. 즉, 악한 생각과 악한 습관을 이기는 승리보다 더 손쉬운 해방을 찾고자 하고, 쉽게 그리고 즐거이 욕망에 무릎 꿇으면서 그 욕망을 없애려 소원하며 요컨대 진정한 성품이 형성되는 유일한 수단인 도덕적 몸부림으로부터 자신을 변명하려 한다. 이런 수동적 모습의 갱신에 의존하는 인격들은 자주 동료들과의 친절하고 참을성 있는 관계가 부족하며 또 심지어는 때때로 극단적인 냉정함에 빠진다.

그 이유는 사람들을 향한 올바른 관계가 그들에게는 하나님을 향한 관계에 비교해서는 전혀 중요하지 않고, 또 하나님의 특별한 사역의 일로써 그들의 우월성은 오히려 높여지고 일상적인 수준은 낮아지기 때문이다. 그럴 때 이런 예외적인 영적 특권 의식은 하나님에 대한 의존으로 잘못 이해된다. 하지만 그들은 하나님에 대한 진정한 의존을 불가능하게 만드는 바, 이는 그들 자신이 삶의 필요한 위험들 위에 들어 올려져 있다고 생각하고 또 하나님의 행위를 예외적인 조건들과 압도적인 경험들로 제한하기 때문이다.

그러므로 직접적, 비인격적 변화들은 우리의 확신을 두어야 할 하나의 은혜의 형식보다 불가항력적인 정도로 원해야 하는 하나의 지고한 은사로 평가되기보다는 책임들이 되는 다른 모든 은사처럼 수여할 하나님의 지혜로 남아야 한다. 은사들의 증가를 위함보다는 훨씬 더 진지하게 우리는 그것들의 더 나은 사용을 위해 기도해야 하며 또 우리가 인식해야 하는 것은 우리를 향한 하나님의 현명한 작정 안에서 그것들은 큰 능력이나 많은 소유를 갖지 않는 것처럼 지위를 갖지 않는다는 점이다.

오직 매일의 영적 양식은 단지 매일의 물질처럼 우리의 선을 위한 필요한 제약이 될 것이다. 갑작스러운 회심의 경험은 어찌하든 인격적이지만, 비인격적으로 영향을 받은 것처럼 여전히 보일 것이다.

이것은 하나님의 개입으로 인한 우리 인격의 침범이 아닌가?

왜냐하면, 그 개입이 너무나 압도적인 까닭에 잠재 의식 가운데 어떤 뚜껑 문을 통해 들어오는 믿음을 정당화한 것처럼 보이기 때문이다.

하지만 이 경험을 통해 모든 관계 가운데 가장 인격적인 관계는 인격적인 하나님 의존에 대한 인식 그리고 하나님 자녀와의 형제애의 인식을 낳는 것이 아닌가?

잠재 의식의 문제에 대해서는 우리는 여기서 논하지 않겠다. 그러나 이것이 심리학에서 얼마나 큰 자리를 갖든 간에 잠재 의식은 도덕적 행위나 신앙을 위해서 그것들의 연습을 위해 재료가 공급되는 단지 창고에 불과할 것이다. 이것이 과거 경험으로부터만 보충되든가 혹은 다른 원천으로부터 그리 하든가는 그 점에서는 아무런 차이가 없다. 만일 잠재 의식이 옛 경험들의 저수지이며 동시에 새로운 경험들의 원천이라면, 신앙과 도덕적 행위가 다루는 비인격적 물질의 영역은 확장될 수 있다.

하지만 그 경험들이 의식적인 삶의 과제들과 갈등들에 개입하고 또 우리의 의사 결정을 위한 현재의 인격적 문제들에 들어올 때까지, 이것은 믿음의 문제인지 혹 의무의 문제인지를 제기할 수 없다. 양심의 방향 혹은 하나님에 대한 명확한 개념이 어떤 부지불식간의 열림으로 말미암아 직접 들어온다는 것을 보여줌으로써만 그 반대의 주장이 있을 수 있다.

그런 견해는 의의 이상(理想)과 신격(神格)의 연합에 대한 오랫동안의 힘든 싸움에 대한 개연성을 낮게 만든다. 설령 이런 견해가 정립되었다 해도, 이것이 우리의 양심적 믿음과 목적을 통해 시험되지 않는다면, 우리는 이처럼 주어진 인도를 신뢰하는 가운데 칭의를 얻지 못하게 될 것이다. 회심은 잠재 의식으로부터 무관한 기적을 통해 일어난다고 생각된다. 마치 바다에서 일어난 아프로디테와 같다. 왜냐하면, 상이한 것들 간의 혼돈 때문이다.

만일 회심이 단지 어떤 성격의 개선만이 아니라 하나님과 사람을 향한 우리의 진정한 관계를 일깨우는 것을 뜻한다면, 어떻게 이것이 의식적 통찰력에 속한 것 이외가 될 수 있겠는가?
인생관의 변화가 된다면, 무엇보다 가장 천한 것들이라는 점에서 어떻게 이것이 본성의 잠재 의식적 변화가 될 수 있는가?
본성의 변화는 우리의 견해를 바꾸는 경우가 되는 충격을 줄 수 있다!

하지만 심지어 강제적인 돌아섬이 깨달음의 경우는 될 수 있지만, 묵시의 행위는 될 수 없는 때조차도, 통찰력만이 역사(役事)일 수 있다. 감응(感應)이 아닌 통찰력이 되면, 본성의 변화는 갑작스러울 수 있다.
그리고 우리의 총체적 세계에 대한 우리의 올바른 관계에 대한 지각이 되면, 이는 변화할 것이다. 게다가 우리의 총체적 본성을 밝힘으로써, 이 변화는 즉시로 어둠 속에서만 사는 악들을 쫓아낼 수 있고, 하나님의 의와 진리가 들려지도록 허락함으로써, 이는 즉시로 그런 류의 습관의 노예상태 그리고 자신의 욕구에만 귀를 기울임으로 인한 도덕적 강단(剛斷)의 연약성을 고칠 수 있게 된다.
하지만 이런 변화들의 속도와 크기는 영혼의 신비한 변화로 인함이 아니라 그 듣는 귀 그리고 어떤 것들에 있는 새로운 의미를 지각하는 깨닫는 심령으로 인함이며 이것이 우리를 위해 우리의 총체적 세계를 바꾼다. 어떤 힘의 무의식적인 단조(鍛造)를 통해서 심령이 참으로 회심되는 것이 아니라 하나님 아버지에 대한 의식적인 시선을 통하여 회심되는 것이며 이로 인해서 새로운 세계가 쾌락과 소유라는 우리 자신의 세계로부터 의무와 훈련이라는 하나님의 세계로 변화되고, 우리의 동료가 하나님의 자녀로 변화됨으로 인해서 만물은 새로워진다.

제10장

은혜로운 관계
(A Gracious Relationship)

회심에 대한 이 견해, 즉 회심은 하나님이 신뢰할 가치가 있다는 발견이지, 영혼의 실체에 있어서의 신비한 변화가 아니라는 견해는 너무 쉽게 인정되어서는 안 된다. 왜냐하면, 일단 이것이 이해되어 용납되면, 특별한 인격들에게는 일종의 미약(媚藥)같은 은혜에 대한 특별한 관리―이 관리는 그 인격 가운데서 그리고 그들을 통해 매우 효과적이다―에 대한 이유들이 타당성을 잃게 되기 때문이다.

반면 우리는 우리를 향한 은혜로운 관계에 대한 확신을 필요로 한다. 이 관계는 그 다룸에 있어 비인격적이거나 혹은 그 선함의 영역 가운데 제한적이라면 즉시로 멈출 것이다. 그 총체적인 자질과 차이는 양측에서 인격적이 되는 것을 구하는 일이다. 그리고 만일 삶의 어떤 면이 그 현명하고 사랑스러운 관계에서 면제되어야 한다면, 다음 어디에서 이것이 실패할 것인지 우리는 결코 알 수 없다.

회심으로 출발하는 구원의 역사가 성취되는 것은 우리를 향한 하나님의 마음을 계시함으로써 그리고 주를 향한 우리의 마음을 이끌어냄이지, 면을 희게 하는 표백 가루처럼 비인격적으로 역사하는 어떤 은혜로 말미암아 우리의 영혼을 씻음으로써가 아니다. 따라서 어떻게 우리가 구원 얻는가라는 질문은 결국 모든 신앙적 질문들의 경우처럼 사람을 향한 하나님의 진정한 관계에 대한 문제로 귀속된다.

　복음서의 관점은 하나님이 우리를 자녀로서 다루신다는 것이다. 그런 점에 모든 신학은 명목상으로 동의한다. 하지만 대부분 그 동의는 말 그 이상으로 나아가지 않는다. 누군가에게는 하나님의 아버지됨은 전적으로 신비한 관계로 사람은 일종의 종족적 유대 가운데 하나님과 연결된 존재이며 끈으로 인해 이 유대는 비록 숨겨져 있어도 거의 유형적이다.

　또 다른 누군가에게는 이는 순전히 윤리적 관계로 이에 대한 모든 것은 상호적 책임감 가운데 표현되어 있다. 진정한 인격적 관계는 만사에서 우리에게 은혜롭지만, 위에서 말한 의미대로 신비적이거나 도덕적이지 않고, 단지 신앙적이고 단순하게 한 인격을 신뢰하는 것이며 그 인격이 갖는 우리와의 모든 거래는 그분이 신뢰할 가치가 있음을 증거한다.

　이 상황의 본질은 하나님이 우리의 아버지라는 사실이다. 이는 황홀함 혹은 예식 혹은 의무라는 어떤 특별한 성별(聖別)된 영역에서만이 아닌 폭넓은 우리의 총체적 경험 가운데 하나님은 우리의 아버지이다. 세상의 총체적 본질이 하나님의 세상으로 올바로 사용될 때 이외에는 모든 것은 위태롭다. 진정한 믿음의 시험은 그 신앙이 세속적이 되는 정도, 즉 그 특별한 신앙적 경험들이 일상의 경험들로 시험받는 정도이다.

　예수의 생애 가운데 가장 눈에 띄는 것은 특별하게 성별 된 행위에 대해서는 주가 작은 관심을 보였다면, 세속적 삶에서의 가장 일상적인 행위에 대해서는 주가 커다란 관심을 보인 점이다. 주의 비유 가운데 특별히 종교적 시대에 특별한 종교 생활의 출신자 중 유일한 인물들은 성전에서 혼자 기도하는 바리새인 그리고 여리고로 향하는 노상에서의 제사장과 레위인이었다. 이들은 본인 스스로는 인정하지만 조금도 인정받지 못한 사람들, 그들의 심령 깊이에는 고독한 자들이었다.

　하지만 얼마나 다양한 세속적 왕과 노예, 세리와 빚진 자 그리고 농부와 어부, 가정주부와 어린이 그리고 세속적 직업을 가진 모두가 금식보다는 더 많은 잔치를, 장례식보다는 더 많은 결혼식의 행렬을 갖고 있는가!

그러나 각각의 죽을 인생이 하나님에 전념하되, 또한 각자가 올바르게 혹은 그릇되게 전념하므로 인해 그의 모든 삶 역시 옳거나 혹은 그릇된다.

관례적인 예배는 예수에게도 역시나 좋은 관습이지만, 주에게는 화평의 성소가 되기에는 너무나 많은 갈등을 가져왔다. 예수께서 진실된, 잠잠한, 안식적인 그리고 고무적인 은혜의 수단들을 발견한 곳은 일출과 일몰, 불확실한 바람과 동일한 비와 길가에 핀 꽃들의 모습에서이다.

모든 경험은 하나님 아버지의 어떤 계시이며 특히나 자연에 대한 바로 그런 무관심은 너무나 자주 인간들의 소망을 꺾어 버렸다. 왜냐하면, 그 소망이 의와 상급에 대한 법정적이고 속 좁은 생각에만 머물고 있기 때문이다.

예수가 본 것은 하나님이 조심스럽게 선인의 밭과 같이 악인의 밭에도 물을 주되 동일한 무관심으로서가 아니라 사랑 넘치는 지혜로 하고, 그 지혜는 선한 아이에게는 모두 케이크와 칭찬만을 주지 않으며 악한 아이들에게는 오직 마른 빵과 교정(矯正)만을 주지 않는 것이다. 왜냐하면, 동일한 선함의 기준은 양측에게 필요하기 때문이다.

하나님의 아버지 되심은 예수 그리스도에 의해 나타나듯, 은혜의 역사와는 아무런 상관이 없다. 왜냐하면, 은혜는 특별한 통로에 한정되고 또 특별한 방향에서만 효과적이며 또 다른 곳에서는 발견할 수 없지만, 그 자체는 모든 세속적인 것들을 품는 은혜로운 인격적 관계에서 드러나기 때문이다. 이는 마치 하나님이 우리의 걱정, 짐, 실패, 슬픔, 죄를 두고 어떤 도움을 주는 것이 아니라 그런 것들에도 불구하고 우리의 아버지처럼 되는 일이다. 자기 자녀를 향한 아버지의 은혜로운 마음은 이런 모든 경험을 높은 곳에 두고 그래서 그의 사랑의 빛이 그들 위에 빛나며 또 그들의 모든 그림자가 광휘(光輝)로 바뀌는 가운데 나타난다.

이 관계는 삶과의 완전한 관계 가운데 우리의 신학 안에서보다는 우리의 기도 안에서 우리 모두에 의해 더 잘 실현되게 된다. 특히, 직접 하나님께 가까이 나아갈 때, 칼빈주의자나 알미니우스주의자 공히 그들의 차이

점들이 화해되는 더 큰 세계에 들어가려는 경향이 있다.

심지어 복음서에서는 어떻게 우리가 날마다 아버지의 세계 가운데 살아야 하는가의 모든 다양하고 살아 있는 예시를 갖고 있지만, 어떤 것도 주기도문만큼 하나님을 향한 우리의 관계에 대한 전체적 범주에 적절한 것은 없다.

주기도문은 하나님께 적용되는 한 부분 그리고 사람에게 적용되는 한 부분으로 보통 나뉜다.

전자는 신앙적 부분이다.
후자는 도덕적 부분이다.

하지만 이것은 중심적 의미를 놓치게 한다. 사람을 위한 실천적 순간에 속하지 않는 하나님의 적용은 없으며 하나님을 떠나서 보장받을 수 있는 삶에 대한 어떤 이해 관계 역시 없기 때문이다.

전반적인 것은 우리의 아버지를 향한 우리의 관계와 관련되며 처음부터 끝까지 지배적인 생각은 "하늘에 계신 우리 아버지", 즉 세상 넘어 저 멀리 계신 것만큼 마찬가지로 세상 안의 영역에 계신 우리의 일상적 아버지다. 주기도문의 끝인 악한 자로부터의 구원은 기도문의 시작인, 아버지의 이름을 거룩하게 하는 것과 같은 아버지의 그 이름과 관련된다. 매번의 새로운 간구는 앞의 것을 따르며 하나님을 하늘에 계신 아버지라 부르는 것의 내용을 더 확대한 것이다.

이 이름이 나타내는 모든 것, 곧 하나님이 아버지로서 계시되는 모든 하늘의 선이 거룩히 여김을 받아야 함이 먼저 온다. 이것은 사람을 위한 것이지 단지 하나님의 존귀만을 위함이 아니다. 왜냐하면, 가장 높은 자를 향한 경의는 사람의 가장 깊은 필요이며 그가 경배하는 것은 그의 심령 깊숙이 자신이 어떤 사람인가 그리고 그의 궁극적 성취에서는 자신이 어떤 자가 될 것인가이기 때문이다. 모든 우상에서 해방되면 하나님의 지배를 받아들임이 따른다. 그럴 때 하나님의 통치의 충성을 통해 하나님의 뜻을 행하는 것이 유일한 최종의 선임을 알게 된다.

싸움이 빛의 나라와 어둠의 혼돈 간에 이처럼 배열되는 가운데, 하나님의 선한 군대로서 우리는 할 일을 위해 우리에게 적합한 정도 안에서 물질적 부족의 공급을 확신한다. 그러므로 하나님께 더 이상 분개하지 않으며 사람과 경쟁 관계에 있지 않는다면, 우리는 높은 부르심에서의 무가치함과 하나님으로부터의 죄 사함의 필요를 알게 되며 남들을 용서함으로써 그 효과를 발견할 수 있게 된다. 끝으로 악과의 한 가지 싸움으로 유혹을 대면하면, 우리는 악의 능력을 알게 되고 하나님 안에서 구원의 소망을 찾게 된다. 이것이 신앙 서정이다.

단지 도덕은 그 반대 방향으로 나아간다. 유혹을 억제하자, 우리의 악들을 대면하며 어려움을 견디자. 그래서 우리로 하나님의 뜻을 행하도록 하고, 하나님의 나라가 점차로 들어오면, 마지막에는 모든 심령이 진정한 경의로 고무될 것이다. 그 결과는 실패라는 끊임 없는 위협 그리고 커가는 절망의 그림자를 맞아, 진력하고 울부짖는 일이다.

하지만 주의 종은 힘쓰지 않아야 하며 그런 모습을 좇아서 도덕적으로 힘들지 않아야 한다. 근본적인 묵시론적 소망, 달리는 사람에게가 아닌 승리를 주는 하나님에게의 의존은 우리 주의 모든 가르침처럼 이 주기도문을 지배한다. 하지만 이로 인해 사람의 성취는 승리에 이르게 된다. 그 서정은 먼저 경의요, 다음에는 항복이며, 다음에는 순종이지만, 그것들의 나타남이 계속되는 때도 언제나 하나이며 나뉘지 않는 것이다.

여기서 우리는 하나님 아버지를 향한 참으로 인격적인 관계를 보며 그것의 복음은 그 윤리와 불가분의 관계요 또 그것의 윤리 역시 그 복음과 불가분의 관계이며 그 도덕적 독립은 언제나 그 신앙적 의존에 의해 고취되며 또 그 신앙적 의존은 항상 우리의 도덕적 독립 가운데 그 핵심적 힘을 나타내는 것을 보게 된다.

동일한 태도가 주의 생애와 가르침 가운데 드러난다. 주의 관심사는 삶에 대한 신비한 원천에 영향을 주는 은혜의 역사에 있지 않고, 삶 그 자체의 행위에 있다. 하지만 중심적 관심은 신비하지 않는 것처럼 도덕적이지 않으며 오히려 삶의 전부로써 신앙적인 삶의 제시, 즉 우리가 그 제시를 막는 것이 아니라면, 은혜로운 아버지의 계시다. 따라서 모든 일에서 우리는 우리를 향한 하나의 은혜로운 관계를 발견하며 이는 우리의 심령 안에서 그 일들로 하여금 "아바, 아버지"라고 울부짖도록 만든다. 그러나 이것은 하나님 자녀의 섬김 가운데 실현되게 되어 있지 황홀경의 감정 속에서가 아니다. 왜냐하면, 형제에 대한 사랑으로만 우리는 하나님 가정 내에서 우리의 지위를 실현시킬 수 있기 때문이다.

따라서 시선은 전능성이 되는 그런 류의 궁극성에 대해 추상적 사유에서부터 아버지의 우리와의 진정한 관계로 옮겨지며, 또한 더 많이 넘칠수록 더 적게 인격적이 되는 은혜의 관계에서부터 은혜로운 관계로 즉 친근하게 인격적이 될 때만 성공하는 은혜로운 관계로 옮겨지게 된다. 그럴 때 한 은혜가 전체적으로 평범하고 다른 은혜가 전체적으로 효과적이고, 하나가 성결된 통로들을 통해서이고 다른 것은 세속적인 통로들을 통해서이며 한 은혜가 시민의 의와 동일하며 다른 은혜가 하나님의 요구 사항과 동일한 것으로 보는 구별은 더 이상 자리를 찾을 수 없을 것이다.

설령 그런 역사들이 있더라도, 이것들은 오직 신앙에만 관심을 두어, 하나님을 향한 올바른 혹은 그릇된 인격적 관계와 연계되게 된다. 올바른 관계에서는 어떤 것도 평범하지 않으며 모든 것은 영적 선을 위해 효과적이라면, 그릇된 관계에서는 어떤 것도 효과적이지 않으며 모든 것은 평범하다. 따라서 날마다의 고역(苦役)이 신실하고, 욕심 없고, 겸손한 섬김이라는 존엄으로 우리에게 면류관을 씌울 것이지만, 반면에 우리의 가장 압도적인 신비한 경험은 영적 교만과 무자비함으로 바뀔 것이다.

만일 이런 고려 사항들이 건전하다면, 아우구스티누스주의는 처음부터 잘못된 길에서 모두 출발했다. 시선은 단지 주어진 은사로써의 은혜 그리고 단지 인간의 결단으로써 완성된 행위에 맞추어져 있다. 하지만 인간의 결의는 자기 자녀를 향한 하나님 아버지의 은혜로운 관계에 전혀 주목하지 않으며 그래서 할 일과 은사 간의 모든 분명한 대조를 없애 버린다. 은혜가 은혜스럽게 생각되지 않는 까닭에 은혜가 불가항력적으로 생각되는 것만으로도 그 실패가 얼마나 큰 것인지 나타날 것이다.

펠라기우스주의와 준펠라기우스주의는 동일한 잘못된 출발을 한 결과, 더욱 철저히 실패한다. 왜냐하면, 하나님의 은혜와 인간의 결단을 동일한 반대로 상정하여 그들은 하나님에게 너무나 많은 것을 부과하며 또 인간에게 너무나 많이 부과하지만, 이는 필연적으로 하나님이 아닌 인간의 행위를 강조함으로 끝나기 때문이다. 그런 개념이 생길 수 있는 때는 자기 자녀를 향한 하나님의 진정한 인격적 관계가 무시되고 하나님의 비인격적 행위가 전면에 놓여 있을 때이다.

인격들에 대한 올바른 관계 가운데, 특히 아버지와 자녀의 관계에서 한 사람의 도움은 다른 이의 노력이 시작되는 곳에서 끝나지 않는다. 아들이 종과 구별되는 것은 도움의 완전성 때문으로 아버지에 대한 아들의 의존은 그의 독립과 주인됨의 한결같은 원천이며 자기 주체성에 대한 어떤 침해도 아니다.

그렇지 않고 어떻게 우리가 하나님의 아들이 되겠는가?
단지 도구나 아첨꾼으로서는 분명 아니다!
이 은혜로운 관계는 은혜로부터 기대되는 흠 없는 세상을 제공할 수 없다!

비록 은혜가 전지성에 의해 인도되는 전능성을 기각시킴에도 그렇다. 왜냐하면, 인격적 관계는 반응을 접할 때만 일할 수 있기 때문이다. 여기서 반응은 우리가 오직 하나님의 뜻을 받아들일 수 있고 또 그 뜻이 선함과 심지어는 홀로 복을 받는 세상의 사용 역시 선함을 앎으로 이를 의뢰할 수 있다는 의미이다. 간단히 말해 통찰력을 통해 우리가 하나님의 뜻이 우리의 것임을 발견하는 만큼 우리는 그의 뜻을 받아들일 수 있게 된다.

하지만 우리가 다른 선을 통해 세상을 측량하고 하나님이 축복하지 않았던 세상 안에서 목적들을 추구한다면 우리가 행한 것은 악하고, 우리가 세상로부터 소망한 것은 실망이 된다. 이는 재앙적이되 외양적으로만이 아니라 실상으로도 그렇다. 왜냐하면, 하나님의 목적을 섬기는 것만이 선한 까닭이다.

그러므로 섭리에 대한 자연스러운 믿음 같은 그런 것은 가능하지 않다. 왜냐하면, 세상은 단지 자연적 가치에만 신뢰하지 않기 때문이다. 모든 자를 향한 위로, 건강, 형통함, 의인을 위한 물질적 상급 같은 목적들이라면 이는 명백히 신뢰할 만한 것이 아니다. 섭리에 대한 진정한 믿음은 신앙의 목표이지 출발점이 아니며 악을 이기는 선지자적 승리이지 선의 균형에 대한 형이상학적 낙관이 아니다.

하지만 믿음에 대해 불필요한 지적 어려움들이 만들어지는 것은 하나님을 향한 인격적 관계를 단순히 개인적인 관계로 혼동하기 때문이다. 최상의 질서 있는 가정은 가장 은혜롭게 인격적이다. 좋아하지만 어리석은 부모의 개별적인 대우는 집처럼 편하게 만드는 것이 아니라 곰 사육장으로 만들 것이다. 우주가 우리의 사적인 관심으로 운영된다면, 우리는 단지 하나님의 버릇없는 자녀가 될 것이다.

반면에 인격적 통치는 모두가 은택을 입는 체제를 우리로 존중하도록 기대하며 또 우리로 그 통치의 위반의 결과들을 감당하도록 허락하는 데 주저하지 않는다. 이는 심지어 그 결과들이 우리의 것이 아닐지라도 그런 바, 우리는 하나님의 가정에서 우리의 자리를 벗어나서는 복을 받을 수 없기 때문이다. 하지만 그 체제는 그 목적이 자유와 독립 가운데 인격들을 돕는 것이라면 인격적이다. 그들 자신의 영혼 안에서 그리고 그 형제들을 섬기는 가운데 자유와 독립의 양자는 완성된다.

하나님의 통치를 개인적으로 보는 개념은 이를 인격적으로 만들려는 조건들에 무관하게 타인들과 함께 그리고 그들을 위해, 이런 짐을 지는 것을 단지 무차별적인 처벌로 바꾼다. 우리가 갖는 섭리의 길에 대한 대부분의 당혹스러운 점은 이것에서부터 생긴다. 도덕적 체제를 위해서 어떤 여지도 남겨있지 않거나 혹은 자유 안에서 이를 사용하는 여지 역시 없다. 만일 하나님이 죄 혹은 고난을 허락한다면, 주는 이미 곤경에 처한다.

그렇다면 하나님이 결코 허락하지 않았던 것을 치유하리라는 것을 우리가 어떻게 기대할 수 있는가?
하나님의 통치에 대한 개별적인 견해로부터 이런 필연적인 결론을 맞닥뜨림에도 불구하고, 하나님의 통치는 공히 전능하고 선하기 때문에 발전의 양상이 그 목적에서 유한함을 가지며 그 진보에서 불규칙성을 갖는 것처럼, 우리는 죄와 악을 사려 깊게 무시해야 한다고 여전히 주장하고 싶은가?
지금의 이 시대처럼 편안한 판단을 하기에는 고통이 너무나 심하게 되고, 죄는 사악함을 악이 재앙을 뛰어넘는 모습을 보인다면, 인격적 견해가 아닌 이런 개개의 견해에게 남은 유일한 길은 옛 이원론으로 돌아가는 일일 뿐이다!

이원론에서는 하나님의 통치는 선하나 전능하지 않다. 자존적(自存的), 폭력적 힘의 세계가 있으며 그 가운데 선한 하나님은 자신이 할 수 있는 한 최선을 다한다. 하나님은 선을 강화시키기 위해 자신의 최선을 다하는 자비한 인격이지만, 우리가 그러하듯 맹목적 저항 세력으로 둘러싸인다.
진지하게 생각해 본다면, 이는 삶에서의 의심 가득한 갈등, 즉 흑암 세력의 어두컴컴한 만신전(萬神殿) 그리고 악한 세상에 대한 금욕적 포기라는 옛 마니교적 요구 사이의 갈등이라는 오래된 고통스러운 감정으로의 회귀를 뜻할 것이다.
그럴 때 신앙은 더 이상 세상을 이기는 승리가 아니며 큰 태풍 가운데 비바람을 막지도 못하는 개별적 피난처에 불과할 뿐이다. 선함은 더 이상 세상의 궁극적 의미가 아니며 오직 세상에 위태롭게 부과된 낯선 호의일 뿐이다. 또한, 신앙은 옛적 세상에 대한 기독교의 최고의 매력 곧 하나님께 "유일한 왕권"을 주었던 것을 결코 갖지 못할 것이다. 하나님이 우리를 단지 개개인으로 다루고, 할 수만 있다면 그 개개인을 자기의 마음에 들게 제조하려 하려 할 것이라 생각하고, 인격적 관계가 양면을 가지고 있음을 우리가 잊는 한, 더 나은 길은 없다.

이 인격적 관계의 양면이 우리에게 요구하는 것은 하나님의 세계가 곧 우리의 세계요, 하나님의 마음이 우리의 마음이며 또 하나님의 섬김이 우리의 섬김이며 이 모든 것은 우리 자신의 통찰력과 헌신으로 말미암은 것을 발견하는 일이다.

그리고 인격적 체제의 본질은 우리를 선한 존재로 제조하는 것이 아니라 우리를 도와 우리가 자유를 그리고 이에 대한 올바른 사용을 함께 얻도록 한다. 인격이 아닌 개인적 관계의 경우, 하나님은 우리에게서 우리의 책임을 비록 그것이 재앙적이어도, 덜어줄 수 없다.

이 책임이 없다면 우리는 흙이며 하나님은 토기장이일 뿐, 우리는 자녀가 되고 하나님은 우리의 아버지가 되지 못할 것이다. 오직 책임에서만 죄들은 실제적 재난이지만, 그러나 책임을 지는 자유의 승리만이 너무나 위험스러운 길을 정당화하는 충분히 큰 목적이 된다. 왜냐하면, 이 자유가 없다면, 하나님은 단지 완전하게 조작된 꼭두각시라는 아둔한 우주만을 가질 것이다.

제2부

은혜 계시의 형식
(The Mode of Its Manifestation)

제1장 축복(Blessedness)
제2장 구속(Redemption)
제3장 화해(Reconciliation)
제4장 사랑 그리고 믿음(Love and Faith)
제5장 믿음 그리고 불신(Faith and Unbelief)
제6장 그리스도에 대한 믿음(Faith in Christ)
제7장 계시(Revelation)
제8장 은혜의 교제와 방편(The Fellowship and Means of Grace)

제1장

축복
(Blessedness)

만일 우리를 향한 하나님의 관계가 하나의 은혜로운 다루심이며 이는 만물을 포함하기 때문이라면, 인생은 모든 것이 합력하여 선을 이룬다는 확신 가운데 복 받는 일이 된다.

선에 대한 이런 확신은 우리 인생을 충만하게 살아가라는 도전이지만, 불행히도 적극적이고 활기차게 살아가라는 호소에 대해서는 축복에 대한 일상적인 연상 작용은 삶의 충만함과는 무관하다. 오히려 하나님의 불가사의한 뜻처럼 악의 복종에 의해 얻어지는 하늘과 상관이 있다. 강풍에 밧줄의 윙윙대는 소리를 듣기 좋아했고, 혹 실험실에서 숨바꼭질 하는 자연의 비밀을 숨이 차도록 추구하기를 좋아했으며 혹 자유와 진보를 위해 운동장에서 싸우기를 사랑했던 자에게는 오직 복종의 삶은 설령 내생에는 그 상급이 얼마나 크든 간에 여기서는 전혀 매력을 갖지 못한다.

그들에게는 이는 빈혈로 인한 창백한 평온이며 다 큰 아이에게 젖 주려는 격이다. 이런 수동적 상태가 매력적이지 않게 됨은 우리가 계속적 노력으로 우리 자신이 이를 지켜야 함이 드러날 때이다. 마치 잠시도 가만히 있지 않는 아이들이 주일 복장을 입고 처신해야 하는 것과 같다.

이런 인상은 특별히 산상수훈의 해석으로 인해 우리에게 변함없이 새겨진다. 복 있는 상태에 대한 최고의 설명인 산상수훈은 복음의 진수로 불린다. 하지만 이것이 순전히 일련의 도덕적 수칙으로 제시되는 때에 그 수칙이 자기 성찰적이되 동기의 면에서는 억압적이고, 광범위하되 행위의 면에서는 수동적이라면, 산상수훈은 슬프게도 그것 자체가 기쁜 소식의 진수라는 기쁨의 증언은 사라지게 된다.

더 높은 도덕적 요구는 행위의 적합함에 만족하는 것이 아니라 심령의 의도와 생각에까지 침투하는 것이다. 반면 단지 양심의 명령으로 머무르는 것은 어떤 경우든 절망의 근거가 될 수 있겠지만 축복의 근거는 아니다. 하지만 이 높은 도덕적 요구가 역시 대체로 억압과 수동적 복종이라면, 승리를 위한 적극적 투쟁과는 달리, 우리의 심령으로 오래 참도록 하기 위해 담금질하는 기운을 모을 수 없을 것이다.

산상수훈은 그 이름에 합당하다 하겠다. 왜냐하면, 정확히는 이것이 결단과 노력을 통해 지켜져야 하는 부정적인 도덕적 의무가 아니라 우리가 하나님을 얼마나 많이 의존해야 하는가를 발견함으로 해서 어떻게 우리 자신이 이 세상에서 절대적인 도덕적 독립성을 가질 수 있는가에 대한 신앙적 과정이기 때문이다. 이는 가져야 할 최상의 결단을 훨씬 뛰어넘는 동기를 요구한다고 해서 다른 도덕과 구별되는 도덕 수칙이 아니라 믿음과 소망과 사랑의 영감으로 이를 통해 도덕은 하나님 자녀의 자유가 된다. 한마디로 이는 승리하는 자유의 기쁜 소식이지, 악을 억제하기 위함의 불가능한 규칙으로 노예화하는 도덕 법규가 아니다.

누가복음에서의 덜 체계화된 산상수훈이 마태복음에서의 더욱 완전하고 균형 잡힌 형식보다는 더 원형에 가까울 것이라 여겨진다. 하지만 누가는 일반적으로 우리 주의 말씀에 대해서 훨씬 더 주의 깊고 완전한 전달자는 아니다.

균형 잡힌, 격언적 형식은 다른 병행 구절을 갖는다. 즉, 심지어 우리가 인용을 확증할 수 있는 이 시대에서조차 반복은 원래의 말을 매끈하게 다듬지만 여기에 의미를 더하지는 않는다. 마지막으로 누가복음에서의 "가난한 자" 역시 히브리서의 동일한 말처럼 특별한 영적 의미를 가질 수 있다.

물질적 가난을 자랑하는 후기의 경향은 이 가난이 본래적이고 영적 가난의 뜻과는 다르게, 나중에 이에 가해진 의미가 되게 만든다. 하지만 이 완전한 형식이 그러므로 아마도 더 원형에 가깝고, 또 그리스도의 발자취를 따르려고 노력했던 많은 자의 생각으로 말미암아 완벽하여졌다면, 이것이 축복의 길에 대한 설명으로써 결코 적지 않은 중요성이 있을 것이다.

우리가 보았듯이 우리를 향한 하나님의 관계는 전능성의 역사에서 나오는 추상적 주장으로 인해 결정될 수 없고, 또 하나님의 목적에 대한 우리의 경험을 통해서만 오직 알려지게 되어 있다. 하나님의 목적이 도덕적 인격체로서의 우리와 관련되는 것처럼, 우리 역시 하나님 은혜의 참된 본질은 무엇이 참으로 도덕적 인격인가에 의해 결정되어야 함을 보아왔다.

우리가 상세히 보았듯, 세상에서 한 인격체를 다른 모든 자와 구별 짓는 본질적인 특성이 자율성인 것을 우리가 분별할 때에 즉시로 은혜가 직접적이고 압도적인 힘일 것이란 가능성은 없어진다. 자율성은 단지 의지의 자유 그 이상을 뜻한다. 참으로 도덕적 인격은 자신의 자기 지시를 좇아서 자기 결정을 하게 되며 혹은 다른 말로 자기 자신의 정의에 대한 양심으로 말미암아 그리고 세상에서 자율 안에서의 주인 행세를 통해 스스로가 자의식의 지배를 하는 자가 되었기 때문이다.

산상수훈에 적용하는 것은 바로 기술적인 시도로 보인다. 왜냐하면, 예수께서 그런 양상을 따라서 산상수훈을 의식적으로 건축했던 것으로 보이지 않기 때문이다. 산상수훈의 구체적인 형식의 단순성은 바로 이것의 아름다움과 능력이 된다. 이는 신앙적 직관이지 추상적인 추론이 아니다. 하지만 전체적으로 인생의 직관이기 때문에 이는 전체적으로 인생에 적용하는 원리들 위에서 해석될 수 있다.

이 경우에 이 적용이 어렵거나 강요되지 않는데, 그 이유는 땅을 상속받는 것이 물질적 소유를 의미할 수 없고, 오직 그 땅이 우리의 진정한 영역임을 발견하는 것이기 때문이다. 또한, 현재의 상태가 되어 하나님을 본다는 것은 우리의 진정한 인도를 오로지 뜻할 수 있고, 천국에서의 큰 상급은 안팎으로 악을 뛰어넘는 승리이며 이런 말씀은 산상수훈이 만들어진 세 그룹 각각의 효과를 요약하기 때문이다.

첫 번째 그룹은 복이 있는 자의식의 본질을 말한다.
두 번째 그룹은 복이 있는 자기 지시의 본질을 말한다.
세 번째 그룹은 복이 있는 자기 결정의 본질을 말한다.

심령이 가난하다는 것은 하나님의 통치 아래서 사는 것이며 세상을 우리 것처럼 소유하는 것이다. 왜냐하면, 세상이 하나님의 소유인 까닭이다. 의에 굶주리고 목마른 것은 하나님의 인도를 찾는 것이요 또 우리 자신의 통찰로부터 지시를 받는 것이다. 화평케 하는 자가 되는 것은 우리의 길을 하나님 자녀처럼 결정하는 것이요 또 안팎으로 악을 뛰어넘는 하나님의 승리를 가지는 것이다.

하지만 우리가 주목할 것은 예수께서 우리가 과거에 따랐던 명령을 바꾸고 또 세상으로 시작한다는 점이다. 그 이유는 주가 믿음으로부터 시작하기를 원하신 것이지 결단으로부터가 아니기 때문이며 간단하게 말해, 주의 명령은 신앙적이지 도덕적이지 않기 때문이다.

기쁜 소식은 세상이 하나님의 것이기 때문에 우리가 우리 자신의 진정한 세상 안에 있는 것이며 그래서 나머지가 따른다는 점이다. 하지만 도덕적 승리는 그냥 더해지는 것이 아니다. 왜냐하면, 실제로는 인간에 대한 관계를 통해 실현되지 않기 때문에 하나님을 향한 관계가 없는 까닭이다. 그러므로 각각의 경우, 인간에 대한 관계는 하나님을 향한 관계 앞에 온다. 처음 세 가지의 산상수훈은 우리가 어떻게 우리의 전체적인 의식적 세상에서 복을 받는가를 보여 준다.

먼저 산상수훈은 신앙의 전체적인 음악을 결정하는 으뜸음이다. 하나님 통치의 축복은 심령이 가난한 자만을 위한다. 즉, 하나님의 뜻을 자신의 것으로 전적으로 받아들이는 자들만을 위함이며 온전한 신앙적 의존을 배웠던 자들만을 위함이다.

심령의 가난함은 인내에 대한 스토아 학파의 성향이나 혹은 가난 가운데서도 최선을 다하는 에피큐리아 학파의 성향도 아니다. 이는 모든 치유에 대해 절망하는 운명론자의 성향도 아님은 말할 것도 없다. 이는 자만과 아집을 이기고 얻어져야 하기 때문에 그 형식은 부정적이다.

그러나 이는 하나님을 향한 가난함이지 인생을 향해서가 아니다. 반대로 이는 긍정적인 목적의 발견이다. 왜냐하면, 그 목적은 우리가 의식하는 전체 세상이 하나님의 은혜로운 약속에서 나온 것이며 그 모든 것 곧 세상을 이긴 승리를 위한 우리의 능력 안에서 모든 것이 우리의 것이기 때문이다.

이는 다른 길에서가 아니라 하나님이 가난을 통해 일하실 가치가 있는 목적을 갖는다는 것을 신뢰하는 영혼의 승리하는 태도로 말미암아 되는 것이며 비록 이 가난이 하나님의 약속에서 나오기보다는 인간의 악에서 나오는 때일지라도 그렇다. 심령의 가난은 다음처럼 묻는 심령의 강철 같은 마음가짐이 아니다.

> 무슨 원군을 우리가 소망으로부터 얻을 수 있는가?
> 그렇지 않다면 절망으로 무슨 결단을 얻을 수 있단 말인가?[1]

이는 모든 유혹으로부터 건져내는 현재적 소유다. 반면 그 유혹은 세상으로 우리의 욕구에 유연하도록 만들게 하며 혹은 직접적인 쾌락이나 가시적인 소유에 대한 우리의 생각들을 좇아서 그 욕구로 인해 우리의 승인한 것을 선택하게 만든다. 또한, 이 소유는 하나님 약속의 모든 숨결 가운데서 인생의 모든 교훈과 요구에 우리의 마음 문을 열게 한다. 따라서 심령의 가난은 다음처럼 요약될 수 있다.

---

1 존 밀턴의 『실락원』에서 인용(역자 주).

'하나님이 요구하신 의무의 수용이며 또 하나님이 정하신 근신의 묵인이며 불가피한 것에 대한 복종이 아니라 우리의 축복이 이 세상과 저 세상에서의 하나님의 뜻 안에 있다는 것의 발견이다.'

우리가 인생의 가장 나쁜 일들과 시험들을 피할 수 있는 한, 우리는 행복할 수 있지만, 그러나 복을 받는다는 것은 우리가 어떤 것도 피할 필요가 없다는 것을 아는 것이다. 왜냐하면, 만사에서 우리를 향한 우리 아버지의 한결같은 은혜로운 관계를 통해 어떤 것도 우리가 대면할 수 없는 것, 유익하게 되지 않는 것은 없기 때문이다.

우리 자신의 세상으로서 우리의 관리 아래 있고, 우리 자신의 욕구를 섬기기 위한 점에서 세상 안의 인생을 "멍청이가 들려준 어떤 이야기"[2]처럼 기술하는 것은 결코 큰 과장이 아니다. 우리는 하나님이 궁극적으로 세상을 우리의 좋아하는 바대로 빚으리라 소망하는 가운데 세상에 하나님을 더할 수도 없고, 선택과 정수(淨水)의 어떤 과정을 통해 세상 안에서 하나님을 발견할 수도 없다.

한마디로 우리는 세상을 통해 하나님을 발견한다. 세상은 바로 그 목적을 위하여 거기에 있다. 하지만 세상 안에 그리고 세상을 뛰어넘는 하나님의 목적이 없이는 세상은 어떤 의미도, 어떤 선(善)도 갖지 않는다. 그것만으로 세상을 부른다면, 하나님의 세상은 단지 위태로운 낙관주의 가운데 사는 것일 뿐이나, 이는 모든 영웅적인 영혼이 세상 안에서 받아왔던 방식을 통해서 그리고 이런 말씀을 하셨던 하나님께 세상이 부여한 가난, 미움, 범죄적 집행을 통해 충분히 부인된다.

그러나 수치와 고통과 죽음이라는 바로 그 패배 안에서 하나님은 세상을 사용하신 것을 드러내셨고, 세상의 어떤 악도 여기에서 예외가 되지 않으며 가장 악한 것이 선을 위해 행하는 것으로 식별될 수 있었다.

그 차이는 하나님이 지으신 세상과 우주적 변화가 만든 세상 사이에 있

---

2 셰익스피어의 『맥베스』 5막 2장에 나온 맥베스의 말이다(역자 주).

는 것뿐 아니라 하나님이 이를 뛰어넘는 목적을 이루기 위해 사용한 세상 그리고 세상 스스로 자체의 목적을 가진, 또한 우리가 즉시로 소유하고 즐길 수 있는 자체의 선을 가진 세상 사이에 있다.

세상에 대한 이 확신, 즉 우리가 하나님의 소명을 듣고 또 그 목적을 따를 때에 어떤 반역도 품지 않는다면, 죄와 슬픔마저도 더 이상 우리의 대적이 아니라는 확신은 전반적인 축복 상태에 대한 기초다. 질문은 이 믿음이 덕을 세우는가가 아니라 이것이 참인가이다.

즉, 하나님이 실제로 세상을 창조하셨음으로 인해 세상이 하나님의 목적의 높은 헌신으로 말미암아 소유될 수 있으며 우리가 세상 자체에서 그 목적을 찾을 때, 마치 하나님이 세상을 단지 창조했으나 그의 통치가 결코 세상의 현실에 대한 지속적인 일부가 되지 않는 것처럼, 세상이 상실되는가 하는 질문이다.

심령의 가난으로 인해 하나님의 나라로서 세상의 이 복된 소유는 사람들을 향해서는 연민을, 하나님을 향해서는 온유함을 준다. 행복의 길은 자주 고난을 무시하는 위로이지만, 축복의 길은 모든 경험을 포함하려 하므로 연민의 길이 되어야 한다. 왜냐하면, 인생의 갈등과 슬픔에 대한 참된 목적과 가치가 강퍅함과 무관심으로부터 숨겨져 있는 까닭이다. 그러므로 애통하는 것은 위로를 받게 되니, 이는 인생의 가장 깊은 의미의 반응이기 때문이다.

또한, 이는 침울하게 되려는 욕망이며 울어서 붉게 충혈된 눈으로 애타는 그리움의 하얀 뺨으로 어떤 기쁨도 받아들이지 않겠다는 심령의 결단으로 눈물 골짜기 같은 세상을 통과하려는 욕망이다. 마음 안에 품은 슬픔은 이기적이고, 또 이기심은 결코 복된 것이 아니다.

경작된 슬픔은 이생은 물론 내생에서도 더 이상 위로받을 수 없다. 슬픔의 습관은 그 실행을 방해했던 처지의 변화로 인해 괴로움을 느끼려 하기 때문이다. 반면에 애통하는 것은 이타적이다. 큰 이타심은 우리의 심령으로 타인과 같이 느끼도록 만들고 또 우리의 손을 돕는 도구가 되도록 드러나게 한다.

그런 연민이 복 받는 이유는 인간 감정의 본질에서 찾아지는 것이 아니라 비록 슬퍼할 수 없는 것 역시 기뻐할 수 없다는 것이 참일지라도, 상황의 본질 때문이다. 우리가 감수성이 있기 때문에 위로받는 것이 아니라 인생의 참된 의미와 가치가 인생의 할 일들과 시험들 뒤에 있는 것이지 쾌락과 소유 뒤에 있지 않음을 발견하는 길이 연민이기 때문이다.

쾌락과 소유를 위한 정욕은 우리로 형제의 필요에 우리 얼굴을 가리게 만들고, 우리가 현실로 나가는 길을 막는다. 우리 형제의 갈등과 고통을 함께하는 것은 우리로 전인생 가운데 하나님의 목적을 찾게 만들며 단순히 부분적으로 이기적 강퍅함이 선택하고자 하는 것이 아니다.

만일 우리가 모든 삶에서 하나님의 위로 곧 하나님 축복을 누리기를 원한다면, 천편일률적으로 죄와 고난이 처마에서 떨어지는 물처럼 우리 위에 행할 것이라 생각하지 말아야 한다. 처마의 물은 처음에는 우리로 늦게 온 행객을 생각하도록 깨우게 만들겠지만, 우리로 우리 자신의 지붕은 빗물이 세지 않는다는 편안한 느낌으로 자도록 만든다.

무엇보다 반복은 우리에게 매번 겪는 새로운 심령으로 하여금 우리의 연민을 무디게 하는 이유 혹은 매번 압도되는 새로운 영혼의 재앙에 눈감게 되는 이유의 정반대가 되어야 한다. 하나님에 대한 믿음은 손쉬운 무관심의 추정이 아니라 실패와 갈등과 고통을 변화시킴으로 말미암아 세상을 극복하는 승리다. 가장 이기적인 강퍅함은 특별한 은혜의 행위를 믿는 것이되, 우리가 그 나머지 경험을 무시할 수 있도록 은혜에만 시선을 두는 것이다. 그러나 오직 연민만은 어떤 것도 생략되지 않는 상태로 자기 모든 자녀를 향한 아버지의 은혜로운 관계를 발견하게 할 수 있다.

이런 연민을 통해 우리는 우리 자신을 온유케 만드는 선에 대해 하나님의 오래 참는 목적에 대한 통찰을 얻는다. 하지만 그 경우에 온유함은 연민에 대해서 기존의 색유리창 같은 핏기 없는 온화의 모습과는 상관이 없다. 온유함이 폭풍 앞의 버드나무처럼 단지 나긋나긋함이라면, 온유하고 심령이 가난함으로 인해 우리에게 평강을 제공했던 주는 자신에 대해 훨씬 길을 잃었을 터이다.
  게다가 왜 온유함의 특별한 복이 땅을 기업으로 받는 것인가?
  이는 땅을 경건히 포기하는데 우리를 도울 것이로되, 무엇이 우리로 복받는 소유 가운데 땅을 가질 수 있게 만드는 것인가?
  진정한 온유는 우리 영의 아버지를 향한 관계다!

  하나님의 총체적인 목적에 우리를 드러냄을 통해서 그 관계는 우리에게 세상에서의 모든 것이 이를 위해 일하고 있음을 보여 준다. 온유에 반대되는 것은 활력 혹은 용기가 아니라 영의 자만이다. 이 자만은 그 자체의 목적을 따라 측량하고, 그 자체의 개인적인 처지를 따라 소유를 평가함으로써 기껏해야 이 땅에서 유업을 얻을 수 있되—그것도 가장 우호적인 조건 아래서—배를 불리게 하고 또 지위의 거창한 의식을 제공하는 정말 작은 부분을 얻을 뿐이다.
  이런 보잘것없는 몫에도 불구하고 이는 소유하고 있다는 환상을 갖는다. 왜냐하면, 육신의 정욕과 안목의 정욕과 이생의 자랑을 만족시키는 것이 우리를 그 노예로 붙들려고 오기 때문이다. 우리가 그것들 안에서 하나님의 자녀로서 우리 자신에 대해 가치 있는 어떤 목적을 발견할 때만, 거룩한 것뿐 아니라 세속적인 것, 기쁨뿐 아니라 슬픔, 젊은이의 활달함뿐 아니라 썩음의 연약함, 성공뿐 아니라 실패, 우정뿐 아니라 고독, 생명뿐 아니라 죽음에 이르기까지 모든 것은 우리의 것이 된다. 그러면 우리 자의식의 세계라는 전체 영역 안에서 우리는 참된 도덕적 독립(주체)성을 소유하는 축복 가운데 있게 된다.
  또한, 다음 세 가지의 산상수훈은 우리의 것인 이 세상에서 우리 자신의 복 받는 방향을 제시한다. 하나님의 통치 아래서 절대적 의만이 우리를 인도할 수 있다. 그리고 이를 따르기 위한 배고픔과 목마름은 오직 만족뿐이다.

단지 도덕적으로 결단된 양심은 규율을 정할 뿐이며 또 이 규율이 분명하게 깨어지지 않는다면 이 양심은 너무나 쉽게 만족된다. 하지만 최상의 시험은 보편적 적용에 이르는 규율이 될 만큼 양심적일 수 없으며 더욱 마음을 꿰뚫는 분별을 모색하게 된다. 우리가 영원히 의에 주리고 목마른 이유 때문이지, 누구나 용납된 도덕적 의무의 법규를 복종하는 것 때문이 아닐 때, 우리는 진정으로 양심적이 된다.

하지만 만일 도덕적 요구가 이처럼 제한이 없다면, 우리가 도덕적 주체성의 감정을 기뻐할 수 있는 복된 처지는 모든 성취의 소망을 뛰어넘어 자리 잡는 것처럼 보일 것이다.

만일 결코 만족될 수 없는 것이 우리의 도덕의 본질에 속한다면, 어떻게 우리가 항상 채워질 수 있겠는가?
우리는 자신에게 요구되는 것을 이루었다는 것을 느끼도록 결코 허락되지 않는다!
우리의 척도는 하늘에 계신 아버지의 완전함이다!

우리의 최상의 헌신 이후에도 우리는 여전히 무익한 종일 뿐이다. 게다가 무한한 것을 목표로 삼는 것은 우리의 도덕적 판단이라는 신앙적 원천에서 직접 유래한다. 하나님을 사랑하는 자들만이 그분의 목적을 따라서 부름 받는다.

그러나 만일 사랑이 율법의 완성이라면, 이는 한정 혹은 한량 혹은 최종이 없는 법이다. 우리의 전심으로 하나님을 사랑하는 것 그리고 우리의 이웃을 우리 자신처럼 사랑함으로 말미암아 이를 적용하는 것은 요건의 즉각적인 확대로 인해 우리의 최상의 근사치를 무익한 괴롭힘으로 만든다.

무제한의 의에 주리는 양심으로 말미암아 마음 상하는 것보다, 사람들은 밖으로부터의 엄중한 의무를 받아들이려 한다. 왜냐하면, 그 척도가 충족된 때에 그들은 자화자찬의 햇빛 가운데 앉아 있을 수 있기 때문이다.

하지만 해변을 포옹하는 것으로는 결코 얻을 수 없는 안전함이 대양에는 있다. 더 이상 규율이 아니고 사랑의 무한한 요건인 의는 한 법규를 바꾸어 영감이 되게 하는 바, 그 영감은 한량없는 의무를 한량없는 믿음, 곧 하나님의 한량없는 뜻과 목적으로 변화시킨다. 규율에 따르려는 걱정으로부터 벗어남으로 인해 공로에 대한 염려도 사라진다.

반면에 완전한 자유의 법의 인도 하에서 가장 겸손한 과제는 하나님의 집에서 섬기는 일에 있다. 모든 형식적인 도덕적 의무와는 다른 길로 그리고 단순히 도덕적 태도로는 결코 얻을 수 없는 인간의 인정과는 상관없는 가운데, 우리의 심령을 활짝 여는 별들의 장엄한 반짝임과 우리의 길 위에 멀리 동행하는 빛을 갖고, 우리는 배가(倍加)하는 노력으로 더욱 깊어가는 평강을 붙들 수 있다.

잠잠한 소유 의식은 더 커져가는 목적을 좇는 배가된 노력과 함께, 모든 규범적인 불안스러운 공로로부터의 자유를 주며 삶에 대한 모든 올바른 도덕적 판단을 요구하지만, 단지 삶에 대한 도덕적 판단의 규율을 제공할 수는 없다. 한결같은 도덕적 의무는 무한한 신앙의 열망과 확신의 한량없음으로 의를 향한 굶주림과 목마름으로 바뀌어야 하며 이는 우리가 끊임없는 열망과 지속적인 평강을 갖기 전에 하나님의 무한한 사랑 안에서만 그 유일한 척도를 갖는다.

실제적인 효과는 타인들에 대한 우리의 판단에서 긍휼히 여기는 것이며 이로 인해 우리의 눈은 하나님을 보는데 순전하게 된다. 의를 향한 굶주림과 목마름은 그 자체로 우리의 동료들에 대한 판단에서 긍휼히 여김으로 말미암아 사실적이고 무제한적으로 드러난다.

이 긍휼히 여김으로 말미암아 우리 역시 긍휼을 얻는다. 이 축복은 우리가 남을 대접하듯 우리가 대접을 받는 같은 정도를 통해서 단지 외적으로만 얻어지는 것은 아니다. 오히려 이는 그 성질에서는 유기적 율법이며 그 역사에서는 직접적 율법으로 필요한 도덕적 결과와 같은 것이다.

무한한 의 가운데 완전한 자유의 법을 발견했던 양심은 외적이고 제약된 기준들, 곧 정죄를 손쉽고 자심감있게 임시변통하는 기준들을 버렸으며 죄악에 대한 분노를 슬픔으로 바꾸는 복된 소망을 보아왔으니, 이는 하나님의 은혜로운 길을 곁길로 돌렸던 자들을 위해서이다.

하나님의 무한한 목적에 대한 이 비전, 이는 법적 판단을 잠재우고, 하나님의 연민을 쫓아 인간의 실패를 평가하며 역시 하나님의 긍휼의 빛 가운데서 우리 자신의 실패를 정하며 또 우리 자신의 용서함으로 인해 얼마나 하나님이 우리를 용서하는가를 가르친다.

이로써 우리는 하나님을 보는 청결함에 이르게 된다. 긍휼히 여김이 없이는 청결함은 부정적인 관점에서 본다면, 단지 외적인 법규를 명백히 위반하지 않으려는 것에 불과할 뿐이며 이런 청결함은 예컨대 완벽주의자에 의해서 주장되듯이 단지 품행의 단정함에 지나지 않는다.

그렇다면 하나님을 본다는 것은 언제나 엄격한 인과응보의 원리 위에서 행하는 도덕 입법자로서의 하나님을 믿는 것에 지나지 않는다. 하나님이 이 세상에서 명백하게 그처럼 행하지 않기 때문에 여기서는 도적들의 성소가 번창하고 하나님을 두려워하는 자가 멸시받는다. 그래서 심지어 이 믿음조차도 내생에 속한 것으로 옮겨져야 했다.

하지만 만일 하나님이 동일하고 또 인간이 그렇다면, 우리가 능력 안에서 불행하다는 오직 그 이유 때문에 왜 우리가 단순히 무대의 변화로부터 방식의 급격한 변화를 기대해야 하는가?

심령이 청결한 자는 하나님의 복 받는 통치를 드러내기 위한 새로운 무대를 결코 필요로 하지 않는다. 왜냐하면, 그들은 긍휼로 말미암아 권리와 상급이라는 본래적인 자존감의 연합으로부터 정화되었기 때문이다.

이런 연합은 하나님의 동일한 섭리를 우주적 무관심으로 해석하지, 헤아릴 수 없는 인애와 은혜로운 연민으로 보지 않는다. 하늘에 계신 아버지의 온전하심과 같이 온전하게 되는 것은 이 악한 세상의 오염으로부터 벗어난 수도원 생활을 사는 것이 아니라 무정하고 악한 자에게 자비함으로 하나님처럼 되는 것이며 우리의 연민의 심령을 통해서 하나님을 사랑으로 보는 것이다. 그리고 이 사랑은 불평 부당함 없이 자신의 모든 자녀의 선에 관심을 가지되, 특히 죄인과 고집 센 자에 그러하며 또 선행이라는 집안의 규율만으로 사랑의 행위를 결정하지 않는다.

판단하는 영은 더 많이 청결할수록 더욱 온유하여지고, 그 영이 온유할수록 더욱 청결해지며 죄가 용서되는 것을 더욱 분명하게 볼수록 더욱 쉽게 용서한다. 이는 모든 올바른 도덕적 판단이 요구하는 일이지만, 그러나 단순히 도덕적 판단은 도덕적 의무들에 대한 힘든 승인과 불승인으로부터 제공될 수 없다.

반면에 도덕적 판단은 언제나 정죄로 끝나며 우리가 이를 남에게 전가할 때에 정죄는 우리 자신의 머리로 돌아오려는 경향이 있다. 자신을 방패 삼기 위해 우리는 인간 본성과 타협하려는 유혹을 받으며 우리의 도덕적 규율은 처참한 범죄들과 악들을 분명하게 정죄하는 것에 지나지 않게 된다.

하지만 외적인 품행 단정함이 피상적이 된다고 해서 이에 대한 요구가 세지 않는 것은 아닌 것처럼, 오직 도덕주의자는 인생의 연회 중에 죽음의 머리로서 끝이 나게 된다. 그 사람은 하나님을 향한 인간의 무한한 가치를 발견하기까지는 인생은 결코 살아 있고 은혜로운 주관자가 될 수 없다. 왜냐하면, 하나님이 없이는 도덕적 행위들은 단지 신중함의 규율에 지나지 않으며 이를 부인하는 것은 인생의 유쾌하지만 위험한 것의 일부일 수 있기 때문이다.

우리는 도덕적으로 독립적이지만, 우리가 고립 가운데 부정적, 법적 그리고 힘든 처지에 처해 있는 것이 아니라 우리가 하나님을 볼 때에 하나님의 무궁한 거룩한 뜻 안에서 우리는 사랑을 발견하게 되니, 그 사랑은 우리의 참된 선이며 또 죄 있는 자들을 향한 죄와 측은지심(惻隱之心)에 대한 우리의 판단에서 즉시로 영향을 주게 된다. 그리고 이런 하나님이 전적으로 자의성이 없는 것처럼, 양심은 하나님의 의를 판단하는데 역시나 독립적일 수는 없다.

또한, 산상수훈 그리고 이와 함께 계속되는 모든 것은 이 세상에서 우리에게 승리를 주는 우리 자신에 대한 복 받는 결단을 제시하고 있다. 우리는 자신의 뜻을 화평이 되는 것에 둠으로 인해 자신을 하나님의 자녀로 인정하려 한다.

여기서 우리는 복 받음에 대한 전체적 개념의 전제를 보게 된다. 현실만이 화평의 지속적인 기초일 수 있고 또 만일 우리가 하나님의 형상으로 지어진다면, 의(義) 역시 현실로서 동일하다. 잘못과 악을 가지고는 화평의 비슷한 것도 오래 유지될 수 없다. 어떤 재주, 회피 혹은 타협에 의해서도 불가하다. 타협이 원리로써 더 많이 치장될수록, 더욱더 악한 상상력은 은혜가 넘치도록 제시되며 더욱더 억압의 공격은 세지며 더욱더 방종은 우월성의 징표로 인정되며 또 일반적으로 더 많은 위선이 존중되며 더욱더 철저히 화평은 약화되게 된다.

복 받음은 다름 아닌 화평에 달려있을 수 있고, 화평은 다름 아닌 현실에, 현실은 다름 아닌 의에 달려있을 수 있다. 그러므로 복 받는 일은 진리와 의를 위해 일하는 것이다. 하나님의 통치 아래서는 환상의 길로는 화평은 있을 수 없으며 아니면 선지자가 불렀듯, "화평을 얻고자 음부와 언약"(사 28:15)한 것에 불과하다.

그러므로 편리한 맹목 가운데 잠잠하고 화평스러운 삶을 영위하고자 구하고 다른 한편으로 비켜섬으로써 그리고 일반적으로 말해 울타리의 안전한 쪽에 자리 잡는 것으로는 어떤 화평도 있을 수 없고, 다만 악의 즐거운 방식에 매력을 느끼지 않으며 악의 위협에도 기죽지 않는 결연하게 진실되는 뜻으로만 화평은 가능하다.

이것이 하나님이 화평을 찾는 방식인 것처럼, 이것이 우리가 그의 아들들이 되는 방식이다. 하지만 그 비밀은 화해이지 결단이 아니다. 화해는 우리로 하나님의 뜻인 어떤 십자가든 지게 만들 수 있고, 또 이는 하나님의 일하심에서 나오는 것이지 인간의 성취하는 것에서가 아니다.

역시나 여기에 우리가 먼저 주목하는 것은 사람들을 향한 우리의 관계다. 화평케 하는 일은 이것이 얼마나 많은 화평을 우리 안에 주든 간에 우리에게 외적인 화평을 주지 않으며 우리로 의를 위하여 핍박을 받게 하며 또 우리에게 대해 악하게 말하는 악한 자의 모든 행위를 노출시킨다. 이는 평강의 왕인 주 때문으로 주는 모든 사람 가운데 홀로 진리와 의를 위한 싸움에서 어떤 조건을 받아들이지도, 또 어떤 휴전안도 동의하지 않았던 분이다.

조만간 거짓과 불의와의 갈등의 자리에 이끌리게 된다는 이 확실성으로 인해 화평케 하는 자는 비폭력적인 자와는 매우 다른 자로 보인다. 그들 두 부류의 사람은 정말로 영원한 정의와 직접적인 편의주의가 아주 동떨어지듯, 승리의 길과 무저항의 소로(小路)처럼 서로 동떨어진다.

비폭력적인 자는 화평케 하는 자와는 거리가 멀기 때문에 그들은 화평의 원수이며 가장 치명적이고 미혹적이다. 거짓 선지자들이 평화가 없음에도 "평화, 평화"를 말했던 그 나날부터 그들 나라를 모든 시대를 통틀어 회복 불가한 파멸로 이끌었듯이 이것은 똑같은 이야기이다. 잠자는 개들로 하여금 늪게 만드는 그들의 원리는 모든 악인도 의뢰할 수 있는 면제부를 주었고 결국 폐해가 넘치게 된다. 반면에 참되게 화평케 하는 자는 평화에 대한 적극적이고 결단에 찬 수호자가 되어야 하며 그처럼 세상 가운데 처신하는 까닭에 악의 모든 권능이 폭력을 통해 그리고 허위 진술을 통해 그를 패배시키려고 확실히 시도하게 된다.

따라서 화평케 하는 각자는 투사다. 그러나 그자가 화평케 하는 자인 것은 단지 진리와 의의 대의(大義) 가운데 싸우는 것에만 있지 않다. 화평케 함으로써 우리는 자신이 이를 소유해야 한다. 또한, 이를 소유하는 어떤 징표도 핍박과 허위 진술로 인해 분노나 혹 초조함으로부터의 자유하는 것과는 같지 않다. 분개함으로부터의 자유는 단지 우리 성질의 통제만을 뜻하지 않으며 이는 세상이 주거나 빼앗을 수 없는 심령의 잠잠함을 뜻한다.

왜냐하면, 하나님의 나라가 참으로 우리의 것이며 또 이 통치 아래 있기 때문이다. 악은 약한 까닭에 악이 그 힘을 소진한 때에 우리가 격노할 필요가 없으며 의는 확실한 까닭에 의가 그늘 곧 주의 화평 안에서 강해지는 때에 우리는 의기소침할 필요가 없다. 주의 십자가는 사악함의 승리에도 불구하고 그것의 연약함을 드러냈고 또 그것의 어리석음을 향한 큰 연민에 대한 치유가 되었기 때문이다.

악의 모든 반대에도 불구하고 사람들과의 우리의 관계가 복이 되는 것은 먼저 잠잠한 확신으로 인함이며 이 확신이 너무나 큰 안전장치를 가지므로 악인의 형통함을 부러워하지 않는다. 또한, 이 관계는 잠잠한 진실성으로 인함인 바, 이 진실성이 상당히 단순해서 우리의 눈이 성하고 그 온 몸이 빛으로 충만하게 되기 때문이다.

하지만 이런 충만한 복 받음이 드러나는 때는 악과의 용맹스러운 갈등 가운데 천국에 계신 하나님을 향한 우리의 참된 관계를 우리가 분별할 때만이다. 선지자의 승리가 되는 것, 이는 이 세상에서 하나님의 목적에 대한 투명한 비전 속에서 선지자의 상급을 가져오며 다른 모든 것이 없어질 때라도 남을 것이며 우리가 그 목적의 온전한 종이 되었을 때에 우리의 온전한 상급이 될 터이다. 상급에 대한 이런 약속은 다음과 같은 세 가지 특징을 가진다.

첫째, 우리로 신앙을 외적인 뇌물과 같은 개념으로 되돌린다.
둘째, 도덕적 의지를 부패케 하되, 오직 선함의 축복으로 인해 이 상급을 지탱할 것처럼 보이는 순간에도 그리한다.
셋째, 우리의 모든 노력이 짐이 되게 하는 바, 이는 우리의 공로를 위해 조바심을 내는 염려로 인해서이다.

하지만 온전한 하나님 통치 안에서 살아가는 축복은 단지 미래적이고 외적인 상급이 되지 않고, 우리 영의 생기가 되고, 이런 가운데서만 우리는 정복될 수 없는 뜻을 유지할 수 있게 된다.

이때 우리는 오직 신실함 가운데 우리 동료 인간과의 화평을 추구하는 것을 통해 우리 영의 아버지, 하나님 나라에 계신 아버지와의 교제 안에 들어가게 된다.

갈등 안에서의 평온함 그리고 승리의 확신과 같이, 이생에서의 그 축복 혹은 내생에서의 그 약속이 얼마만큼 클지라도, 하나님의 통치는 우리를 위해서는 단지 외적 상급이 결코 아니며 이에 대한 우리의 섬김은 그 상급을 얻게 위해서 공로를 손에 넣는 것도 결코 아니다. 그 하늘의 상급은 현세의 부패와 어두움 가운데 소금과 빛이 되는 것이다.

하지만 그 마지막 승리는 하나님과의 관계, 곧 하늘의 심판을 감당할 수 있는 것 안에 있다. 이는 심령과 관련 있는 것이지 외적 모습과는 관련이 없다. 이 외적 모습 앞에서는 미움이 살인이며 정욕은 간음이며 영혼의 모든 진실되지 않는 것은 깨어진 맹세와 같다. 이것이 우리의 자율(自律)에 대한 승리의 왕관이며 자율이 없이는 선을 좇는 우리의 모든 노력은 나쁜 나무가 되어 좋은 열매를 맺게 하려는 헛수고에 불과할 뿐이다.

이처럼 우리가 우리 자신의 영혼의 주인일 때에 우리는 참된 도덕적 독립성을 갖는다. 하지만 이 독립성은 도덕적 뜻을 위해서는 매우 필요하지만, 우리 자신의 목적을 위해 자신의 세상 안에서 일하는 단순한 도덕적 노력을 훨씬 뛰어넘는 것이다. 하나님의 세상에서 우리 자신이 새로운 창조물임을 발견함으로 인해서만 우리 영혼 안에서의 새로운 창조물은 가능성이 된다. 왜냐하면, 하나님의 목적은 우리와 관계하는 모든 것에서 은혜롭기 때문이다.

우리가 선함의 통치 아래서 섬기지 않는다면, 우리는 복 받을 수 없다. 어떤 도덕도 복 받지 않으면 강할 수 없는 까닭이다. 하지만 어떤 도덕도 그 자체의 원천으로부터 우리의 생기를 불어넣어주는 힘을 공급할 수 없으며 설령 시도해 볼지라도 이는 오직 우리에게 공로를 생각하게 만들도록 강제하는 상급만을 제시할 뿐이다. 그러나 공로는 너무나 외적인 까닭에 도덕적이지 않으며 너무나 많은 걱정거리인 까닭에 복 받는 것이 아니다.

축복은 복음에 관련되며 단지 도덕만에 한하지 않는다. 그런데도 이는 그 자체가 오직 복음으로 드러나는 이유는 축복이 더욱 심오한 도덕을 불러일으키기 때문이다. 축복의 관심사는 하나님 나라에 있으나, 그 통치가 우리 자신의 것이라 발견할 때에 우리는 그 통치를 알게 된다. 우리는 하나님, 곧 인간과 관계를 갖고 있는 그 하나님과 관계가 있다.

참된 신학은 단지 이것이 품고 있는 모든 것의 해설일 뿐이며 그런 신학의 관점에서만 복음이다. 그렇지만 그리스도의 삶과 죽음이 이것의 유일하고 온전한 성육신이었던 것처럼, 이것의 핵심적인 관심사는 올바른 삶과 올바른 죽음이다.

제2장

구속
(Redemption)

산상수훈에서 의지는 주로 통찰을 통해 이루어진다. 그러나 일반적인 도덕 교육에서는 이는 전적으로 노력을 통해 유효하게 된다. 도덕은 그렇다면 우리 자신의 업적이며 만일 신앙이 필요하다면, 이는 오직 수영부대(水泳浮袋)일 뿐이다.

도덕이 신앙에 의존함은 역사가 분명히 보여 주듯, 물에 뜨는 것을 배우는 일종의 첫 번째 보조물로 간주된다. 우리가 듣는 바로는 율법은 먼저 신앙에, 도덕은 율법에 호소한다. 하지만 부레를 타고 수영을 배우는 것처럼 목적에 도움이 되면 될수록, 더욱더 그 유용성은 잠정적이다. 진보와 함께, 율법은 시내산의 우뢰로 말미암아 집행되는 것이 멈추며 옳고 그름은 천국과 지옥보다는 다른 제재 수단을 갖는다.

많은 자가 이 견해를 수용한다. 하지만 여전히 지속적인 신앙의 필요를 주장하기도 한다. 도덕은 언제나 그런 외적 지원이 필요하다는 근거에서이다. 그들의 지적은 교육 과정의 길이 길고, 사람이 이를 배우는데 대단히 피곤해한다는 것이다.

그리고 경험은 의심할 바 없이 그들이 말한 인간의 모든 것을 확증한다. 인간은 실패한다. 자신의 눈 앞에 천국의 복과 심지어 지옥의 공포에도 그리고 다가올 진노로부터 피할 모든 도움의 약속에도 불구하고 그렇다. 하지만 신앙과 도덕이 이처럼 결합되면 양자는 공히 거짓된 빛 가운데 놓인다.

첫째, 만일 도덕이 신앙으로부터 그런 도움이 필요하다면, 도움이 적게 필요할수록 더 좋다. 왜냐하면, 도덕적 진보의 본질은 그들 자신의 본성의 직접적인 통찰로 말미암은 옳고 그름에 대한 양심을 갖는 것이며 또 선 그 자체를 위한 경외함 위에서 행동할 수 있다는 점 때문이다. 따라서 우리가 더 도덕적인 만큼 우리는 덜 신앙적이어야 한다.

둘째, 신앙적 보상과 처벌 혹은 어떤 무관한 도움을 통한 우리의 의지의 뒷받침은 이기심, 비도덕적 동기와 임파선 같은 비도덕적 의존으로 인해 그 뜻을 그르치게 할 수 있고, 또 우리의 뜻을 성취하기에 도움이 되지 않으며 실제로 반드시 이를 그르치게 할 것이다.

도덕을 강제하기 위한 고안책으로써의 신앙은 단지 우리 자신의 노력 안의 틈새를 채우기 위해 그리고 우리 양심이 주장하지 못하는 심판을 강제하기 위해 하나님을 부르는 것으로 위험하게도 뇌물과 마술의 혼합을 닮는 것이다. 이는 아픈 자를 위해서 의원이 되어야 하는 그런 모습을 좇는 신앙이 아니다.

산상수훈은 다른 길을 택한다. 이것은 선한 의지가 일차적으로 노력이 아니라 통찰에서 온다는 견해에서 출발한다. 그때 신앙은 더 이상 생명 벨트만이 아니라 우리의 분위기, 우리의 생래적(生來的)인 부력(浮力)이 되어, 우리의 폐와 우리의 본연의 힘을 채운다. 이는 우리에게 보다 더 큰 노력을 위해서는 더 많이 필요한 피에 자양분을 주는 것과 같다. 하나님에 대한 질문은 외적으로 강화된 도덕에 대한 질문이 아니라 내적으로 복을 받는 도덕에 대한 것이다.

복 받은 도덕은 갈등에서 자유한 것이 아니라 우리로 도덕적 우주의 시민으로서 싸울 수 있도록 하는 것이며 도덕적 광야에서의 이스마엘 사람들과 같지 않는 것이다. 그 경우에 이는 신앙적 도덕이 되어야 한다.

하나님에 대한 질문은 도덕이 궁극적인 실제인가 혹은 오직 일과성의 관례인가에 대한 질문일 뿐이며 또 이것의 의미는 우리가 규율로 인해 혹은 통찰력과 감수성으로 인해 이를 악무는 것으로 인해 혹은 우리 영의 참된 교제를 참음으로 인해 최고로 이에 이를 수 있는가라는 질문이다. 이 질문은 다름 아닌 세상의 본질에 관한 것이다.

이는 예수가 생각했던 그런 세상, 곧 우리가 먼저 하나님 나라와 그 의를 구하면 나머지 모든 것이 더해지는 그런 곳인가?
혹은 헉슬리(Huxley)가 제기했던 그런 세상인가?
즉, 도덕은 악몽의 사건으로 기껏해야 작은 공간에서 그리고 잠시 동안에 원숭이의 간계와 호랑이의 잔인함으로만 효과적으로 사용될 수 있는 자연적 질서에 어긋나는 것으로 주장되는 그런 세상인가?

전자의 경우에만 선한 뜻의 힘은 감수성 있고 예민한 통찰이 될 수 있다면, 후자의 경우 최상의 일은 규율에 얽매이고 이를 악무는 것일 뿐이다. 도덕은 세상이 하나님의 것이며 그 마지막 목적은 선이란 확신에서만 복이 될 수 있다.
하지만 이는 보이는 것만큼 그리고 우리가 이를 측정한 것만큼 이는 선하지 않다. 우리는 대단한 결심에도 실행할 수 없고, 우리 자신이 악에서 벗어나거나 혹은 이 악을 선으로 바꿀 수도 없다.
"나를 향한 내 마음이 하나님 나라이다"[1]는 말은 기껏해야 오직 모호하게 사실이다. 얼마나 모든 경험이 마음에 속하며 또 얼마나 우리 마음 안의 그 무엇도 우리의 총체적 경험의 영향으로부터 벗어날 수 없는가를 우리가 알기 때문이다. 우리의 통제 안에 있는 영역으로서 마음은 절대로 복된 소유가 아닌 까닭에 우리의 행운과 불행이 우리의 운명에서 나오는 것

---

1 에드워드 다이어의 시, 'My Mind to Me a Kingdom Is'에 나오는 말이다(역자 주).

만큼이나 적어도 우리의 어리석음에서 나오는 것임을 안다면, 우리의 요새는 더 안전하지 않다.

세상은 인간의 사용으로부터 떠날 수는 없고, 그 결과 우리는 그 안에 공유하는 것처럼 '동료-인간'의 사회를 포함해야 하며 동시에 우리가 행한 것처럼 우리 자신의 결의를 포함해야 한다. 그때부터 도덕적이고 물질적인 그 주된 악은 나오게 된다.

인류에 깊은 영향을 주었던 신앙은 외양적인 세상 안에서 복을 찾은 적이 없었고, 언제나 세상으로부터의 구속으로 말미암는 복을 찾았다. 이것이 생명의 문제를 더 충만히 대면할수록, 이는 더 많이 세상의 일부로서 사회를, 사회의 지체로서 우리를 포함시켰다.

이런 점에서 볼 때, 기독교가 다른 종교와 다른 점은 구속의 필요성에 대한 더 많은 진지한 일관성 그리고 그 범위에 있어 더욱 전반적으로 모든 것을 포용하는 점이다. 심지어 불교조차도 어두운 비관주의를 통과하지 않는다. 붓다에게 덕목들인 것은 자주 예수에게는 단지 위선적인 인품의 훌륭함일 뿐이다.

반면 예수에게는 이 세상의 모습은 지나가고 또 붓다의 경우도 마찬가지로 이와 함께하는 정욕도 지나가는 것이지만, 그러나 세상이 지속하는 한, 세상의 임금은 거짓의 아비이며 심령을 통한 탁월함 가운데 아비됨을 유지하지만, 그 심령은 무엇보다 미혹적이고 또 매우 사악하다.

세상의 헛됨과 바람을 잡으려는 것으로부터의 구속은 마치 우리의 세상이 쾌락으로 측량되고 또 우리 자신을 위한 소유물로 가치가 매겨지듯 언제나 신앙적 필요이다. 또한, 이 구속 없이는 우리는 하나님의 세상을 발견할 수 없게 된다. 왜냐하면, 세상은 그분의 목적으로 측량되며 또 그분이 우리에게 소유하도록 주신 것에 의해 가치가 매겨지기 때문이다.

이 세상에서 자기 자신을 사랑하고 자신의 쾌락과 소유를 찾는 자들에게는 모든 것이 합력하여 악을 이룬다는 것을 알기 전까지 우리는 이 세상에서 하나님을 사랑하고 그 뜻을 구하는 자들에게 모든 것이 합력하여 선을 이룬다는 것을 발견하지 못한다.

하나님에 대한 믿음은 세상으로부터의 이 구속의 필요성을 직면하지 않았던 것이라면 가치가 전혀 없다. 이것 없이 믿음은 기껏해야 꽤 안락한 세상이 상당히 호의적인 기원을 갖는다는 간단한 신뢰일 뿐이다. 하지만 이는 우리가 실제로 경험한 대로 세상에 아무것도 더해 주지 않는다.

전반적으로 세상이 우리와 뜻을 같이하는 한, 이런 류의 하나님의 믿음은 어렵지 않다. 그러나 이것이 세상에 대한 우리의 견해를 바꾸지 않는 것처럼, 이런 믿음은 동일하게 쉽게 어떤 여분의 것으로 무시될 수 있고 심지어는 상관없는 것으로 부인될 수 있다. 우리는 쉽게 받아들였던 것은 쉽게 거절하는 법이다.

하나님이 단지 어떤 지적인 관심일 수 있지만, 쉽고 불필요한 가정(假定)인 까닭에 이는 어떤 실천적인 차이를 낳지 않는다. 하지만 이런 삶이 모든 갈등, 모든 병, 모든 뜬구름에도 불구하고, 복이 될 수 있다는 발견의 모든 가능성은 하나님이 그의 세상에서 우리를 다루고 있는 삶을 아는 것에 달려있다.

만일 그렇다면 하나님에 대한 질문은 물을 가치가 있는 모든 질문을 포함한다. 왜냐하면, 이는 우리의 총체적인 경험 안에서 다름 아닌 축복을 포함하며 하나님 없이는 그 경험 안에 복이 되는 것은 아무것도 없기 때문이다.

제3장

화해
(Reconciliation)

    기독교적 신앙에서의 독특한 요소가 다른 종교들과 차이가 있는 것은 세상으로부터의 구속의 필요성을 중요시하는 점에서가 아니라 더 깊은 도덕적 통찰로 인해 신앙의 필요에 대한 도덕적 본질이 더욱 분명하게 드러나고, 악의 유래는 죄로부터이지 직접 욕망으로부터가 아님을 보여 준다는 점에 있다. 다른 모든 종교로부터 이 신앙을 구별 짓게 하는 것은 이것이 제공하는 구속의 성질이다. 부인(否認)과 같은 모든 방식에 대비하여, 세상으로부터 구속되는 방식이 화해이다.
    이처럼 감히 말한다면, 이 정반대는 호도(糊塗)할 수 있다. 다른 종교들도 아마도 불교를 제외하고는 역시나 화해를 목표로 한다. 추종자들로 자신을 부인하고 십자가를 지고 또 순종이 치욕의 죽음과 고뇌로 이르게 됐던 분을 따르라고 요구하는 신앙은 매우 높은 정도로 부인을 필요로 한다.
    하지만 다른 종교들에서는 부인이 먼저이고 그리고 화해를 위해서이다. 기독교에서는 화해가 먼저이고 또 부인은 이것이 화해에서 나올 때만이 가치가 있다.
    큰 고통과 환난의 때를 당해 생명이 유지되기가 힘들고 잃어버리기 쉽고 또 순진함이 값싼 보호며 인간의 방책이 미친 상상처럼 보이며 또 열정을 보임에도 평강은 얻어지지 않은 때에 직접적인 부인의 방식은 강한 매력을 가진다. 따라서 크리스천의 이름을 고백하는 많은 자를 이에 끌어들였다. 그러면 세상은 영혼과 하나님 사이에 하나의 덮개처럼 보였다.

이 덮개 아래서 사람이 할 수 있으리라 바랐던 최상은 어떤 촛불이 켜진 황홀경의 방을 세우는 일이었으며 그 환상을 막는 엄격한 금욕적 규율의 실행을 통해서 삶의 악한 꿈을 완전한 악몽에서부터 지키는 일이었고, 하나님의 계시를 오류가 없는 진리의 빛의 반짝임으로 간주해, 요소마다 존재의 어두움을 깨는 것이었으며 그리고 인생의 짐을 가끔씩 들어주는 것으로 은혜의 도움을 바라는 일이었다.

하지만 세상과 사람을 통해 아버지께 이르게 하는 축복은 일목요연하게 그런 직접적인 길을 택해 구속에 이르지 않는다. 우리는 이 땅을 다루어야 하는 까닭에 이를 유업으로 얻는다. 마찬가지로 사람에 가치를 두는 까닭에 우리는 하나님을 보게 되며 진리와 의를 위해 싸우는 까닭에 평강이라는 하나님 나라에 들어갈 수 있게 된다. 우리의 축복이 곧 선지자의 축복이 될 터이며 가장 단호한 모든 사람 중에 그 사람만이 "산 자의 땅에서 여호와의 은혜"(시 27:13)를 보게 되고, 이것이 자신을 축복하지 않고는 어떤 일도 가게 하지 아니하며 어떤 잘못도 자신을 평강이나 섬김으로부터 소외되지 않게 한다.

하나님의 소명이 그를 진리와 의를 위한 모든 싸움에서 선두에 두게 하며 그로 세상을 대면하고 이에서 피하지 않도록 만든다. 부인을 위해 힘쓰지 않는 것만큼이나 소유를 위해 힘쓰지 않는 것을 통해 그는 세상을 정복하려 구하지 않았다. 그의 삶이 복을 받았음은 하나님과의 인격적인 관계를 통해 그가 자신의 삶 가운데 하나님의 참된 의미와 목적을 발견했고, 자기 자신의 비현실적인 세상에서 거짓된 자아로부터 해방되었고, 하나님의 참된 세상에서 참된 자아를 찾았기 때문이다.

삶이 인격적 관계를 위해서 무엇인가를 발견하는 것을 통하지 않고서 어찌 다른 것으로 삶이 변화되겠는가?

주는 것을 떠난 단순한 선물은 오직 매우 작은 길을 갈 뿐이며 주는 자가 부자일수록 그 길은 더 짧은 법이다.

주는 자가 불친절하다면, 풍성한 선물도 초라한 법[이다].[1]

그렇다고 주는 자가 무관심하다면 더욱 풍성한 것도 아니다.
비록 은혜의 선물임에도, 무한한 자의 측량 불가한 부요함에서 나오는 선물이 그것 자체만으로 우리를 향한 하나님의 마음을 말하지 않는다는 것은 무슨 이유인가?

은혜가 은혜로운 것은 은혜가 당장에 우리를 소유하지만 그런데도 우리를 자유케 한 어떤 목적을 세상 가운데 나타내기 때문이며 우리로 절대적으로 의존적이게 만들지만 그런데도 우리에게 만물로부터의 독립을 주며 우리로 우리 자신을 잃어버리게 만들지만, 그러나 진정으로 또한 난생처음으로 우리 자신을 찾게 만들기 때문이다.

직접적인 은혜의 역사는 능력이지만 그런 이해를 결코 얻게 할 수 없었다. 게다가, 전혀 인격적 관계를 세울 수 없었다. 우리의 인격적 뜻을 전적으로 기각하고 또 우리를 토기장이의 손안에 있는 단지 진흙으로 빚는다는 의미에서 은혜의 역사가 더욱 전능할수록, 더욱더 이는 우리에게 그 원천이 사람의 탓이라는 주장의 권리를 주지 않게 된다.

우리가 하나님이 전능한 사역을 통해 우리에 대한 관계를 갖는다고 생각하는 한, 우리는 결코 두려움으로부터 자유로울 수 없다. 세상을 인격적인 하나님의 탓으로 돌리면서 우리는 우리 자신과 같은 어떤 원인을 추정하는데, 이는 우리 자신의 손의 행위라는 유사성에 근거를 둔다. 하지만 우리의 손은 감각의 범위를 뛰어넘는 어떤 타당성도 가질 수 없을 것이다.

---

1   셰익스피어의 『햄릿』 3막 1장에 등장하는 오펠리아의 대사다(역자 주).

왜냐하면, 오직 능력에서 나오는 어떤 결과는 아마도 오직 과정에 속할 수 있기 때문이다. 우리가 허영심 뒤에서 우리와 같은 어떤 인격을 생각할 때에 물을 바라본 나르시스처럼 우리는 허영심에 사로잡혀 세상을 활용하게 되고 그래서 단지 우리 자신의 얼굴을 드러낼 수 있을 뿐이다.

하지만 만일 우리를 향한 하나님의 다루심이 사람의 관계처럼, 세상과 사회를 통해, 도덕적 상호 교제를 통해 있음으로 우리가 총체적인 자의식 세계 안에서 주인 행세를 한다면, 아버지와의 우리의 교제는 하나님 나라에서의 우리의 지위로 확증된다.

이는 세상이 우리를 위한 것이 되어 마치 우리가 참된 질서를 손에 쥐고, 쾌락과 소유를 통해 세상을 설명하는 모든 생각을 버리며 훈련과 의무를 통해 이를 판단하는 것을 배우며 그렇게 함으로써 우리 역시도 우리 자신의 세상 안에서처럼 세상 안에서의 주인이 됨을 발견하는 것과 같다.

오직 그 승리를 통해서만 우리는 미혹되지 않고, 참되고 승리하는 비밀을 가진 삶을 붙들었다는 확신 가운데 의롭게 될 수 있다. 이는 우리가 인격적인 하나님을 통해 삶을 다룰 때이며 하나님의 도덕적 뜻이 없이는 삶은 심령의 헛됨과 바람을 잡으려는 것일 뿐이다.

이 점에서 많은 자가 묻기를, 어떻게 이것이 화해로 인해 영향을 받는가 한다. 많은 신학이 이 질문을 당연시하는 것은 인정할 만하다.

우리의 경험에 어떤 참 변화를 가져오기는커녕, 우리는 경험이 통제할 수 없는 어떤 자리로 피하고 있는 것이 아닌가?
세상을 뛰어넘는 어떤 그늘진 인격과의 화해가 어떻게 원래 있는 것과는 다른 방식의 삶을 만들 수 있단 말인가?
게다가 무엇이 세간의 언어로 말해서 화해의 실제적, 기본적인 의미인가?

이런 질문들은 합리적이고, 또 우리가 이에 답할 수 있느냐 없느냐에 따라, 우리는 신앙이 우리를 위해 삶에 대한 직접적인 소관의 한 핵심인지 혹은 미래의 가능한 삶에 대해서 신중하지만 그러나 직접 필요한 것으로 우리가 신뢰하지 않는 양식(糧食)에 불과한지를 결정할 것이다.

화해가 뜻하는 바는 만일 우리가 먼저 '하나님께 원수됨'이 무엇을 뜻하는지를 생각한다면, 더욱 분명하게 드러날 것이다. 하나님과 하나 되는 것이 우리의 자연적 상태라면, 이런 접근이 어떤 경우든 필요할 터이다. 왜냐하면, 우리는 자연적 상태를 과정의 문제로 받아들이려 하며 우리의 복지를 위해서는 이것이 얼마나 필요한지를 어떤 박탈의 정도로부터 배우려 하기 때문이다. 하지만 우리가 부자연스러운 관계로부터의 회복을 통해 하나님과의 자연적 관계를 안다면, 이 명령은 긴요하게 된다.

하나님께 원수됨이 자주 언급되듯, 실제적인 상황을 제시함은 한가한 역설처럼 보일 수 있다. 그 표현은 멀리 떨어진 천국에 있는 희미하고 광대한 자와의 싸움이라는 막연한 개념을 불러일으키며 우리의 현재적 행위와는 전혀 연결되지 않기 때문에 어떻게 우리가 하나님과 갈등에 빠질 수 있었는가를 아는 것은 어렵다. 추상적 존재인 하나님은 어떤 추상적 주체에 인해서만 상처를 받을 수 있다. 왜냐하면, 유일한 치유책은 일종의 추상적 굴복이 되고, 포괄적인 신앙 고백과 영적 탈진을 통해서 하나님을 달래는 일처럼 보이기 때문이다.

따라서 하나님과 원수 관계가 된다는 인식은 너무나 자주 가책과 죄된 상태에 대한 최상급의 말로 끝나는 바, 그 말은 전혀 현실을 다루지 않는다. 하지만 현실은 구체적인 언어로 옷 입고 또 예시들로 보일 때만 인정될 수 있으며 그런 경우에도 그 말은 오로지 억지로 얻어지는 바, 현생에서의 어떤 실천적인 상황과는 상관없이 내 생의 발견이라는 두려움으로 인해서이다.

그러나 현실과 하나님은 별개가 아니다. 만일 우리가 하나님과 적대적이라면 우리는 현실, 즉 오는 현실뿐 아니라 과거와 현재의 현실과도 적대적이다. 하나님과 적대적이 되는 것은 모든 것이 우리를 대적한다는 의미에서 어찌하든 현실과의 쓰디쓴 적의(敵意) 가운데 있음이다. 우리는 현실이 쾌락과 소유의 길로 가야 한다고 생각하며 현실이 다른 길로 나아감으로 인해 참된 현실의 길이 무엇일까를 묻는 것을 거절하는 심령의 반역 가운데 있을 때에 현실은 외양뿐 아니라 실제로 우리를 대적하며 있다.

이 적대감이 극렬한 반대를 불러일으키지 않을 수 없다. 왜냐하면, 우리와 현실 간의 싸움 속에서 투쟁은 불평등하고, 또 우리는 그 실패의 정도에 따라 극렬함이 되는 분개함을 피할 수 없기 때문이다.

이 분개함은 반드시 전적으로 인격적이지 않다. 우리의 불만을 크게 더하는 것은 모든 인간을 격분케 하는 삶을 향한 아낌없는 진노에서부터 나올 수 있기 때문이다. 이는 마치 독재자의 잔혹성이 감정 있는 모든 피조물에 확대되는 그의 행동처럼, 세상의 잔혹함 역시 명백하게 온전히 드러난다. 또 우리가 우리 자신의 쓰디쓴 경험을 보편적인 것으로 간주할 수 있을 때에 우리는 오직 철저히 하나님과 적대적이다.

한 세대 동안 이 적의는 크게 자라서 목소리를 높였으며 또 이제 대단한 가치를 갖으며 더 이상 분개함이 전가할 수 없는 상당한 문학적 소재가 되고 있다. 이것이 더욱 인상적임은 적의가 대부분 비교할 수 없는 번영 가운데 만들어졌다는 점이다. 이는 우리가 하나님이 필요하다는 것을 일깨운다. 그분은 인생의 위로에 단지 들러리 그 이상이 되는 까닭이다.

하지만 서정적인 비관주의보다 더 심각한 것은 일상의 아둔한 반역이다. 하늘에 불경한 반항을 퍼붓는 것도 결코 아니요 또 하나님을 저주하고 죽을 생각을 꿈꾸는 것도 결코 아니지만, 이는 실제로 상당히 경건하게 하나님과 적대적이다. 신조와 복종에서 신앙적이지만, 삶에 대한 그 태도는 질투와 분개의 혼합물로 남는다. 생명의 약속이 진지하게 하나님과 연결되었다면, 하나님이 죽어 사람을 더 이상 괴롭히지 않을 것을 아는 것은 오직 하나의 안심 거리가 될 터이다.

신앙은 자주 경험과는 동떨어져 있어 하나님과의 화해는 한 목소리에서는 크게 고백될 수 있으나, 또 다른 목소리에서는 하나님의 정하신 모든 것은 매우 분하게 여겨질 수 있다. 사람의 신앙 고백의 하나님과 그의 삶의 하나님은 서로 다른 칸에 있다. 하지만 우리가 참으로 화목된 것은 우리가 고백하는 것이 아니라 우리가 사는 것으로이며 또 우리가 하나님의 명하신 것과 적대적이라면 우리는 하나님과 화목할 수 없다.

그렇지만 삶으로 말미암아 괴로움을 당하는 것은 삶으로 인해 짐을 짊어지는 것과는 조심스럽게 구별되어야 한다. 그렇지 않다면 외견상, 반역뿐 아니라 고통도 모두 떠나기 전까지는 하나님과의 화해는 없었을 것이며 또 하나님과의 평강은 우리가 길의 밝은 쪽을 걷는 정도에 따라 측정되어야 할 것이다. 하지만 삶의 난점과 고통에 대한 최심층적 의미가 하나님께 원수됨과는 거리가 먼 까닭에 만일 우리가 인생의 압도적으로 중요한 의미를 가진 짐을 지게 된다면, 이는 하나님에 대한 모든 인식 중에 가장 신실한 것이 될 터이다.

인생을 우리의 어렵고도 힘든 길로 받아들이는 것은 우리가 삶의 부름에 신실함과 책임성을 안고 인생을 대면하는 관계로 인해 모든 반역이 사라졌다는 고도의 증거가 될 것이다. 이는 인생이 너무나 큰 목적을 가짐으로 인해 우리가 그 짐의 무게로 비틀거린다는 의미가 아니라 그 짐에 대한 분개함, 마치 그 유일한 목적이 우리를 산산조각 낼 것 같은 분개함이 하나님께 원수됨이다.

하나님께 원수됨은 그분이 명한 삶과 원수 되는 것이며 그 결과, 우리는 오직 삶의 짐만을 진다. 왜냐하면, 우리는 어떻게 이를 더 가볍게 만드는가 하는 법을 모르기 때문이며 우리가 그 은혜로운 의미와 복된 목적에 대한 감정으로 인해 지탱되고 있기 때문이 아니다. 그러므로 실제적으로 하나님께 원수됨은 근신을 분내고 의무를 회피하는 바로 그 마음이 되게 된다.

하나님을 향한 분개함이 타인으로 인해서 세상에 대해 진노의 형태를 취할 때에 이 마음은 역시나 분명하지 않을 수 있다. 하지만 세상에 대한 여전한 평가는 세상이 쾌락과 소유의 길을 좇아 자기애와 자기 뜻을 섬기는 것이지만, 절대로 근신을 제공하고 의무를 필요로 하지 않는다는 사실이다. 우리 자신에게처럼 타인에게도 세상에 대한 기대는 하나님 없이도 충분하다.

하지만 그런 견해는 우리 자신뿐 아니라 타인에게도 복된 의미를 낳지 않는다. 이처럼 해석된 인생은 심지어 어떤 감정의 호의를 통해서라도, 우리가 세상을 아마도 대적할 수 있는 것만큼 우리를 대적하는 많은 것으로부터 구원 얻을 수 없다. 닫힌 체계로서의 세상은 그 의미와 그 자체의 목적 그리고 그것의 해석자로서의 우리의 욕망을 갖음으로 인해 악하며 그래서 선하지 않다.

대조적으로 우리는 이제 하나님과의 화해의 의미를 알 수 있다. 하나님께 원수됨이 일차적으로 하나님이 우리를 위해 약정하셨던 삶에 대한 적의인 것처럼, 우리가 하나님의 목적보다는 다른 목적들을 위해 삶을 이용하기를 주장하기 때문에 하나님과의 화해는 일차적으로 우리의 삶과의 화해이며 우리의 삶 가운데서 오직 하나님의 뜻을 구하는 것이다.

따라서 화해의 직접적인 의미는 '하나님이 정하신 근신과 하나님이 요구하신 의무와의 화해'다. 이는 적어도 첫째는 내생이 아닌 금생과 관계되는 것으로, 무감각한 영원 안에서 멀리 떨어진 하늘에 앉아 있음이 아닌 현재 시간의 소용돌이 가운데 천국의 자리에 앉는 것의 약속이기 때문이다.

실제적으로 이는 시험 없음을 원망하는 것이며 일 없음을 회피하는 것이다. 왜냐하면, 사랑이 약정하지 않았던 혹은 선한 목적을 위해 허락하지 않았던 시험은 결코 없으며 사랑이 부과하지 않았던 일 역시 없다는 분별 때문이다. 비록 이것이 우리 자신의 과거의 실패에서 연유했더라도 그렇다. 따라서 화해는 단지 희미한 감정 혹은 흐릿한 황홀경이 결코 아니라 하나님 나라에 계신 우리 아버지와의 현재적 교제를 뜻하며 이는 세상을 통해서 그리고 우리 형제들 사이에서 드러나 있다.

하나님 나라는 심령이 가난한 자에 속한다. 그러나 심령이 가난하다는 것은 하나님 사랑의 뜻으로써 삶의 근신과 의무에 화목되는 것의 또 다른 이름일 뿐이다. 이것으로부터 참된 복 받음의 원천 곧 생명과의 모든 합당한 관계가 흘러야 한다. 왜냐하면, 이것이 우리 아버지의 우리를 향한 은혜로운 관계로 어떤 것도 배제되지 않는다는 여지에서 연유하기 때문이다.

이것이 섭리자에 대한 유일한 참된 믿음이며 이는 하나님이 자비하다는 본능적인 신뢰나 혹은 그분이 은혜롭다는 삶으로부터의 추론으로써 지탱되는 것이 아니라 최종, 최고의 승리로써의 믿음 곧 참되고 지속적인 선에 대한 통찰력을 얻었던 믿음이다. 이 믿음은 비록 세상의 만물이 이를 기대하는 새로운 창조물이 되는 때라도 세상에 속한 것이 아니다.

어떤 신학자들은 이런 통찰력을 주는 하나님과의 화해가 단지 우리 아버지께 일어나 나아가는 것만을 뜻한다면, 너무나 힘든 승리에 비해 너무나 쉬운 길이라 생각하기도 해서 다른 그리고 더 엄격한 조건을 더하고자 했다. 하지만 하나님 자신은 최적의 조건이다. 왜냐하면, 돌아감은 모든 길에서 하나님 곧 현재 있는 하나님께 되돌아감을 뜻하는 것이지, 우리가 우리 자신에 이르기 전에 하나님이 어떠하기를 원했을 하나님께 되돌아감이 아니다.

또한, 되돌아감은 우리가 아버지의 집 안에서 편안히 있음을 뜻하는 것이며 이는 하나님이 약정하신 대로이지, 아버지 집보다는 먼 나라를 택한 때에 우리가 약정하고자 하는 대로가 아니다. 이는 너무나 큰 변화인 까닭에 하나님의 뜻을 좇는 소명을 요구하며 이에 따라 우리는 어떤 다른 목적도 재앙이 없이는 우리의 소유가 되지 않음을 알게 된다. 따라서 이는 즉시 죄의 용서이며 이를 이기는 승리의 소망으로 먼 나라에서부터 돌아옴이요 또 아버지의 집에서의 삶이다.

제4장

사랑 그리고 믿음
(Love and Faith)

　하나님을 향한 화해는 처음부터 끝까지 관심이 있는 것은 홀로 있는 하나님이지, 격리 중의 하나님이 아니다. 반면에 화해는 어떤 것도 하나님으로부터 격리되어 있지 않다는 확신이며 동시에 우리를 향한 하나님의 지속적인 은혜의 관계로 인해 우리는 목적을 갖되 이를 위해 이 땅은 우리의 것이 되며 사랑을 갖되 이를 통해 우리가 만물을 판단하며 모든 것이 합력하여 선을 이루는 역사를 갖되, 이로써 우리가 안팎으로 악을 이기는 승리를 갖는다는 확신이다.
　전능성의 행위로써 은혜가 어떤 의식적인 경험에도 굴절되지 않는 직선이 된다면 은혜로운 관계는 우리의 모든 세상 그리고 동료와의 모든 관계 및 하나님 나라에서의 완전한 승리를 둘러싼 곡선이다.
　그렇기 때문에 그 관계는 언제나 오목하고 볼록한 면을 가지며 외양상 모순적이되, 실제로는 보완적이다. 이는 우리로 하나님의 참된 세상 안에 자신을 찾도록 하되, 자신의 비현실적인 세상 안에 있는 우리로부터 오직 우리를 해방시키는 것으로 말미암으며 이는 우리에게 하나님 자녀의 온전한 자유를 안전하게 지키되, 우리 형제들에 대한 완전한 섬김을 통해서이고, 또 이는 우리를 위해 평강의 소유를 얻게 하되, 의의 나라에 대한 전투를 통해서이다.

엄밀하게는 은혜로운 관계는 인격적이고 윤리적이기 때문에 우리와 하나님과의 관계는 이 순환적인 길을 택해야 하며 직접적인 갈등의 길이지만 궁극적인 조화의 길이며 기계적으로 고려할 때에 양립 불가한 반대의 길이지만 화목할 수 있는 올바른 인격적 관계의 본질이다.
　그 출발점에서 우리는 당혹감을 접한다. 그 당혹감은 우리를 향한 하나님의 관계가 사랑에 대한 또 다른 이름뿐이고 또 사랑은 그것의 합당한 반응일 뿐이라면 사랑은 직접 주어질 수도 없으며 직접 요구될 수도 없다는 점이다. 하나님이 사랑이라는 믿음에 대한 근거를 줌으로 인해 사랑은 오직 간접적으로 환기될 수 있을 뿐이다. 하지만 그 경우에 이것은 화해의 결과이지 조건이 아니다.
　사랑 곧 어떤 경험과 무관한 감정으로써의 사랑은 전능한 힘인 직접적인 은혜의 역사로 말미암아 영혼에 부어질 수 있으며 또 전적으로 반대되는 적의의 감정으로 떠내려 보낼 수도 있다. 하지만 다른 자의 영향에 맹목적인 복종은 사랑이 아니며 화해라고 말할 수 있는 어떤 것도 낳지 않는다.
　왜냐하면, 화해는 적어도 상호적 관계의 인식이어야 하기 때문이다. 이를 안다면 전적으로 수동적으로 있다는 것은 불가하다. 즉, 감정이 조건으로 간주된다면 더욱 감정적이 되어야 하는 것이 의무처럼 보이기 때문이다. 하지만 느낌을 좇는 모든 노력은 비현실적이고, 실제로 모든 비현실의 원천이며 전능한 은혜가 남겨두었던 부족함을 공급하려는 시도는 특별한 비현실을 갖는다.
　우리의 의식적 삶 가운데 자리를 차지해야 할 감정은 어떤 매개를 통해 일해야 하고 또 어떤 확증을 가져야 한다. 직접적인 비인격적 힘은 그런 힘과 물질적인 것 같은 친숙한 수단 정도로 대부분 쉽게 여겨진다. 따라서 매력은 물질적 성례주의라는 이런 류의 신비주의를 향한다.
　하지만 이 수단이 전하는 영적 은혜가 더욱 신비할수록, 그 효과를 증명하기 위해 감정 이외의 어떤 증거가 더욱더 요구된다. 게다가 우리 자신의 영적 상태에 대해, "너 자신을 알라"는 전제는 특별히 적용하기 어렵다.

또한, 알아야 할 모든 어려운 것들 중에서 가장 찾기 힘든 것은 우리를 위해 계시지만 순전히 이상적인 천국의 존재인 하나님을 향한 우리의 사랑이다. 그러므로 우리의 행위는 시험으로서 더해져야 한다. 아우구스티누스의 말처럼, 하나님의 일은 우리의 공로가 되어야 한다.

그러면 이 공로 곧 시험으로서 가치가 있다는 것은 법적으로 평가되어야 하고 또 가능하다면 자의적(自意的)인 근신과 자기 부인이라는 가시적 행위 가운데 드러나야 한다. 그래서 우리가 귀속되는 것은 법적 공로로 직접적으로는 우리 감정의 증거가 되고 간접적으로는 하나님 은혜의 유입의 증거가 된다.

그런 공로는 적잖이 괴롭다. 왜냐하면, 결국에 이는 하나님이 우리를 택해 본성을 사랑으로 변혁시키기까지 우리가 기다려야 하기 때문이다. 공로는 여전히 우리 자신의 선함에 대한 신뢰를 간직하되, 망설이면서도 그러나 당당하게 그리한다. 우리의 시선이 우리를 향한 하나님의 사랑에 대한 은혜스러움으로부터 멀어지고, 하나님을 향한 우리 사랑의 은혜스러움을 키우는 것을 향한다면 우리는 하나님에 대한 잠잠한 신뢰를 얻을 수 없고, 오직 우리의 도상(途上)에서 또다시 법적 공로라는 옛 악몽을 만날 뿐이다.

우리가 하나님을 사랑하기 위해 최상의 열심을 경주한 후에도 우리의 목표에 더 가까이 이르지 못한다. 단순하고 순전한 이유인즉슨, 사랑이 의도적으로 그 감정을 불러일으키는 것은 사랑이 아니고, 오직 이것이 사랑하는 것 안에서 사랑 그 자체를 잊는 것이 사랑이기 때문이다.

만일 세상과 사람 그리고 하나님 나라 혹은 그 통치에 대한 우리의 관계 가운데 사랑이 어떻게 우리를 도울 것인가를 묻는다면 하나님을 향한 우리의 사랑에 대한 이런 요구가 축복으로 향하는 길이 아님을 우리는 보게 될 것이다.

1. 세상에 관해서

우리는 심령의 가난함이 복의 비밀임을 보아왔다. 이것이 재난과 패배 가운데서도 힘이요 평강이 됨은 생명에 대한 우리의 전혀 은혜스럽지 않는 관계 그리고 최상의 가치에 대한 우리의 지속적인 맹목에도 불구하고, 생명이 자주 찡그리는 얼굴 아래서도 우리를 향한 전적으로 은혜로운 관계를 갖기 때문이다. 하지만 하나님을 향한 우리의 사랑의 의존은 생명을 향한 우리의 은혜로운 관계의 의존이다. 그 때문에 생명은 우리에게 명백하게 은혜롭지 않다.

만일 우리가 하나님을 향한 사랑을 통해 생명에 대한 높고 가치 있는 관계를 갖는다면 우리를 향한 심각하고 비참한 관계를 두고 우리는 무엇을 생각하게 될 것인가?
우리는 자신이 뛰어난 예술가라고 느끼면 안 되는가?
이들을 위해서 이 험하고 비틀거리는 세상이 계획되어 있지 않았는가?

분명 이는 기껏해야 육적 영혼을 위한 육적 영역이며 우리가 이 육적 영혼과 분리되어 감수성과 감성을 키우는 것은 옳은 일이다. 따라서 더욱더 우리가 감정을 키우는 일에 성공함을 확신할수록 그리고 더욱더 우리는 하나님 안에서 우리 것에 상응하는 감정을 생각할수록, 더욱더 이 불화의 세상을 하나님 탓으로 돌리는 일이 적을 것이며 더욱더 우리 자신에게 실망하는 단순한 이유가 될 터이다.

2. 우리의 타인과의 관계 안에서

　이 관계에서의 축복은 하나님을 사랑하려는 요구에 의해 더 잘 보장되는 것처럼 보일 것이다. 사랑은 모든 율법의 완성이고, 또 우리 이웃을 사랑하는 무제약적인 필요는 우리 자신이 주 우리 하나님을 온 마음을 다해 사랑할 필요와 불가분의 관계인 것과 같다. 이유인즉 하나님의 자녀가 아니라면 그자는 이 절대적인 주장을 우리에게 가질 수 없기 때문이다.
　사람을 향한 올바른 관계는 그런데도, 하나님을 향한 우리의 사랑으로부터 직접 얻어지는 것은 아니다. 우리의 확신은 우리가 그 가정의 좋은 자녀라는 사실이다. 하지만 이것이 무정하고 악한 자를 향해 친절해야 할 이유는 아니다. 오히려 이는 우리가 나쁜 자의 악의적 말과 핍박을 분개하는 것을 정당화한다.
　이런 결론은 단지 추론과 이론이 아니다. 하나님의 사랑을 직접 하나님을 향한 사랑으로 실현하기를 구해왔던 사회는 역사상 자신들을 다음과 같은 대상으로 간주하는 경향이 있었다.

　첫째, 하나님의 특별한 백성
　둘째, 배타적으로는 그분의 보살핌의 대상
　셋째, 현생에서 그분으로부터 호의를 입는 특별한 대상

　그래서 내생으로 풍성한 입성을 기대했다. 따라서 넘을 수 없는 간극이 마침내는 그들을 여타 인간과 분리할 것이라고 생각하는 것은 그들 자신의 감정을 키우는 일에 큰 걸림돌이 결코 아니었다.
　그 간단한 이유를 보면 하나님을 향한 우리의 사랑의 시작은 사람들을 향한 우리의 완전한 관계의 시작이며 이에 대한 가능하고 유일한 효과는 우리를 향한 그들의 개탄스런 관계에 대한 감정이다. 타인들을 향한 참으로 복된 관계는 우리의 하나님 사랑이나 우리의 사람 사랑에 달린 것이 아

니라 믿음 즉 우리 모두의 상대에 대한 불완전한 관계에도 불구하고 하나님 가족의 결속이 안전히 지속된다는 믿음에 달려있다. 왜냐하면, 이는 아버지의 사랑에 의해 보장되며 아버지로부터 천지의 모든 가족이 호명되기 때문이다.

하나님의 사랑은 그분이 우리를 부르되 종이 아닌 아들로 부르심을 뜻한다. 만일 그 실천적, 윤리적 의미가 무정하고 악한 자에게 친절하다면 이 사랑에 우리는 효과적인 관계 가운데 서있는 셈이다.

하지만 우리가 사랑으로부터 시작할 때에 우리는 조악하고 실수투성이의 인간성을 만남으로 위축되는 오직 미학적 정서만을 갖는다. 그래서 하나님의 자비 안에서 가장 분명하게 하나님을 보는 순수한 심령의 인간성에 이르기는커녕 최악에 이르게 되어, 이것이 최상의 인간을 만날 때에 그 주위의 스커트 자락을 당겨 섬세한 흠 없음을 보게 된다. 우리 자신과 하나님 양자(兩者)에 대한 오염의 두려움으로 인해서는 그들의 악과 불의 앞에서 우리의 적들을 향한 사랑의 복된 승리는 얻어질 수 없다.

3. 하나님 나라에서

하나님 나라에서의 축복은 더 많은 확신에도 하나님을 향한 우리의 사랑에 달려있는 것으로 생각될 수 있다. 우리가 하나님 나라를 들어가는 때는 사랑이 모든 축복의 합이며 또 평강이 절대적인 사랑의 승리에 대한 확신에 다름 아님을 우리가 깨달을 때다.

하지만 사랑이 우리 심령 안에서 키워진 감정으로 하나님의 마음 안에 있는 비슷한 감정의 반응이라고 우리가 받아들인다면 우리가 알고 있는 하나님 통치라는 관점에서 사랑이 우리에게 축복 혹은 평강을 준다고 우리가 말할 수 있는가?

이처럼 감정적으로 이해되는 사랑과 같은 하나님의 개념 아래서 제시되는 하나님은 삶의 엄격한 가르침과 엄숙한 요건에 대한 모든 관계에서 벗어나 있는 단지 너그러운 부모 그 이상도 이하도 아니다. 그런 하나님은 우리에게 진리와 의에 대한 강력한 현실감을 줄 수 없으며 고통, 격리 혹은 순교의 어떤 감각도 없는 채, 우리로 진리와 의를 위해 일어설 수 있도록 만들지 않는다.

오히려 이는 어떤 호의적인 신이 자기 자녀가 너무 많이 고통을 받거나 혹은 공개된 법법 가운데 벌거숭이로 홀로 노출되지 않도록 의도하는 것처럼 보인다. 여기에는 어떤 선지자적 소명이나, 모든 갈등을 대면할 주의 집도 없으니, 반대를 두려워하지 말며 만일 필요하다면 하나님 편에서 세상을 대항해 서 있으라. 사회의 일반적인 승인으로 실행되는 사회적 개조라는 폭넓은 시도(試圖)에 대한 관심은 그 최고의 효과가 될 것이다.

하나님을 사랑하라는 부드러운 호소력을 가진 감상적인 신앙은 타인을 향한 친절한 느낌의 감정적인 신앙 고백이 모든 율법을 이룬다는 희미한 감각을 남기지만, 삶에 너무나 명백하게 부적합한 까닭에 여기저기서 하나님의 공의를 하나님의 사랑 옆에 동일한 자리를 주기를 주장하는 선생이 일어났다.

하나님은 사랑일 뿐 아니라 공의라는 엄숙하고 흥미로운 사실에 대한 망각은 다음과 같은 이유가 있다.

왜 우리가 그렇게 많은 심정의 토로에도 그렇게 적은 현실을 갖는가?
그렇게 많은 어여쁨을 갖음에도 심각한 삶의 불일치에 대해 그렇게 적게 대면하는가?
무엇보다 그렇게 많은 값싼 호의에도 그렇게 적은 의를 갖는가?

여기서 드러난 약점은 부인(否認)을 뛰어넘는다. 그러나 하나님의 공의를 그의 사랑 옆에 두는 방식을 통해서도 우리는 결코 복된 하나님의 통치에 이르지 못할 것이다. 공의와 사랑은 동가(同價)를 가질 수 없다. 왜냐하면, 이처럼 함께 놓이면 공의가 성취되어야 할 조건으로서 먼저 놓여야 하고, 그 후에 사랑은 그 긍휼의 행사를 경험할 수 있다.

또한, 하나님은 사람처럼 관대하기 전에 의로워야 한다. 그 점에서 사랑이 그렇게 조건된다면 사랑이기를 멈추게 되고, 매우 합당한 경우에만 오히려 주저하는 자비가 된다. 공의가 훨씬 더 잘 나가는 것은 아니다. 왜냐하면, 이는 공평의 법칙에 붙어 있는 것에 지나지 않기 때문이다.

감상적인 잘못의 참된 이유는 사랑의 개념을 우리 심령 안의 감정으로 보고, 하나님의 심령 안에 있는 동일한 감정에 반응하는 것에 있다. 우리 확신의 근거로써의 하나님을 향한 사랑은 단지 감정이며 그 자체로 윤리적이거나 영적일 필요가 없으나, 지속적인 위험 가운데 있게 되는 데, 이 위험은 감상으로 빠지는 퇴보 그리고 이로부터 감상주의에 빠지는 퇴보이다. 이 감상주의는 참된 느낌에 대한 가장 단순한 가면일 뿐이다.

하지만 치유책은 하나님이 사랑일 뿐만 아니라 공의라고 말하는 것이 아니라 하나님의 사랑이 그 자녀를 향한 마음임을 아는 것이다. 이는 의를 제외하고는 어떤 것이 될 수 없는 어떤 규율을 요구한다.

우리의 은혜들 중의 어떤 것으로 시작하는 것은 우리로 하여금 우리의 영적 증상에 대한 병약한 근심에 그리고 우리의 영적 식이 요법에 대한 귀찮을 정도의 꼼꼼함에 전념하도록 만든다. 반면에 영적 건강은 육체적 건강과 같이 자체의 능력을 사용하는 가운데 그 스스로를 잊어야 하고, 건강이 주어진 모든 것 위에서 잘 자라야 한다.

그리고 이것은 사랑보다는 단순한 느낌으로서의 믿음에 보다 적용된다. 우리 자신 안에 간직될 필요가 있는 마음의 상태로써의—즉, 은혜는 하나님이 심고, 공로는 하나님의 구원의 수단이며 이것 없이는 어찌하든 우리의 잘못이 된다는 마음— 믿음의 요구는 사람으로 하여금 항상 자신의 영적 박동 소리에 손가락을 대도록 한다.

하나님으로부터 떠나 우리 자신에게로 향하며 우리가 믿어야 할 외적 대상으로부터 떠나 단순히 느낌으로서 주장되는 믿음의 내적 상태에게로 우리의 눈이 바뀌는 순간, 믿음은 윤리적이고 영적 의미에서 어떤 실제에 대한 확신이 되기를 멈추고, 오직 고양된 감정, 부추겨진 신앙 고백 그리고 억압된 지적 확신의 혼합물이 되며 이로써 도덕적으로 불신실하고 신앙적으로 비현실적이 된다.

올바른 출발은 믿음 자체와 관계를 갖는 감정으로서의 믿음이 아니라 하나님을 의지하는 신뢰로서의 믿음이다. 오직 믿음이 한 대상에서부터 일어나고 그 대상이 신념을 억제하는 때만, 이는 참으로 믿음이며 반면에 믿음이 우리 자신의 노력에서 오는 정도만큼, 더 작은 믿음이 된다. 믿음의 대상을 묵상하며 신념이 우리를 억제하고, 또 우리가 이를 억제할 필요가 없는 그때만이 믿음은 참이다.

믿음이 우리에게 참된 것이란 인상을 심어주기까지가 아니면 우리는 어떤 것을 믿을 권리를 갖지 않는다. 그 대상 자체에 반대되는 방향으로 우리에게 인상을 심어주려는 것은 진리가 모든 올바른 도덕적 동기의 기초이며 현실은 모든 신앙적 승리의 보장(保障)임을 잊는 것이다. 참된 믿음은 간단히 오직 진리에 대한 믿음이다. 왜냐하면, 믿음은 이것이 참된 것임을 우리에게 설득시키기 때문이다.

믿음이 오직 올바른 출발이 되는 때는 이것이 하나님의 우리를 향한 은혜로운 관계로 인도되고 또 하나님을 향한 우리의 은혜로운 관계에 대한 모든 의문으로부터 벗어날 때다. 가장 큰 것은 여전히 사랑이다.

그리고 사랑이 가장 크지 않는 믿음은 없지만 믿음이 관계를 갖는 것은 사랑이며 이는 이 땅의 목적으로서의 그리고 역시나 하나님의 마음 안에 있는 감성으로서의 사랑이다. 이는 믿음으로 불리며 지식이 아니다.

이는 믿음이 그 자체에 대한 현실의 증언으로부터 더욱 독립적이기 때문이 아니다. 하나님의 목적이 되는 현실, 즉 우리가 알다시피 이것의 수용은 세상에서 그리고 사람들 사이에서 말하는 그 증거를 받아들임에 대한 필요한 조건이기 때문이다. 간단히 말해서 믿음은 다른 지식 그 이상으로 내적 신실성에 달려있는 까닭이다.

그렇지만 이런 인격적 필요는 믿음을 단지 천국에 있는 추상적 감정에 대한 주관적 반응으로 만들지 않는다. 믿음은 여전히 우리가 보는 것이 참된 것이며 이런 인격적 조건은 한 인격적 실제를 보는 올바른 길에 오직 관심을 둔다.

믿음이 확신하는 바는 우리의 모든 복이 달려있는 세상의 실제적인 질서는 우리가 사랑으로 부르는 현명하고 거룩한 선의 본질에서 나온다는 점이다. 실제 곧 궁극적인 교제의 말씀이며 궁극적인 능력의 말씀이 되는 바를 주장하는 것, 이는 참된 것이거나 혹 가장 광범위하게 오해의 소지가 있는 미혹 중 하나일 것이다. 최종적 실제의 본질에 믿음이 확증하는 사랑의 법칙에 관계를 갖는 것은 사실 혹 허구 중 하나이며 그 사이는 아무것도 있을 수 없다.

이런 방식으로 믿음을 시작함으로 우리는 세상의 복된 의미로, 사회의 복된 질서로, 또 하나님 나라의 복된 복지로 하나님의 사랑을 시작한다. 그때만이 우리는 사랑이 도덕적 일에 대한 대체물이 아니라 모든 범주의 행동과 가장 높은 동기를 위한 포괄적인 이름인 것을 알게 된다. 믿음은 사랑으로 말미암아 일한다. 그러나 이는 하나님 통치의 실제로서의 하나님 사랑이며 최상의 상태에서조차도 우리의 사랑은 아니다.

우리가 믿는 바 하나님은 사랑이며 우리가 이를 뒤집어 사랑이 하나님이라 말한다. 어떤 약점 가운데서 그 사랑이 우리를 대할지라도 이는 전능성의 힘을 행사한다. 우리의 통찰을 통해 이것을 보는 것이 믿음을 갖는 것이며 이를 보았던 자는 다음과 같은 사실을 아는 것에서 복을 받는다.

즉, 그가 의식하는 모든 실제는 선을 위한 자신의 힘 가운데 있고, 그가 믿음 가운데서 잘못됨이 없이 자신을 인도할 수 있는 모든 이상(理想)은 자신의 찾음을 위해 있으며 또 하나님의 모든 통치는 모든 갈등 가운데서도, 그를 위해 성령 안에서 의와 평강과 희락의 나라이다.

만일 이것이 하나님의 우리를 향한 은혜로운 관계의 뜻이라면 질문이 생긴다.

우리가 이를 신뢰할 수 있는가?
또한, 이 의미는 우리는 이것이 참된 것을 알 수 있는가?
이것이 답해질 수 있는 것은 오직 믿음을 통해서이다!

그리고 믿음은 그 자체의 축복이 이런 성질의 실제 가운데 있으며 사랑이 경험으로 말미암아 그 자체의 호소력이 되고 그래서 스스로 증거가 되었음을 본다.

제5장

믿음 그리고 불신
(Faith and Unbelief)

　믿음이 옛 미약(媚藥)이나 현대 예방 접종처럼 약 혹은 믿음의 묘약(妙藥)으로 주어진 확신의 느낌으로 간주되는 때, 의심과 질문은 믿음의 역사에 죄된 장애물이 되는 까닭에 억제되어야 한다. 이것은 의심과 질문이 낳는 고통스러운 딜레마를 만든다. 우리의 죄인됨을 이유로 하나님이 우리에게 믿음을 주지 않았기 때문에 우리가 믿음을 갖지 않는 한 죄로부터 피할 수 없다는 점 때문이다.
　이런 상황을 극복하기 위한 통상적 방식은 믿음을 소유한 것에 대해서 고양된 표현을 통해 확신의 느낌을 불러일으키는 일이며 이를 위해 많은 찬송가의 도움이 필요하게 된다. 하지만 자극은 비현실적이고 비현실의 원천인 관계로 인해 곧 사라지고, 확신의 느낌은 모든 과정이 단지 자기 암시라는 의문으로 바뀌게 된다.
　그러나 전적으로 하나님께 달려있는 평강은 우리 자신에게 의존하는 믿음에 달려있을 수 없다. 믿음은 하나님의 선물이며 믿음이 우리 자신에 의존하는 한, 환상이 되는 것은 믿음이 아니다. 하지만 이는 우리에게 강요된 확신의 느낌에 대한 있는 그대로의 설득력 있는 감정이다.
　진정한 믿음이 되는 것은 진리에서 오는 것뿐 아니라 진리로 말미암은 확신이 되어야 한다. 만일 우리가 믿음의 대상과 이처럼 관계한다면 의심과 질문이 필요하고, 우리가 그 대상의 증인만을 믿어야 한다면 진리는 무엇이건 간에 선할 것이라는 신뢰를 가지고 의문과 질문을 맞닥뜨릴 수 있게 된다.

특히, 우리는 하나님을 구하는 데 이런 신뢰를 가져야 한다. 왜냐하면, 분명히 하나님은 어떤 증거 없이 떠난 법이 없었기 때문이다. 이 증거를 통해 하나님은 믿음을 주시되, 마치 어떤 자가 우리로 자신을 믿게 만드는 것처럼, 전적으로 신뢰할 만한 우리와의 모든 관계에서 하나님 자신을 보임으로써 그리한다. 따라서 특별히 그리스도인에게 예수 그리스도께서 해석하는 바의 생명을 뜻하는 것은 총체적인 계시로 인해 해석되는 생명에 대한 모든 증거로 말미암는다.

이런 믿음의 선물로 인해 우리는 도덕이라는 유일한 종류의 독립성, 즉 오직 현실의 증거를 통해서만 우리의 신념을 결정하는 권리와 의무를 갖는다. 하지만 이것으로 인해 우리는 여전히 불신앙의 죄를 가질 수 있다.

그렇지만 이는 우리로 믿도록 강요하지 못하게 하는 것이 아니라 그렇지 않을 때 믿음을 강요하려는 간청을 막는 것이다. 우리의 그리고 현재의 인간 사회라는 세상 가운데 사랑이 실제로 최종적 명령, 최상의 안전함, 마지막 능력의 말씀으로 나타난다면 우리는 어떻게 인간이 믿는 것을 지속할 수 있는가를 물어야 한다.

즉, 최종적 명령이 진리와 정의를 희생할지라도 타협이 되는가?

최상의 안전함이 단 하나의 고귀한 목적을 떠받들지 못해도 부(富)가 되는가?

마지막 능력의 말씀이 의를 세우는 것과는 전혀 동떨어진 것임에도 군대와 전함이 되는가?

만일 소유와 쾌락 가운데 믿음이 지속적으로 부패하다면 어떻게 우리가 그 안에서 살아남을 수 있는가?

만일 분개함과 쓰디쓴 경쟁이 인생 비극의 주된 요인이라면 어떻게 우리는 복 받은 길로써 이것들을 품고 있을 수 있는가?
만일 사악함이 비참함과 약점이라면 어떻게 우리는 분명 고통을 받을 쾌락을 부러워하며 또 분명 떨어질 능력 앞에서 흔들리는가?
그 이유는 너무나 많은 지적 독립도, 너무나 많은 도덕적 독립도 아니다!

반대로 우리가 우리 주위에서 용납되는 것으로부터 우리의 견해와 도덕적 판단을 취하는 한, 우리는 하나님의 세상과 하나님의 자녀 그리고 하나님의 나라를 믿을 수 없다. 여기서 겸손은 도덕적 피후견인으로 있으려는 기꺼움이 아니라 직접적인 하나님의 관심으로 우리에게 사람에 대한 무조건적인 용기와 독립성을 부여한다.

유일한 장애물은 불성실로 이는 사랑이 우리의 삶을 통해 우리 심령에 말을 걸 때의 사랑의 호소의 힘을 파괴한다. 그러므로 복음서에서는 위선은 유일한 죽을 죄이다. 왜냐하면, 이는 생명의 깊은 것들이 우리를 만지도록 허락함을 금지하며 그래서 하나님 진리의 영향을 피하는 가장 확실한 길이 되기 때문이다.

그렇다면 불신앙은 죄이다. 이는 우리가 스스로 믿도록 강요하거나 혹은 의심과 탐구를 억제하지 못하기 때문이 아니라 어떤 악한 의도를 가짐으로 인해 우리가 하나님께 하나님의 증인됨에 대해 불신실하기 때문이다.

이런 이유로 인해 불신의 악한 심령은 은밀한 행동보다는 깊은 도덕적 부패의 더욱 분명한 징후가 될 수 있다. 하지만 이는 우리가 직접적 목적으로써 우리 앞에 믿음의 창조를 세운다는 것을 뜻하지 않으며 또 우리가 의심, 비판 및 반대 의견을 억제함으로 믿음을 견지해야 한다는 것은 더욱 아니다.

가장 큰 도덕적 위험은 진리를 조작하려는 시도다. 그 일이 경건하게 행하여진다고 해서 그 위험은 결코 줄어들지 않는다. 만일 믿음이 그 자체의 인지 위에 있는 진리의 확신이라면 반계몽주의 및 소심한 선입관은 불신에 속하며 믿음에 속하지 않는다. 선입관으로써의 확신은 그것이 우연하게 옳을지라도 믿음의 확신은 결코 될 수 없다.

엄격한 의미에서 우리는 믿으려고 노력조차도 해서는 안 된다. 왜냐하면, 우리가 믿는 것에 우리를 확신시킬 전적 자유를 주었다 하더라도, 우리는 믿기를 피할 수 있는 어떤 것을 믿을 권리를 갖지 않기 때문이다. 역시나 엄격하게 말해서 우리는 사람으로 믿도록 권면할 권리가 없으며 또 대부분 그런 일반적 형식의 권면은 단지 진리의 불신뢰이며 진실성의 부인이다.

이는 진지한 자들에게 믿음은 불안한 긴장에 대한 자기 만족감이라는 고통스럽고 혼돈스러운 생각을 남겨 주며 관심을 하나님에게서 우리 자신의 마음 상태로 돌림으로 말미암아 참된 믿음의 기반을 약화시킨다. 빌립보 간수에게 주 예수 그리스도를 믿으라는 바울의 권면은 이 목적에 적합한 거의 유일한 구절로서 예배에서 많이 강조되었다.

하지만 바울이 예수의 이름이 어떤 의미도 전달될 수 없었을 그 당황스러운 이교도에게 단순하게 이 말만을 했다고 우리가 생각할 수 있을까? 믿음의 대상을 향한 바울의 가르침에 대해 누가의 요약 그 이상을 우리는 가지고 있는가?

누가가 바울이 행한 실제적인 방식에 대해 여러 가지 예들을 이미 보여준 것처럼, 그 믿음은 바울이 생각할 수 없었던 오도된 믿음일 수 있었다!

우리가 아는 바 사도 바울은 의와 다가올 심판에 대해 설명했다. 그는 도덕적 신실함 없이는 아무것도 할 수 없었던 것처럼, 이것이 그의 통상적인 출발이었다.

그런 다음 그는 삶에서 하나님의 선하심에 대한 사람들의 경험으로부터 논리적으로 접근했고 또 하나님 임재가 그들 심령 안에 있도록 경배 중에 그들이 하나님을 더듬어 찾는 것에서부터 접근했다.

끝으로 그는 믿음을 위한 예수 그리스도의 중요성에 대해서 논리적인 제시를 했다. 모든 것은 자신의 영혼과의 겸손하고 신실한 관계라는 분위기 가운데 놓여있고, 오직 이 안에서만 사람들은 자신이 믿어야 할 것들을 볼 수 있게 된다.

이와 비슷하게 예수께서 "회개하고 복음을 믿으라"(막 1:15)라고 말했을 때 주는 거기서 자신이 믿음의 대상이 되어야 할 화신이 되었고, 또 요구하기를 오직 주만이 합당한 인상이 되어 받아들여지도록 하고, 회개는 복음 그 자체의 증거가 되지 못하게 하는 외식을 단지 던져버리는 것이 되어야 함을 말했다.

사람으로 믿도록 청하는 것에 오직 하나의 바른 길만이 있으니, 그들이 믿어야 하는 바가 참되기 때문에 이를 사람 앞에 놓아두는 일이다. 또한, 설득에 대한 오직 하나의 바른 길만이 있으니, 참된 것을 제시하는 일이되, 어둠 안에 머물려는 욕망을 제외하고는 어떤 것도 보이는 것을 막지 않는 방식으로 되어야 한다. 사람을 돕는 것에 오직 하나의 더 나은 길이 있으니, 그들이 마음에 품고 있는 바가 믿음에 반하고 있음을 지적하는 일이다.

이 모든 것이 행하여졌을 때에도 여전히 필요한 인식이 있다. 즉, 믿음은 우리의 행위가 아닌 하나님의 선물이며 생명으로 인한 하나님의 진리의 계시에 속하는 것이다. 그리고 주장을 통한 우리의 자랑에 속하지도, 유창함을 통한 우리의 감명을 주는 일에도 속하지 않는다.

또한, 하나님은 하나의 성공을 이룰 수 있을 때까지 실패를 감내하려 할 때라도 사랑은 진리가 참인 것으로 보이는 이유만으로 진리에 대한 인격적 수용을 귀히 여길 수 있다. 매우 현실적 의미에서 우리의 모든 결점은 하나님의 실패이지만, 하나님이 자기의 실패를 허락하심은 단지 잘못의 교정 혹은 악의 억제 그 이상의 더 나은 성공을 얻기 위함이다.

자기 기만에 어떤 즐거운 요소가 없다면 죄 범함에 어떤 기쁨도 없는 것처럼 어느 정도의 외식은 모든 죄, 심지어 가장 공개적이고 노골적인 죄들에도 존재한다.

예컨대 어떤 자가 지속적 조직적으로 자기 상태에 대해 자신을 속이지 않고도 주정뱅이가 될 수 있는가?

난봉꾼이 자신의 승리를 자랑할 때에 자신이 참으로 어떤 자임을 스스로 말하는 것이고, 자신의 행위의 직접적 문제를 대면하는 것이거나 혹은 자기 눈에 먼지를 집어넣으려 하는 시도일 뿐이 아닌가?

그는 자신의 악랄한 이기심과 자신의 악행을 감추는 수모와 죽음을 직면하는 것이 아닌가?

하지만 가장 노골적이고 공개적인 악행조차도 자기 기만의 둥지가 되는 한, 외식의 위험은 죄에 대한 존경심과 함께 증가한다. 실제적인 허물의 필요는 전혀 없다. 왜냐하면, 모든 외식의 최대 맹점은 놀라운 영적 환상 곧 특권이 공로요 또 우리의 자만을 위한 정당한 근거이지, 도덕적 책임 그리고 겸손을 위한 정당한 근거가 아니라는 환상 때문이다.

그런 의미에서 교수 앤드류 B. 데이비슨(Andrew B. Davidson)이 "아마도 인류는 하나의 큰 바리새인"이라 말했듯, 불신은 인간 심령 안의 가장 보편적이고 뿌리 깊은 부패다. 믿음이 직접적인 목적이 되어 성취될 수 있는 도덕적 노력이 될 수 있기 때문에 불신이 비난받아야 되는 것이 아니다.

진리는 언제나 확신을 동반함에도 우리는 우리의 특권, 곧 자신의 자존심을 애지중지하고 또 자신을 위한 자기 기만의 증거 편지를 만들어 그 호소를 막으려는 우리의 특권을 사용하지 않았기 때문이다. 빛보다는 어둠을 사랑하므로 인간적인 회복의 소망조차도 없는 곳에서 우리의 삶이 끝날 때까지는 그리할 것이다.

제6장

그리스도에 대한 믿음
(Faith in Christ)

만일 하나님이 우리를 위해 정하신 모든 것, 우리에게서 요구하시는 모든 것 그리고 우리와 함께 뜻하신 모든 것에 대해서 우리의 신뢰에 걸맞은 하나님을 보여 주는 수고를 함으로써 참된 믿음을 주실 수 있다면 믿음의 질문은 어떻게 하나님이 그 자녀에게 자신을 나타내는가 하는 질문, 곧 한마디로 계시의 질문이 된다.

하지만 우리가 더 이상 무오류성을 믿지 않는다면 계시는 무엇을 뜻하는가?

우리 시대의 연구결과는 특별히 두 가지 난제를 제기했다.

첫째, 우리가 진화와 진보 그리고 지식의 발전을 믿는 때에 어떻게 우리가 역사적 계시를 믿게 되는가?

둘째, 이 지식의 발전이 우리로 다른 옛날의 책들처럼 동일한 방식을 통해 성경을 공부하도록 하지 않았는가?

성경이 옛 책들처럼 같은 식으로 쓰였으며 또 저자, 원천, 신화, 전통에 관해 동일한 어려움을 보여 주는 결과를 가진다는 점에서 그렇다.

그렇다면 어떻게 우리는 성경을 여전히 하나님의 말씀이라 말할 수 있는가?

계시의 경우, 하늘에 계신 하나님의 생각에 대해 하늘로부터 명해지고 또 단지 서기관으로서 영감된 저자에 의해 전달된 말씀이라는 의미에서 과학과 비평 같은 것은 거의 여지가 남아 있지 않는다. 많은 자에게 이것은 쓸쓸한 상실감을 준다. 그들은 묻는다.

"우리가 더 이상 문자적으로 영감된 오류가 없는 경(經)을 믿을 수 없다면 어떻게 우리가 신적인 것과 단지 인간적인 것을 구별할 수 있는가?"

그 이유는 그들이 직접적인 전능성의 역사로서의 은혜의 개념에 여전히 붙들려 있음이다. 왜냐하면, 이것이 하나님의 일하신 방식이라면 하나님은 단순히 자기의 불가항력적인 힘에 따라 행하지 않고 있는 것으로 이는 하나님이 인간의 잘못과 제약을 허락하심으로 자기 계시의 완전성을 막고 있는 까닭이다.

더욱 인격적인 까닭에 더욱 오래 참는 은혜에 대한 다른 견해 위에서만 우리가 알 수 있는 것은 고도의 노력과 광범위한 갈등 가운데 특별한 신실함으로 인해 세상에서의 하나님의 목적을 이해했던 사람들의 살아 있는 경험이 단순히 영감된 펜보다는 훨씬 신적인 도구가 될 수 있다는 것 그리고 이것이 우리를 향한 그 자체의 경험을 해석한 것처럼, 과거의 무오류성의 증거가 결코 누릴 수 없는 안전함을 가진다는 점이다.

이스라엘의 선지자들은 하나님으로 인해 붙들림 되어 취하게 된 어떤 몰아지경(沒我之境) 가운데 그들의 해방은 미혹된 소망이었음을 예언했다. 많은 책이 여러 사람에 의해 쓰였다. 이들은 자신이 어떤 역할도 갖지 않으며 오직 이들 마음에 부어지는 것을 자신의 것이라 조금도 생각하지 않고 써내려 갔으며 자신은 무가치한 자라 생각했다.

거룩한 것이라 여겨진 모든 글에는 단 하나라도 그런 주장은 없다. 이들이 몰아지경에 적게 있을수록 영적 가치가 있었다. 만일 선지자들이 때로 그런 붙들림 아래에 있다고 생각했다면 그런 상태에서는 전혀 쓰지 않았고, 다만 자신의 메시지를 생각한 후에 유창함과 시가서(詩歌書)가 되도록 했다. 신약 저자 누구도 그 글에 어떤 정도든 간에 몰아지경의 영감을 주장하지 않는다. 말해왔듯이 다른 영역에서 위대한 모든 것이 그러하듯, 더 높은 신앙에서의 창조는 오직 깨어난 마음과 그 일을 향한 의지로 성취되어 왔다.

한마디로 계시에는 어떤 제약도 있을 수 없다. 왜냐하면, 하나님이 모든 사람을 어느 곳에서나 자녀로 다루신다면 어느 곳이나 그리고 모두에게 하나님은 자신을 계시하기 때문이다. 특히, 경험의 기록으로써 모든 역사(歷史)는 계시가 되며 이는 하나님의 목적에 대한 성전이 되는 것이지 단지 골동품의 박물관이 아니다.

하지만 보통 이해되는 계시는 자신의 마음에 대한 하나님의 나타남보다 더 많이 관계되며 우리 마음 안에 있는 오해의 불식(拂拭)을 다룬다. 만일 하나님이 그 능력을 드러내는 것뿐 아니라 그 자녀가 자신을 이해하기를 구한다면 또 하나님이 인격적으로 이해되기를 원하는 인격이라면 우리와 하나님의 빛 사이에 낀 구름인 우리의 무지와 맹목과 고집을 다루는 것은 현저하게 계시라 불릴 만하다.

만일 하나님의 말씀이 영감된 것으로 우리로 하나님의 간청에 마음 문을 열도록 불어넣는다면 이는 화해하는 것으로 인정되는 것이지 알리려는 것이 아니다. 그 말씀이 우리로 세상에서 하나님의 뜻을 수용하도록 만들고 또 그 사랑의 한량없는 요구에 복종하고 또 하나님의 의의 통치 안에서 평강을 찾도록 만들 때만이 그 말씀은 우리가 하나님을 알고 있음을 알도록 만든다.

이 계시의 대리자가 선지자다. 하지만 그는 신적 영감의 압력과 영향으로 인해 신들의 신탁에 대한 베르길리우스의 사진에 있는 이방인 점장이 같이 수동적으로 복종하는 것으로는 선지자가 아니다. 그가 선지자가 됨은 다른 무엇보다 삶과 의무에 강렬하게 깨어 있기 때문이다. 그의 준비는 충성과 도덕적 통찰이며 그의 소명은 엄중하고 두려운 사건의 도전을 통해 자신에게 부과된 위대한 과업에 대한 인식이다. 만일 그가 직접적인 전지성의 말소리에 대한 수동적 도구만이었다면 그의 말의 지속적인 가치는 절대적 정확성과 인정된 저자에 대한 증빙에 달려있었을 것이다.

하지만 사람 가운데 그 자신의 삶을 위한 하나님의 뜻의 적극적인 해석으로 말미암아, 그의 말은 그 자체의 증거를 남기며 이는 우리의 삶과 사회를 위한 하나님의 뜻의 계속적인 해석으로 말미암는다.

심지어 이 화목하는 자들의 의미에서 세상의 시작 이래 선지자들이 있어왔고, 또 초기 그리스도인들은 그 이름을 고귀한 이교도 철학자들에게 적절히 부합시켰다. 하지만 화해의 역사는 너무나 지극하게 히브리 선지자들의 계통에 있어서 우리로 그들 사역에 대한 생각에서 다른 모든 기여를 포함하게 만든다.

화해에 대한 그들의 이해는 하나님 마음을 이해한 바, 그 마음은 다른 견해들을 뛰어넘는 까닭에 주로 예비함과 근사치로써 그들에게 관심을 준다. 이는 마치 위성들의 타원궤도의 발견이 다른 모든 것을 낡은 것으로 만든다는 점에서 하나님 마음의 발견인 것과 같다. 예수가 완전한 화목케 하는 자로 왔을 때에 그들의 일은 역시나 예수의 일에 수렴되고 또 그는 예언의 주된 주춧돌로서 선지자들의 주가 된다.

그러므로 우리는 우리의 관심을 예수께 둘 수 있고, 또 우리의 확신할 수 있는 바는 만일 우리가 예수 그리스도의 믿음에 대한 난점을 제거할 수 있다면 계시에 관한 다른 난점도 대처할 수 없는 것이 아니라는 점이다. 예수를 계시에 대한 이 중심적인 의미로 보지 않는 자들도 인정하는 것은 우리가 문제의 어려움들을 찾기 위해 들로 나아갈 필요가 없다는 사실이다. 왜냐하면, 그들이 일반적으로 계시에 대해 난점들을 찾았다면 그들은 특별하게 예수에 대해 더 많은 것을 여전히 찾고 있기 때문이다.

만일 믿음이 현재 하나님의 우리를 향한 은혜로운 관계와 특별히 우리의 일상의 일과 시험에서 축복을 주는 화해와 관련이 있다면 비록 우리가 하나님은 어떤 분이었으며 무엇을 말했고 행했는지를 정확하게 알고 있음을 확신해도, 이것이 오래전에 살았고 또 책에서만 지금 우리를 만나는 어떤 사람과 무슨 연관을 가질 수 있는가?

하지만 게다가 우리가 본 것만을 참된 것으로 믿는다면 어떻게 우리가 그 한 분을 믿을 수 있겠는가?

그의 인격을 두고, 너무나 많은 것이 달려있다고 생각되는 까닭에 그런 격렬한, 혼돈스러운 및 결론 없는 논쟁이 있어 왔고, 또 그 삶과 가르침이 전승으로 그렇게 다양하게 전수된 것을 두고, 그가 정말로 실존했는가를 의심하는 것―설령 이것이 엉뚱한 짓이라 해도―도 가능했었기 때문이다.

예수에 대한 믿음은 바로 망설여지는 가정, 일종의 지적 모험 그 이상일 수 있으며 신앙의 최고의 도움이 아닌 신앙이 지닌 무거운 짐이며 도달하기에는 너무나 어려운 목적, 승리를 얻기에는 너무나 마지막 승리일 뿐인가?

마지막으로 우리가 이처럼 힘들게 그리스도에 대한 신앙을 얻었다면 이는 실제로 하나님에 대한 신앙과 관련이 있는가?

이는 차라리 하나님 신앙에 더해진 어떤 것이 아닌가?

많은 자의 마음에 하나님 신앙을 대체하는 어떤 것이 아닌가?

그리고 그 신앙의 가장 견고한 근거와는 거리가 멀지 않는가?

그 어려움들이 사실적, 실체적, 상상적이지도 않으며 단지 이론적이라는 것은 부인될 수 없다. 그리스도에 대한 믿음은 너무나 자주 다음 두 가지로 생각되어 왔다.

첫째, 곧 살아 있는 하나님에 대한 믿음에 짐스런 부가물

둘째, 또 이를 위한 갈피를 못 잡게 하는 어떤 대체물

그리스도에 대한 믿음이 하나님 믿음에 짐 같은 부가물이 된다고 생각되는 때는 그리스도인이 아버지가 그리스도 안에서 이 덧없고 악한 세상 한가운데서 그 자녀를 자신과 화목케 함을 발견했던 자라고 생각할 때가 아니라 오히려 그리스도의 삶에 대한 어떤 사실들을 받아들이고 또 그의 인격에 대해 어떤 이론들을 붙드는 자라고 생각할 때다.

이론들은 하나님의 사랑의 뜻을 아는 지식 가운데 개개 영혼에게 도덕적 독립성을 주는 계시가 아니라 교회적인 비밀들로 사용되었다. 왜냐하면, 그런 믿음은 공식적 권위가 명한 것을 거절하지 않는 방식으로 지탱될 수 있음을 아는 까닭에 그런 비밀들의 소유를 통해 교회는 그 지체들을 지적이고 심지어 도덕적인 제자화로 묶어둘 필요가 있기 때문이다.

살아계신 하나님에 대한 이런 부가적 믿음은 그러면 믿음의 대체물이 되며 그래서 구원 얻으려는 자는 누구도 그들의 비밀스러운 세부 사항들을 갖는 이런 교리들을 거절하지 않아야 하고, 그래서 그리스도를 믿는 것은 단지 암호가 되어, 우리가 영원의 문을 두드릴 때에 하나님이 이를 존중할 것이라 생각되기에 이른다.

인류는 참된 믿음에서부터 빗겨가는 길만을 너무나 잘 예비한다. 그들은 그리스도에 대한 믿음 어느 것도 주가 의미하는 것들에 대한 믿음만큼이나 어렵다는 것을 알지 못하며 혹은 구원의 길 어느 것도 그들로부터 해방되었던 주의 길만큼이나 힘들다는 것도 알지 못한다.

구원 얻는 믿음이 다음의 경우, 즉 생명의 제약성에 대항하는 우리의 본능적 반역을 충족시키는 것, 또 어떤 양심적인 것의 대가로 편안함 가운데 살아감을 추구하는 것, 인격적 유익 위에서 의심적은 타협과 관심의 비용을 지불하고 물질과 명성의 사람으로 자신을 유지하는 것, 우리 자신의 안전을 위해 비록 이기적으로 모은 것이지만 은행 계좌에 우리가 먼저 의뢰하는 것, 나라의 위대함을 위해 어떤 의의 대가에도 불구하고 대포알에 의뢰하는 것 등에 모순되지 않는다면 그 믿음은 육적 인간에게는 강한 매력을 발휘하지 않을 만큼 정말로 매우 어려운 조건들을 가질 필요가 있을 것이다.

이 믿음 역시 하나님의 은혜에 대한 믿음이다. 하지만 이는 전능성의 행위이지 하나님이 우리와의 모든 관계에서 인격적인 하나님의 나타남으로써가 아니다. 그리스도 자신은 이 전능성의 성육신으로 생각되며 또 복종으로써의 그에 대한 믿음은 신비한 능력의 발산을 요구한다.

이것은 성령의 동행이라는 가르침에서 분명한 바, 성령의 인격은 그리스도의 삶과 우리의 삶 양쪽에게 상당한 비인격적 사역들을 불러오는 도구로 사용된다. 이 사역들은 지배적인 힘이 되어, 우리에게서 그리스도의 삶과 우리의 삶과의 도덕적 관계를 요구하는 것이 아니라 그 삶들의 모든 방식에서 범신론적인 힘이다.

예컨대, 사람의 기여가 그들이 경험했고 숙고했던 것 같은 것을 제외하고는 전혀 인간적 가치에서 나올 수 없을 때 사람은 그들 자신의 모든 마음의 생각을 비워서 성령으로 충만하라는 권면을 받거나 혹은 병자가 의술 혹은 상식을 이용함이 믿음 없음을 확신한다. 또한, 치유하는 성령의 내주를 신뢰하라는 말을 들을 때 인격적 하나님의 개념은 전적으로 사족에 불과하다.

후자의 경우, 이는 영적 치유의 경우를 제외하고는 상당히 대놓고 거절되며 '행함에서 나오는 것'(*ex opere operatum*)은 역시나 무관(無關)하다. 성례 가운데 살아 있는 불멸의 치유약으로써의 하나님의 성령은 인격일 수 있지만, 그렇게 생각하는 것은 그 효과에 있어서 우리의 믿음에 아무것도 더 하지 않을 것이다. 하나님의 인격은 믿음으로 인한 어떤 결과에서 연유하는 것으로 우리의 전적 본성과 관계하는 교제 가운데 나타나야 하되, 이 교제는 은혜의 역사 안에서 뿐 아니라 도덕적 방편을 통해서 그리고 도덕적 목적을 위해서이다.

이 교제가 의미가 있기 위해 그리스도는 우리 심령의 아버지를 향한 우리의 완전한 관계를 드러낼 것이되, 삶의 시험, 불의 및 갈등 가운데서의 축복을 통해서 그리할 것이며 이는 우리 심령에게 하나님으로부터 오는 모든 것을 드러내기 위함이며 우리에게 육체적뿐만 아니라 지적인 우리 삶의 실제적인 조건 가운데 우리가 어떻게 완전한 의 안에서의 완전한 축복인 하나님의 나라 안에 머물 수 있는가를 보여 주고자 함이다.

하나님 능력의 발로(發露)가 없이는 아버지의 계시가 될 수 없다. 또한, 그리스도의 삶에 전능성 혹은 전지성 어느 형식으로 하나님의 능력을 소개함은 우리 갈등의 땅에서부터 예수의 생명을 단지 제거하는 일일 뿐이다.

예컨대, 어떤 인간의 실제가 그리스도의 고난 가운데 남겨질 수 있어, 우리가 버려졌다고 느낄 때조차도 우리로 "나의 하나님, 나의 하나님" 하고 말하게 할 수 있게 하며 또 고어(Gore) 박사가 가정했듯 만일 예수가 전날 밤에 그 영광의 육신을 미리 예상하고 성만찬을 행했다면 홍수가 우리의 혼을 넘쳐흐르듯이 우리의 심령을 우리의 아버지께 맡길 수 있겠는가?

그런 견해는 우리 인간성 안의 계시가 우리의 연약함에 대한 단지 비하일 뿐이며 또 그 비하가 진지하게 받아들여진다면 이는 어떤 의미도 갖지 않을 것이란 생각에서 나온다. 왕이 거지의 넝마를 입고 자신을 가리지만, 그가 여전히 속에 입은 자신의 옷이 숨겨지지 않는다면 왕이다.

비록 하나님이 이처럼 은혜스럽게 우리의 인성으로 비하했을지라도 주는 자신 안에서 매우 다르며 그에 대한 참된 계시는 영광으로 말미암은 것이지 섬김이 아니다.

만일 하나님이 아버지로서 적절한 현현(顯顯)을 가질 수 없는 것처럼 그 자녀들도 그러하다면 모든 삶의 근신을 수용하고, 삶의 모든 요구를 부응하며 모든 하나님의 자녀를 사랑 안에서 다루며 또 의와 심지어 죽음에 복종함으로 영락없이 평강을 만드는 한 분을 넘어서는 우리가 무엇을 구할 수 있단 말인가?

무엇보다 우리가 확증하듯, 우리 자신의 실패 가운데서도 이 나타남이 우리로 만사에서 우리를 향한 하나님의 은혜로운 인격적 관계를 깨닫도록 만든 때, 이것이 현현이다.

이런 이유로 그리스도에 대한 믿음은 우선적으로 주가 성경 안에서 혹은 교리 안에서 우리를 만나는 때가 아니라 삶 가운데서 우리를 만나는 때다. 그리스도가 굶주릴 때에 아버지의 복 받은 자들이 그를 먹이며 그가 벌거벗으면 그들이 그를 옷 입히며 그가 아프고 옥에 갇히면 그들이 그를 문안한다.

우리가 주를 만나는 때 우리 형제 안에 있는 살과 피 가운데 주를 대하듯, 우리가 주의 온유함, 순전함, 진리, 거룩함의 능력을 즐거움과 부와 외적 존귀라는 실제적인 주장 가운데서 인식하는 것 같이, 주에 대한 우리의 살아 있는 믿음도 마찬가지다. 예수는 묻는다.

> 너희가 서로 영광을 취하고 유일하신 하나님께로부터 오는 영광은 구하지 아니하니 어찌 나를 믿을 수 있느냐(요 5:44).

이 질문이 의미하는 바대로 우리가 다음과 같은 두 가지의 모순되는 믿음을 합칠 수 있는가?

첫째, 곧 삶의 가장 높은 선의 믿음
둘째, 최종적 안전이 되는 것의 믿음

같은 견해를 취한 야고보는 다음과 같이 묻는다.

"어떻게 사람들을 '외모로 취하여' 그리스도의 믿음을 붙들 수 있는가?" 외모를 취함은 문자적으로 '하인 근성'이란 뜻이다!
간단히 말해, 우리가 주를 옆집 이웃 가운데 있는 것으로 인식하지 않는다면 복음서에서 심령이 온유하고 가난했던 그리스도를 찾는 것의 선이 무엇이겠는가?

우리가 거기에 계신 주를 믿을 때까지 우리는 다른 어떤 곳에도 아마도 주를 믿을 수 없을 것이다.

이처럼 우리가 삶에서 예수를 믿은 후에 주의 역사와 주의 인격 양자에 대한 많은 지적인 질문들이 있을 수 있다. 하지만 우리가 생각할 바는 우리의 믿음이 우리에게 그런 질문들을 침묵시킬 권리를 주지 않는다는 점이다.

이 믿음은 복음서 안에서 어떤 말씀들이 진짜인지, 어떤 기적들이 기적을 행하는 자에 대한 찬양과 관계되지 않을 수 있는지 혹은 어떤 형식으로 우리가 그리스도의 성품을 표현해야 하는지를 결정할 수 없다. 믿음 없이는 누구도 이런 질문들에 올바로 답할 수 없을지라도 그렇다.

하지만 우리가 삶에서 예수를 믿고 그분이 하나님에 대한 우리의 믿음의 힘인 것을 발견할 때, 많은 지적인 질문이 여전함에도 불구하고, 신앙적 난점들은 사라졌을 것이다.

삶의 가장 힘든 약속들과 가장 엄격한 요구 가운데서 하나님의 사랑을 드러냄으로 말미암아, 우리의 죄들과 약점들을 들어 올려 하나님의 연민과 용서로 돌림으로 또 그렇게 하나님의 사랑으로 그 무한한 자격 요건과 무한한 도움 안에서 우리를 만짐으로 말미암아, 또 흑암의 나라와 권세를 대적하는 우리의 모든 피곤한 싸움 가운데 우리에게 평강의 영을 줌으로 말미암아, 예수는 우리로 하여금 삶의 전반을 통해서 하나님의 총체적인 간청에 마음 문을 열도록 만든다.

마치 명백한 하나님의 임재만이 우리의 마음 문을 열도록 하는 것과 같다. 다른 어느 곳도 아닌 여기서 우리는 약한 것들이 강한 것이며 결국에는 폭력이 아닌 사랑의 것들이 이기는 것을 발견하게 되고, 그래서 진정으로 믿음이 될 수 있는 유일한 방식으로 말미암아 우리는 믿는다. 왜냐하면, 주 안에 있는 사랑의 온전한 나타남 가운데 우리는 우리의 참된 축복이 사랑 자체의 증거임을 보기 때문이다.

이제 우리가 알 수 있는 바는 왜 성경 저자 누구도 예수에 대한 믿음이 하나님에 대한 믿음의 대체물이며 혹은 이에 대한 가중된 부담이며 심지어는 이에 대한 어떤 추가이다. 혹은 이 믿음에 대한 최고의 도움을 제외한 어떤 것이 될 수 있었음을 꿈꾸지 않았다는 것, 또 왜 이에 대한 모든 말씀이 우리 주 예수 그리스도의 하나님 아버지 안에서 낯설고, 새롭고, 전염성 있는 기쁨으로 설렜는가 하는 것이다. 또한, 왜 십자가가 연약함으로 인해 입게 된 단지 패배의 고뇌가 아니라 죄와 슬픔에 대한 승리였는가 하는 것이다.

우리 주 예수 그리스도의 은혜는 하나님의 계시하는 이름 가운데 놓여 있다. 이는 때때로 말해지듯, 그리스도에 대한 믿음이 하나님에 대한 믿음의 첨가물이며 그의 추종자들이 그를 안에 받아들이기 위해 그들의 하나님의 개념을 깨트려야 했다는 것 때문이 아니라 그 반대의 이유, 즉 그들에게 하나님의 개념이 깨졌고 또 그가 이를 온전케 했기 때문이다.

그들은 이 세상에서 자신들이 경험한 하나님을 자신들의 심령의 가장 깊은 경험에서 나오는 하나님과 전혀 연합시킬 수 없었다. 그들의 영혼 갈등이 그들에게 임했음은 그들이 선지자들의 참 자녀가 되기를 계속했기 때문이었다. 선지자들은 밖의 어떤 고통 혹은 안의 어떤 의심에도 불구하고, 세상의 하나님과 심령의 하나님을 하나로 끌어들이는 노력을 포기하지 않았던 자들이었다.

구약이 여전히 우리 심령에 말을 거는 이유는 이것이 한 분 하나님을 찾는 이 최상의 연구가 지적 개념으로써가 아니라 우리의 모든 삶을 하나로 연합시킬 수 있는 도덕적 승리이기 때문이며 또 이것이 우리에게 주는 것은 확신으로 인해 이런 방식으로 하나님을 찾는 자들은 그를 보리라는 것 때문이다. 어떤 선지자도 결코 얻지 못했고, 역시나 어떤 선지자도 안주하지 않았던 것은 다른 종교들에서 발견되었던 어떤 쉬운 해법들에 대한 만족함이었다.

경배의 한 하나님과 행위의 또 다른 하나님이라는 이원론 가운데서 혹은 쉽지만 그러나 소망 없는 세상적인 것의 연합 가운데서 혹은 몰아지경의 신앙 가운데 살려고 힘쓰기 위해 더욱 어렵지만 실제로는 더 많은 승리를 주지 않는 세상을 포기하는 연합 가운데서 그 누구도 결코 평강을 구하지 않았다.

구약의 성도가 '주여, 우리에게 주의 구원을 보이소서'라고 기도했을 때에 그들이 뜻하는 것은 '우리를 도와 우리의 눈을 주위의 소용돌이와 혼돈에서 피하게 하소서'가 아니라 '우리를 도와 우리 영혼의 적뿐만 아니라 앗수르인을 대면케 하소서'이다.

마지막까지 이는 고통스럽고 의심스러운 갈등을 낳았다. 이런 갈등 가운데 사람들은 어찌하든 결국에는 이 세상이 오직 인간 정의의 원리 위에서 해석되리라는 소망에 의지하는 위험에 항상 처하게 되었다. 하지만 만일 당신이 시간을 두고 본다면 악인의 이름이 썩고 또 의인은 절대로 버려지지 않으며 혹은 그들 자녀들은 먹을 것을 구걸할 정도로 낮아지지 않음을 보여 준다.

그럴 때 그들은 한 분 하나님을 찾는 참된 길로의 복귀를 명 받게 된다. 이는 하나님의 위대함 앞에서 침묵으로 끝나는 욥기와 같은 큰 신앙적 책을 통해서뿐 아니라 전도서의 비관적인 목소리를 통해서이다.

오직 우리가 이 세상 가운데 하나님에 대한 우리의 경험 그리고 양심의 통찰과 심령의 열망 가운데 하나님에 대한 우리의 경험 간의 이 쓰디쓴 적대감을 깨달을 때에만, 우리는 하나님의 우리를 향한 총체적인 은혜의 관계 안에서 우리의 믿음을 위한 최상의 의미를 깨달을 수 있게 된다. 그 관계 안에서 우리 주 예수 그리스도의 은혜 혹은 은혜로움이 밖에 있는 하나님 사랑과 안에 있는 성령의 교제 사이의 중항(中項)이 되었다.

나중에 우리는 전능성의 역사로 보는 은혜의 개념을 통해서 이 하나님의 이름을 아버지, 아들 그리고 성령으로 해석하기 위해 많은 시도를 하지만, 신약에서는 아니다.

신약에서 이 하나님의 이름은 우리의 안팎의 모든 경험 가운데 우리를 향한 하나님의 유일한 은혜스러운 관계에 대한 충만하고 완전한 표현일 뿐이며 아버지의 사랑을 통해 이 세상에서의 모든 것이 합력하여 선을 이루는 것을 확신하게 하며 우리의 참된 선은 성령 안에서 의와 평강과 희락이 되는 나라가 되게 만드는 것이다.

그럴 때에만 사람들은 하나님의 섭리를 값싼 낙관주의로 만들고, 하나님의 의를 이 세상과 타협하는 길로 또 다가올 세상에서의 변화된 조건의 일로만 만드는 유혹을 극복할 수 있게 된다.

하나님에 대한 믿음은 경험에서 나오는 의미와 내용에서 유래한다. 또 예수 그리스도를 통한 하나님에 대한 믿음은 삶에 대한 오직 합당한 관계를 통해서이다. 왜냐하면, 이것 뒤에 있는 하나님을 향한 오직 완전한 관계 때문이다. 우리는 이 세상을 떠나서는 하나님도 그 외 어떤 것도 알 수 없다. 하지만 반면에 우리는 하나님을 떠나서는 세상을 참되게 알 수 없다.

우리는 세상을 통해 하나님을 본다. 마치 우리가 육신을 통해 영혼을 보는 것과 같다. 그 유일한 이유는 육신이 영혼으로 말미암아 영향을 받지 않는다면 전혀 살아 있는 육신이 아니기 때문이다. 그럴 때일지라도 우리는 생각하도록 가르침을 받은 대로 알 뿐이다. 말하자면 우리는 안에 있는 그 영과 함께, 지식과 우정 사이의 지속적인 상호 작용을 통해 가르침을 받는 바, 이는 동일하게 계시와 화해라고 부를 수 있는 것이다.

만일 하나님의 본질적인 성품이 자기 자녀를 향한 이 인격적 관계를 갖는 것이라면 하나님은 자신을 향한 완전한 관계를 통해, 사람 가운데서 완전하게 살았던 삶 안에서만 나타날 수 있을 것이다. 만일 하나님의 사랑이 그의 외적 역사에 대한 가장 깊은 의미만큼이나 이처럼 가장 속 깊은 성품이라면 그것은 가능성 있는 유일한 계시일 터이다.

그래서 우리는 하나님을 오직 우리 인성의 제약으로의 비하 가운데 있는 오직 그리스도 안의 하나님으로만 생각해서는 안 된다. 그리스도를 통해서 우리는 산상수훈의 명을 좇아 생각해야 하는 바, 여기에는 하나님에 대한 모든 지식이 사람을 향한 올바른 관계를 통해서 달성되기 때문이다.

그리스도가 우리로 하나님의 자녀를 향한 이 은혜로운 관계를 얻을 수 있도록 돕기 때문에 우리는 어떻게 그가 아버지의 품에서 떠나 하나님을 선포하는지를 알며 또 어떻게 하나님이 예수 안에서 세상을 자신과 화목시키는지를 배운다.

이 현현의 마지막 승리가 십자가로 이는 하나님의 의의 나라의 섬김 가운데 평강의 왕의 죽음에 이르는 복종이다. 의를 위한 핍박, 심지어 수치와 고뇌에까지 이르는 핍박이 그의 대적들에 대한 오직 용서와 간구를 불러일으켰을 때에 이는 하나님의 무관심의 한 증거가 아니라 그의 사랑의 승리로 변하게 되며 이 승리를 함께 나눔으로 그 자녀는 모든 악에 대해 승리자가 된다. 하지만 우리가 이를 공유하는 것은 우리 역시 가르침 받았던 대로 슬픔과 함께 동정하고, 죄를 용서하며 그리고 우리를 대적하는 죄인들의 반박을 인내할 때뿐이다.

제7장

계시
(Revelation)

　예수 그리스도를 통한 하나님에 대한 믿음, 이는 하나님의 내어 줌에서 나오는 하나님 믿음이다. 하지만 하나님은 직접 믿음을 주실 수 없고 우리 자신의 인격적 확신을 통할 수밖에 없기 때문에 이는 어찌하든 중개되어야 할 필요가 있다.

　믿음이 전능성의 직접적 사역을 통해 전가되어 생명의 숨처럼 우리의 콧속으로 숨이 들어갈 수 있다면 믿음이 다른 어떤 거래에 의존할 필요가 전혀 없었을 것이다. 모든 형식의 역사적 계시는 특별히 하나의 무관함이요 짐이다. 왜냐하면, 하나님이 능력의 손가락을 통해 축복의 비밀인 믿음을 이식할 수 있다면 다른 도움들은 참된 원천의 머리로부터 관심을 분산시키는 것일 뿐이기 때문이다.

　만일 불가항력적인 힘으로 인해 모든 자가 주를 알도록 할 수 있다면 왜 성도가 혹은 심지어 그리스도가 자신의 형제에게 말하기를, "주를 알라"라고 소개하는가?

　만일 은혜가 인격적 관계라고 한다면 이는 인간의 경험을 통해서 또 세상을 자신과 화목케 하는 그리스도 안에 나타난 하나님을 통해서 일할 필요가 있다.

그런 계시는 단지 무관함일 리가 없다. 우리가 심긴 것으로부터 돌아오고 또 우리 자신의 생각에 다시금 나아가는 순간, 이는 세상을 통치하는 하나님이 선하고 또 전능하다는 확신에 대단한 극복할 수 없는 장애물이 될 터이다.

이것이 모두 사역의 문제라면 왜 이처럼 많은 원군(援軍)이 필요하며 또 이처럼 분명하게 부적합한 결과를 가져야 하는가?
만일 하나님이 진흙 같은 우리의 심령을 빚어 참된 믿음이 되게 한다면 왜 모든 시대의 늦은 진보 혹은 어떤 불신앙 혹은 어떤 죄가 있어야 하는가?
특별히, 하나님이 믿음처럼 손쉽게 우리를 거룩하게 만들 수 있음을 감안한다면?

우리에게 헤아리기 어려운 하나님의 뜻을 알게 함은 단지 우리로 독단에 만족하기를 요청하는 일이다. 하지만 경건이 그런 독단을 크게 비난받을 일로 간주하는 것을 막을 수는 없다. 만일 그 독단이 사악함과 비참함이란 이런 혼돈을 남기거나 혹 실제로 허용한다면 이에 대한 회피는 너무나 완벽하고 손쉽게 하나님 능력의 범위 안에 있기 때문이다.

하나님이 단지 능력의 말씀을 통해 심령으로부터 모든 불신과 함께 그 자녀의 삶으로부터 모든 악을 제거할 수 있다면 왜 하나님은 지체하는가?
우리가 이런 은혜 사역으로부터 우리 자신이 격리되어 있다고 말하는 것은 설명이 되지 않는다!
왜냐하면, 하나님의 칭의는 하나님을 생각하는 꽤나 또 다른 길에 속할 수 있기 때문이다!

은혜에 대한 순전히 전능한 사역의 관점에서 볼 때, 우리의 하나님으로부터의 격리는 제거하기에 가장 쉬운 가능성의 장애물이거나 혹은 차라리 허용하는 하나님에 대한 가장 무감각한 장애물일 것이다.

게다가 당혹감은 믿음에 있어 엄중한 실제적 결과를 담고 있다. 그런 신비한 믿음에게는 그리스도는 항용 신적 사역의 상징에 지나지 않으며 또 모든 역사적 사건들은 외적, 자의적 그리고 심지어 비논리적 길에 부속되어야 한다.

사람이 오랫동안 하나님을 찾는 가치, 선지자들의 믿음, 또 특별히 아들 안에서의 아버지의 현현은 어떤 종류의 종교적 사상가에 의해 그들에게 할당된 어떤 자리를 가져야 한다. 하지만 믿음의 극본이 모두 전능성의 사역이라면 계시는 그 안에 오직 한 후기(後記)로 삽입될 수 있을 뿐이다.

그런 때라도 이는 대부분의 에필로그가 그리하듯 인상을 남기는데, 만일 극본이 더 완벽하고 더 잘 구성되었다면 작가가 이를 무대 뒤로부터 나와서 설명할 필요가 있다고 생각하지 않았을 터이다.

전능성의 작품으로서 이 극본이 얼마나 불완전하게 보이는가를 감안한다면 우리는 왜 하나님의 의사소통이 과거에는 그리도 단속적(斷續的)이었고, 현재의 넘치는 회의론과 사악함에도 불구하고 이제는 전적으로 중지되는가 하는 이유에 대해, 하나님의 자의적인 선한 기쁨 이외는 달리 더 나은 설명을 할 수 없다.

게다가 과거에는 격리된 행위였던 까닭에 그 의사소통은 가보처럼 소중했을 것이며 게다가 다시 한번 모든 것이 혼돈일 것이다. 하지만 우리 유산에 대한 현재의 비평으로 인해 우리는 이 일이 점증적으로 어려워짐을 보며 그래서 사실상 우리는 말할 수 없이 혼돈스럽다. 상황은 마치 우리가 자신의 아버지가 한때 인도에서 보낸 어떤 편지의 진위성과 해석에 관해 의심에 빠져든 것 같다.

아버지의 단 한 번의 고향 휴가에 대한 전통이 점차 신비가 되어서 우리의 추정처럼 아버지가 가족의 유익을 위해 땀을 흘리며 실제로 그 먼 나라에 있는지 우리는 더 이상 확신할 수 없다.

 계시를 보충적이고 권위 있는 정보로 보는 이 개념은 곤혹스러운 일들을 낳는데, 대부분의 곤혹함이 너무나 자주 접하는 것은 성경과 교리에 대한 몽매주의(蒙昧主義)에 불과했다. 이 주의는 진리가 그 자체로 빛을 비출 수 없지만, 말하자면 순종적인 경건이라는 일종의 유광택 도색으로 옻칠이 되어야 한다는 두려움의 죄를 범한다.

 버틀러(Butler)는 주장하기를, 비밀들을 제거하기를 시도하는 것은 하나님 계시의 증거에 반하는 것이라고 본다. 왜냐하면, 만일 겸손하고 은밀하게 지켜진다면 비밀들은 삶의 근신에 대한 최상의 면이며 또 의무의 심령에 대한 최상의 테스트이기 때문이다. 이에 대해 레슬리 스티븐(Leslie Stephen)은 다음처럼 물으며 답한다.

 "비밀을 제거하지 않는다면, 그게 무슨 계시인가?"

 이 입장에 많은 신학자가 동의하며 그래서 더 나아가 성경에서 벗어나 공교한 보편적이고 절대적 체계를 구축하여, 이에 대해 어떤 것도 비밀스럽고 미지적(未知的)이지 않다. 연결되지 않는 성경 구절의 정보에서부터 이 세상과 다음 세상, 하늘과 땅에 있는 모든 종류의 주제가 나온다. 특히, 세상의 기원과 인간의 운명이 마지막까지 상세하게 선언되었다.

 그 결과는 많지만 결코 덕을 세움에 이르지 않았고, 더욱이 최근에는 이는 신학의 모든 부문, 뿌리와 가지 모두에 대해 주로 회의론을 장려하는 것이 되었다.

 우리는 결코 다시는 현실감을 계시에 소개할 수도 또 계시를 위해 경험의 과학 가운데 어떤 자리를 세울 수도 없을 것이다. 만일 우리가 이에 관계된 계시를 두고 우리의 모든 개념을 바꾸었을 때까지, 우리의 불신의 눈 먼 상태를 다루는 하나님의 인내의 길이 산발적인 전지성의 행위로 말미암은 정보에 더 이상 이르지 않고, 대신 하나님 사랑의 가장 직접적 증거에 이를 때까지, 이 화해는 합당하게 출중한 계시로 간주된다.

그러나 우리의 기억할 바는 계시란 풍경이 거기에 이미 있기 때문에 고지(高地)를 올라감만이 우리에게 좋은 전망을 안겨주는 것과 같다는 점이다.

계시와 화해의 이 살아 있는 상호 관계를 이해하는 것이 어떻게 믿음이 하나님의 선물이며 동시에 우리 자신의 통찰인지를 이해하는 길이다. 이는 산악인으로 알프스의 등정 시도를 열망케 하는 전망 그리고 등산함이 없이는 어떤 전망도 없다는 것 사이의 관계와 같다. 혹은 호라티우스가 불경한 경솔함으로 인해 싫어했던 일등 항해사와 같다.

그가 유익을 얻을 욕심으로 깊은 바다로 나갔지만, 이익 얻을 전망이 없으면 목숨을 걸려고 하지 않듯이 깊은 바다로 모험하지 않고는 유익을 얻을 전망은 갖지 못한다.

계시는 우리를 향한 하나님의 은혜로운 관계에 화해하는 것과 관련되어 있으며 이로 인해서만 우리가 이것이 은혜롭다는 것을 발견하는 까닭에 역사(歷史)의 일이 되어야 한다. 게다가 이것이 역사의 일이 되어야 하는 함은 그 일이 계시에 의미를 주고 또 유익을 간직하기 때문이다.

올바른 길을 택하고 올바른 목적에 생명을 사용하고 또 올바른 영향력에 자신의 심령을 열어 놓는 자의 삶은 자신뿐만 아니라 자신의 동료들을 향한 하나님의 은혜로운 관계를 해석하는데 도움이 된다.

하지만 특별한 통찰과 신실함과 용기를 가지고 삶을 대면하며 또 인간사 가운데 최고의 위기 순간에 더욱 특별히 이를 행사하는 자들의 경험에서 특별한 의미가 있게 된다. 다른 모든 인류의 진보에서처럼 그들은 하나의 진일보를 이룩할 것이며 올바른 방향 가운데 너무나 특출하여 모든 다른 것들을 단지 골동품의 관심거리가 되게 만들게 된다.

끝으로 만일 하나님을 향하여 절대적으로 합당하게 올바른 관계를 가진 한 분이 있어서 그것이 우리를 향한 하나님의 관계를 합당하게 나타낸다면, 그 선(線)은 그분의 일을 위한 오직 하나의 예비함이 될 것이며 또 그분은 궁극적인 계시가 될 터이다. 또한, 이는 우리 자신의 통찰을 위한 대체물이 되는 것이나 혹은 경험의 모든 의미를 소진시키는 의미에서가 아니라 우리 통찰의 영감으로서 또 우리 경험의 선구자로서의 의미이다. 하지만 그리스도는 자신이 지고한 화해가 될 때만이 지고한 계시다.

계시의 궁극성은 모든 인류 역사에 나타난 불신을 극복하는 데 있어 하나님의 인내하는 지혜를 전혀 설명하지 못하는 몸 된 진리의 보장으로서가 아니라 아버지를 향한 어떤 관계의 화신이며 오직 우리가 이를 만사에서 또 어느 때나 우리를 향한 하나님의 관계를 해석할 때만 우리는 계시에 대한 완벽성을 증명하게 된다.

만일 화해가 우리를 향한 하나님의 은혜로운 관계에 대한 자유로운, 참으로 인격적인 수용이라면, 이는 오직 계시로 말미암는다. 하지만 다른 한편으로 화해로 말미암지 않고는 우리 자신의 인격적 통찰에 대한 어떤 계시도 있을 수 없다.

이런 상호 작용을 이해하는 것은 도덕적 우주 안에서 도덕적 인격들 간에 오직 가능한 일이지만, 그들 관계의 바로 그 핵심이 되며 어떻게 하나님의 은혜가 하나님 자녀의 자유가 되는 데 있어 다름 아닌 우리의 도덕적 인격에 대한 도움이 되는가를 이해하는 일이다. 이 도움은 우리가 모든 경험을 통해서 믿음이 하나님의 선물이라 말로 요약할 수 있고, 기독교 전체가 해석하는 그런 도움이다.

만일 우리의 외적 경험 안에 있는 하나님의 사랑 그리고 우리의 내적 경험 안에 있는 성령의 교통 간의 연결 관계로서의 그리스도의 은혜가 없다면, 사랑이 얼마나 천박한 감상(感傷)인가를 우리가 고려한다면, 우리에게 어떤 결과가 되는지를 알 것이다. 왜냐하면, 그런 사랑은 소나기가 사하라 사막을 비옥하게 할 수 없는 것처럼 생명의 해석에는 부적합하고, 또 이로 인한 성령의 영향은 깎은 잔디 위에 내린 비처럼 그리고 땅을 적시는 소나기처럼 내리지 않는, 안개처럼 열매 없는 것이기 때문이다.

해야 할 일은 하나님의 마음을 우리를 향해 열어 놓게 하는 것이 아니라 우리의 마음을 하나님을 향해 열어 놓는 것이다. 하나님의 사랑과 그 성령의 교통을 연합하는 것은 그것들이 나뉘어 있기 때문이 아니라 불신의 이유로 인해 우리가 그것들을 따로 떼어 놓음으로써 그 양자를 무효하게 만들기 때문이다. 그것들을 하나로 가져오는 계시가 다루는 것은 하나님의 연합이 아니라 인간의 나뉜 심령이다. 마치 우리가 동일한 대상을 떨어져 다르게 보는 때에 우리가 그 형상을 모으는 것이 아니라 우리의 시각을 교정할 필요가 있는 것과 같다.

극복되어야 할 어려움은 주로 다양한 외식들이며, 사건의 본질로 볼 때에 이것들은 모든 죄로부터 나온다. 이 죄는 우리로 진리의 증거를 왜곡하게 만들고 또 세상에서는 사랑을 찾되 단지 내적인 도덕적 요구 없는 선(善)으로서 그리고 우리의 심령에서는 성령 안에서 하나님의 교통을 찾되 외적인 도덕적 영역에서의 적용도 없다.

그러면 사랑은 단지 감상적(感傷的)인 친절함일 뿐이며 이로부터는 험한 시험과 두려운 책임감 넘치는 이 세상에서 섭리에 대한 참된 믿음은 움켜잡힐 수 없다. 또한, 성령의 교통은 흐릿한 몰아지경의 감정 안에서 실현되는 어슴푸레한 신비로운 어떤 임재감일 뿐이다.

이런 감정은 우리가 그 안에 안주한다면, 오직 일종의 "달빛 없는 텅 빈 동굴"[1]일 뿐이다. 우리 삶의 외적인 사건들이 보여 주듯 하나님이 우리를 저버렸을 때에 흑암의 시간과 능력 가운데 우리의 빛과 확신이 되는 우리 영의 아버지와의 지속적인 교통이 없이는 우리는 기껏해야 인생은 전체적으로 꽤나 좋다는 낙관주의를 믿기 위해 힘쓸 수 있을 뿐이다.

하지만 이 낙관주의는 잔인하게 공격을 당할 뿐만 아니라 가장 필요로 하는 순간 대부분 우리를 저버린다. 따라서 우리의 실제적 경험 가운데 하나님의 사랑을 실현하지 않고는 성령의 교통은 역시나 실천적인 의미가 텅 비어 있게 된다.

가장 가까운 비유는 수동적이지만 설령 열정적인 감정이라 해도 이는 너무나 자주 사랑이라 불린다. 이 사랑은 소설가로 하여금 사랑의 테스트

---

1 존 밀턴의 시, 'Samson Agonistes'에서 인용된 표현이다(역자 주).

가 시작되는 곳에서 결혼식으로 그 이야기를 마무리짓게 하는 격으로 시인의 더 깊은 통찰은 이를 맹목적이라 부르는 어떤 사랑이며 어설픈 경험상으로 마치 가난이 문으로 들어오는 것처럼, 보통은 우리가 유리창 밖으로 쫓아내는 사랑임을 말해 준다.

도덕적 교통이 아니라면, 이 감정은 무엇이 생기든 간에 세상을 함께 대면하고 또 삶이 복 받도록 만들기 위해 그 교통이 연합시켰던 자들을 돕는 준비가 절대 아니다. 이는 갈등으로 인해서 더 깊고, 더 강하고, 더 현명한 동지애로 성장하지 않고, 이 땅의 거칠고 진탕 길을 벗어나 압도적이고 기쁨에 찬 감정의 날개 위에서 단지 기운을 잃지 않고 있는 기대일 뿐이다. 그러면 인생의 최상의 힘이 되는 대신에 이는 가장 광활하고 가장 슬픈 환영이 되게 된다.

성령의 신비감은 자주 다음과 같은 유사하면서도 또 바로 그 똑같은 감정이다. 즉, 가장(假裝)되지 않고 또 고양(高揚)되지 않는 감정이며 인격적인 도덕적 기초가 없이는 기껏해야 수동적 감정이며 세상의 외적인 고통이 없다면 그 내적 고통에서 잠시 물러남의 길일 뿐이며 그 이상(理想)은 삶의 거친 자리를 뛰어넘어 황홀경의 날개 위로 옮겨지고자 한다.

하지만 성령은 주의 영으로 주는 심령이 온유하고 겸비해서 모든 인생의 슬픔을 수용했으며 하나님 아버지는 주의 아버지이며, 주는 섬기기 위해 우리 가운데 계셨다. 그러므로 하나님의 사랑과의 연합 가운데 성령의 교통을 갖는다는 것은 양심 뒤의 사랑을, 사랑 뒤의 능력을 보는 일이다.

우리가 이 사랑을 기뻐할 수 있음은 우리에게 성령의 것들을 보여 주는 시험들을 인내하기 위함이며 또 우리 형제를 섬기기 위함이다. 이 섬김은 고통을 동정하며 범죄를 용서하며 또 모든 의의 명분에 잠잠히 충성함으로 살아감을 통해서이며 이것이 우리에게 하나님의 사랑을 보여 준다.

하나님의 계시가 이처럼 이해된다면, 이는 영원히 하나님의 성품에 속함을 뜻한다. 하나님 자신의 현명한 사랑을 따라서 우리의 잘못된 이해에 유념하지 않은 채, 세상을 명하는 것으로 만족하거나 혹은 우리의 소외에 유념하지 않은 채, 우리에게 그의 교통을 제안하는 것으로 만족하는 성품을 뜻하는 것이 아니다.

오히려 이 계시는 하나님이 참된 화해의 자유 가운데 우리의 오해와 우리의 소외를 극복하기를 찾아야 한다는 뜻이다. 이것이 언제나 하나님이 우리를 다루시는 모든 것의 목표며 또 하나님이 모든 선지자적 영혼을 불렀던 일이며 이는 선지자들의 주 안에서 성취되었다.

주는 완벽하게 하나님의 아들이었음에 우리로 하나님의 아들들이 되게 하시며 성령의 교통 가운데 하나님을 위해 모든 것이 합력하여 선을 이룬다.

제8장

은혜의 교제와 방편
(The Fellowship and Means of Grace)

특별 계시처럼, 특별한 은혜의 방편을 소유하고 있는 특별한 교제는 이것이 전제하는 그 자녀를 향한 하나님의 관계를 따라서 판단받아야 한다. 교회의 주제에 존재하는 큰 혼돈은 분명한 사고의 빛 안에서 교회의 필요성을 우리의 은혜에 대한 개념에 의존하는 실패 때문이다.

우리가 교회의 개념을 교회가 구현하는 은혜의 개념과 연결하여 생각하는 순간, 원리 안에서 갈등하는 것들이 자주 기계적으로 하나의 견해로 묶이는 것을 보게 된다.

실제적으로 각각의 교회는 은혜에 대한 모순되는 개념들, 또 은혜 안의 어떤 영광을 결합하는 바, 이를 포괄성이라 부르자. 따라서 우리는 하나의 교회 안에 전적으로 영적 통찰에 의존하는 성경을 가시적인 승계 위에서 사제를 혹은 전적으로 하나님의 행위로 말미암는 설교를 가질 수 있으나, 그런데도 은혜를 생산해서 사람 위에 머물도록 하는 데는 실패한다.

외적으로는 정반대의 입장에 서있는 것으로 보이는 교회들조차 은혜에 대한 그들의 개념으로 말미암아 자주 가까이 연결되어 있음은 중력으로 인해 시계추의 극단적인 진동과 같다. 따라서 가장 극단적인 가톨릭주의와 가장 극단적인 복음주의가 이상하게도 비슷한 바, 이는 양자가 동일한 은혜 개념, 즉 임의적인 전능성의 행위로써의 은혜에 의존하기 때문이다.

현대의 개신교 복음주의자에게는 토마스 아퀴나스나 심지어 둔스 스코투스에게만큼이나, 하나님의 약속은 만사를 합리적이고 올바르게 만들기 때문에 따라서 그들 중 누구도 하나님의 약속의 보장으로서 합리성과 올바름을 간단하게 호소할 수 없다. 신학에서의 이 같은 합의로부터 다음 네 가지 요점에 교제에 관한 합의가 따른다.

첫째, 두 경우에 교제는 인위적으로 제한된다.
전자의 경우, 조건은 어떤 전통에 대한 복종이며 후자의 경우, 진행 중인 어떤 내적인 변화이다. 후자는 더욱 신앙적인 요구 사항일 것이지만, 이는 여전히 임의적이지 윤리적이 아니다. 양자에게, 교제는 배타적인 바, 하나님의 예비라는 이유 때문이며 단순히 도덕적 상황의 본질로 말미암음이 아니다. 교통은 인격들로 이루어지지만, 그 인격들만을 향해 그리고 하나님 자신의 이유만을 위해 하나님은 호의적인 마음을 갖는 것이지, 하나님을 향해 호의적인 마음을 갖는 인격들에서 나온 것은 아니다.

각각의 교제는 어떤 배제의 원리를 가져야 하며 아니라면 이는 인도적 행위로 수렴될 터이다. 참된 포괄성은 쉬운 가입을 절대로 뜻하지 않는다. 하지만 집단은 배타적일 수 있는 바, 그 문들이 바깥쪽으로 열리는가에 따라, 안에 있는 자들의 통제 아래에 있을 수 있고 혹은 안쪽으로 열기 위해 밖에 있는 자들의 통제 아래에 있을 수 있다.

극단적 가톨릭과 복음주의 이 양자가 전자의 형태이다. 이 둘은 간단히 말해, 자기의 모든 자녀를 향한 하나님의 은혜로운 마음을 이해하는 자들의 집단이 아니며 타인들로 하나님이 그들에게 역시나 동일한 마음을 가지고 있음을 이해하도록 돕는다거나, 또 그들의 일에 그들을 동참하기를 이해하는 모든 자를 환영하는 분명한 목적을 위해 함께 합치는 집단도 아니다. 그들은 인격들의 조직들로 그 조직은 특별한 전능성의 역사를 통해 하나님을 향해 특별한 관계를 가지며 신참자들의 경우 그 관계를 소유하고 있는가를 조사받아야 한다.

둘째, 양자는 비슷하게 도덕적 독립성에 무관심하다.
이것은 그들의 모든 소망을 설득을 통해 감동을 주기보다는 오히려 감동으로 설득하려고 할 때에 나타난다. 전자가 예식(禮式)을 통해 감정을 이용한다면, 후자는 신앙 부흥 운동을 통해서이다.

하지만 양자의 경우 그 목적은 도덕적 인격을 기각하려 한다. 양측이 갖는 은혜의 방편은 사물의 도덕적 본질 안에 있는 방편―하나님의 세상 안에서 그리고 그 자녀 가운데 또한 그 나라의 사역 가운데 하나님을 향한 우리의 참된 도덕적 관계를 보여 주기 위한 도덕적 방편―이 아니라 단지 전능한 은혜가 급습하여 우리의 인격적 변호를 취할 수 있는 오직 도구일 뿐이다.

셋째, 양자가 비슷하게 하나님 자녀의 자유에 어떤 의미를 붙일 수 없다.
전자에게는 교회의 분리가 그리고 후자에게는 회심하지 않는 세상이 오직 설명 불가한 하나님의 실패일 뿐이다. 종파 난립과 강퍅함에 대한 빈번한 비판은 그것들을 사람 탓으로 돌리는 모습이지만, 인간의 잘못은 그들의 생각에는 어떤 효과적인 정당성도 갖지 않는다. 참된 교회에 속하기 위해 유일하게 요구되는 그런 유의 복종을 하나님은 확실하게 모든 합리적인 피조물에 손쉽게 강제할 수 있었을 것이다.

반면 마치 어린이가 어른에 의해 불길로부터 낚아채듯, 손쉽게 인간이 하나님의 힘을 통해 회심될 수 있다면, 왜 모든 얼굴이 처음부터 올바른 방향을 향해 있지 않는가?

한편으로는 무엇보다, 왜 교회의 연합이 너무도 쉽게 분열된 사제직에 그것도 분명하게 의심스러운 주장들로 뒷받침되는 사제직에 애착을 가져야 하는가?

그리고 다른 한편으로는 회심이 그 사역에서 감정적으로 인상적인 것에 의존하여야 하는가?

하지만 이는 너무나 분명하게 자의식적이어서 실제로는 인상적이지 않다. 어느 경우든 우리는 그 행하심에 자의적인 한계를 설정하신 하나님의 개념을 뛰어넘을 수는 없다. 이 한계는 하나님이 어느 경우든 자의적이기 때문에 정당화할 수 없는 일인 바, 사물 혹 사람의 도덕적 본성에 의해 제한받지 않는 방편으로 하나님이 행하시기 때문이다.

넷째, 경건의 형태에 대해 양자의 경우 여타의 경험은 무관하다.

양측 다 세상적이지 않지만, 이 이유로 인해 반드시 물욕이 없는 것이 아니다. 신앙적 삶은 이생보다는 내생에 관심을 갖는 특별한 종류의 성스런 행위인 까닭에 이생은 과거에 그랬듯이 자리와 소유로 측정되는 우리의 세상으로 남을 것이다. 내생은 이생과 함께 있어 한 길에서 평행하여 달리며 따라서 내생의 소망은 이생에서 어느 정도는 우리의 행동을 제한한다.

하지만 이생에서 성공하는 것은 하나님의 호의의 징표로 내생에서의 좋은 징조다. 어떤 의미든 우리는 지금 영생을 갖지 않는다. 예식(禮式) 안에 그 신뢰를 두는 자들의 자제심은 자연적으로 입맛의 문제에 더 많은 관심을 두며 또 하나님 인정에 대한 그들의 소망은 사회적 지위에 더 많이 달려있다. 반면에 영적 부흥 운동에 그 신뢰를 두는 자들은 습관에 더 많이 자제심을 적용하며 또 더 많은 소유로 하나님의 인정을 평가한다.

하지만 양측 누구에게도 신앙은 세상 안에 자리와 소유 없이도 이 땅을 상속할 수 있는 하나님을 향한 그런 관계가 아니다. 어느 쪽도 부정적인 예방조치에 대한 필요를 던져버리고는 어떻게 이 긍정적인 승리가 진정한 신앙의 안전장치인지를 보여 줄 수 없다.

이처럼, 도덕적 인격체로서의 우리를 향한 인격적인 하나님의 관계를 표현하고자 하는 교제로 인해 하나님은 우리의 모든 경험 안에서 은혜로운 까닭에 모든 자의적인 관계들은 배제된다. 영적 것들에서의 의와 진리와 희락이 바로 천국이며 그 천국 안에 우리의 아버지께서 거하시고, 우리의 현재적 경험밖에 있는 것이 아니며 그 자체가 사실임을 보여 준다. 왜냐하면, 이 교제는 우리의 세상적 삶에 대한 지속적인 변화를 꾸준하게 하나님의 유일한 목표로 향하게 하며 그래서 어떤 것도 지음 받을 수 없는 불확실한 것들이 스스로가 하나님의 건축물이 됨이 보이기 때문이다.

만사에 자기 자녀를 향한 하나님의 은혜로운 관계로서 은혜의 개념을 이처럼 구현시키려는 교제에 대해, 다음과 같은 네 가지 특징이 역시 두드러질 수 있다.

첫째, 경계선을 갖지 않는 하나의 교제이며 경계선이 있다면 제거한다.
왜냐하면, 그런 일에서 교제는 어떤 실패도 인정할 수 없기 때문이다. 교제는 교제시 나타나는 은혜로운 하나님을 향한 진정한 인격적 관계를 위해 필요한 도덕적 주체성에 마땅히 합당한 것이다.

자기 자녀를 향한 하나님의 은혜로운 인격적 관계로서의 은혜의 본질로 말미암아, 은혜의 반응은 얻어질 수 있으나 강요될 수 없고, 그 모든 제약은 확고하다. 교제는 인격체의 교제로 그들은 하나님을 향한 자신들의 관계를 통해 상호 간에 그들의 관계를 실현하고 또 아버지를 향한 자신들의 관계가 그 자녀와의 그들의 교제 가운데 실현되는 것을 알게 된다.

또한, 교제는 사교의 형식을 취하며 역사적 조건 아래서 일한다. 왜냐하면, 인간 관계를 통한 하나님의 이해는 통상적인 경험의 사용을 요하기 때문이다. 하지만 이는 특별한 사교인 바, 절대적으로 은혜로운 하나님에 대한 복된 의존에 배타적으로 달려 있기 때문이다.

이는 자유 가운데 그리고 도덕적 독립 가운데 있지 않고서는 실현 불가한 것이며 이는 어떤 다른 사교의 기초가 아니다. 성공에 가혹한 제약을 둘 수 있지만 자의적이지 않다. 왜냐하면, 교제는 하나님이 자기 자녀의 자유를 존중함으로만, 또한 단지 연합으로서가 아닌 한 가정으로서의 하나님 나라의 본질로 인해서만 부과되기 때문이다. 자의성은 은혜로운 하나님께는 불가하다. 그리고 다른 한편으로 참된 인격적 관계 안에서의 강요 역시 마찬가지로 불가하다.

둘째, 은혜의 방편을 가지며 우리로 세상을 하나님의 세상으로서 사용하도록 만든다.

이는 하나님의 자녀로서 사람들과의 교제 가운데, 또 진리와 의라는 하나님의 통치를 통한 평강 가운데 세상을 사용하게 하는데, 모든 경험 안에서 우리를 향한 하나님의 은혜스러운 관계를 해석하기 때문이다. 은혜에 대한 교제의 방편은 실제적 방편이 되어야 하며 실제의 본질에 하나님의 형상으로 만들어진 마음을 자각시킨다. 말하자면 방편이 설득한 때에만 감명을 주어야 한다는 것이다. 사도 바울의 이상(理想)을 보라.

> 오직 진리를 나타냄으로 하나님 앞에서 각 사람의 양심에 대해 스스로 추천하노라 (고후 4:2).

간청은 오직 진리에 의해서만 보편적인 인간의 양심에 하는 것이요 또 오직 이 교제에만 하는 것이다. 하지만 이 간청이 참으로 하나님 앞에 있으며 단지 인간의 개입에 대한 간청이 아닌 한, 다양한 나타냄을 위해 어떤 제약도 설정되어 있지 않을 것이다.

교제는 우리에게서 현현에 대한 고귀한 시적 언어와 장엄함을 이끌어내거나 혹은 우리를 말과 경배에 대한 극단의 단순함으로 몰고 갈 수 있다. 이 두 가지가 만일 영적 실체에 대한 환영에서 나왔다면, 그들의 자리에서는 합당한 것일 것이다. 하지만 역시 만일 이 양자가 자유 혹은 통찰이 없이 사람들을 휩쓸려 빠져들게 하기 위해 영혼의 동의를 위한 대체물로 사용된다면, 나타냄이 아니라 어둡게 하는 점에서 잘못일 수 있다.

기도, 말씀 그리고 성례는 여전히 은혜의 방편이지만, 이것들이 각인의 양심에 진리를 나타내는 것의 방편일 때만, 또 단지 책략 혹은 도구 혹은 인상 깊은 행함 때문만이 아닐 때만 그러한다. 설득의 방편으로써 제외된다면 이 방편은 자기 자녀를 향한 하나님의 은혜로운 인격적 관계를 나타내는데 도움을 줄 수 없다.

왜냐하면, 하나님으로부터 축복을 얻어내기 위한 책략으로서 혹은 어떤 것을 사람에게 전하기 위한 도구로서는 비록 그것들이 개별적일지라도, 엄격한 의미에서 인격적일 수 없기 때문이다.

기도는 하나님이 우리의 기도 없음에 유보하려는 전능함의 행위를 얻고자 하나님께 퍼붓는 것이 아니라 하나님의 가족에서 오는 교제다. 여기서는 우리의 형제는 우리 아버지와 함께 포함된다. 기도가 은혜로운 관계를 나타내고, 모든 것이 합력하여 선을 이루는 점에서 기도의 주된 일은 매사에 감사를 표하는 것이다.

또한, 비록 우리의 필요가 특별한 청원을 요할지라도, 이는 우리 안에 곤경에 처함으로 인해 우리가 유익을 얻고자 하나님의 도움이 필요한 것이지, 하나님이 청원을 받을 때까지는 은혜롭게 되는 것을 잊기 때문이 아니다.

말은 인격체 사이의 의사소통의 자연스러운 양식이다. 이는 양 당사자들이 같은 사고를 생각하도록 만들기 때문이다. 각기 자신의 생각을 가지고 있고, 이것이 말이 되어 운위(云謂)될 때에 이해에서 이해에 이르게 된다.

그러므로 말씀은 은혜의 방편으로서 하나님의 우리와의 관계에 대해 우리가 볼 수 있게 되었던 것의 표현이며 인격체들 역시 볼 수 있는 하나님의 형상 안에서 우리 것처럼 만들어진 마음에 행해진 표현이다. 그러므로 이는 즐겁거나 혹은 심지어 엄숙하고 감명 깊은 말을 선호하는 자들의 마음을 끌 뿐만 아니라 정의의 양심에도 그리하여서 사람들로 이 말씀을 자신들에게 행한 하나님의 어떤 말로 해석하도록 만들 수 있게 한다.

성례는 엄숙하게 물 그리고 빵과 포도주—일상의 사용에서 평범한 것들이다—를 사용하여, 말하자면 성례적 삶의 응축된 본질을 표현하며 부여한다. 성례의 전제는 감각의 호소보다 본질 안에 더 많은 것이 있으며 빵조각을 먹고 배부른 것보다 모든 양식의 선물 안에 더 많은 것이 있으며 또 우리는 거기에서 선함 안에서 자신을 나타내는 은혜로운 하나님의 기적을 보아야 한다는 점이다. 기적은 이 예식 가운데 하나님이 우리에게 약속하신 모든 것에 확장된다.

이 인생의 성례를 직접 십자가와 연결하는 이 특별한 예식은 우리로 경험의 어떤 면을 배제하는 것을 허락지 않으며 또 우리로 고통과 수치와 죽음 가운데 하나님의 다양한 지혜와 측량 불가한 사랑을 알도록 가르친다. 이것은 교제가 특별나게 화해의 성례가 된다는 메시지이다.

셋째, 신앙의 세속적 속성으로 기술될 수 있는 다음과 같은 징표에 이르게 된다.

특수한 교제가 되는 특수한 예식은 독특한 신성 불가함을 갖는다. 하지만 이는 세속적인 것들에서 멀리 떨어짐을 통해서가 아닌 그것들의 진정한 의미와 진정한 용례로의 더 깊은 침투를 통해서 우리를 가르치되, 우리로 세속적 세상으로부터의 한 피난처로 신성한 제단을 사용하는 것이 아니라 모든 것을 거룩하게 만들며 또 그렇게 함으로써 바른 길 안에서 세상이 게바만큼이나 우리의 영적 소유가 될 때까지, 거룩한 것과 세속적인 것 간의 차별을 없애도록 가르친다.

우리 주의 신앙은 특별한 정도로 세속적이었다. 날품팔이, 농부와 어부에게 주는 누구나 다 아는 종교 사역자들의 의를 뛰어넘는 의를 주문했다. 그 주문은 거룩한 율법 준수의 영역에서부터 의를 제거하고, 우리의 일상의 일과 시험 가운데 행사된 아버지에 대한 믿음을 통해서 일상 삶에서 일상적인 관계의 영역에 합당하게 이르도록 하는 것이다.

주 자신의 모든 사역은 단순하게 말해 절대적으로 신앙적인 사건들에 대한 관계였으며 이는 우리가 말할 수 있는 것처럼 우연히 자신을 만났던 평범한 사람들과의 교류 안에서 자신으로 인해 일어났던 사건들이었다. 주의 가르침은 세속적 삶의 예들로 넘친다.

하지만 교회적인 신앙의 관점에서는 오직 두 가지다.

① 즉, 성전에서 자기 혼자서 기도하는 바리새인,
② 그리고 다른 편으로 강도 만난 자를 지나가는 제사장과 레위인이다.

게다가 주가 서기관과 바리새인에게 말씀하신 대부분은 언제나 외적인 조직화된 종교의 위험에 적용된다.

넷째, 하나님의 통치에 대한 교제의 관계다. 이는 교회가 하나님의 나라라는 의미에서이다.

가톨릭은 교회를 외적으로 확장되는 정도만큼 하나님 나라와 동일시하며 복음주의는 내적으로 성공하는 정도만큼이지만, 그 차이는 깊고 넓다. 하지만 양자는 하나님의 나라에 관해 근본적으로 신비롭고 전통적이라는 점에서 일치한다.

은혜는 말하자면 한 개인에 대한 어떤 지배로 개인은 이를 의식할 수 있으나, 직접는 하나님의 일이기 때문에 그는 의식하지 못할 수 있다. 역사상 은혜의 나타남은 단지 개인적인 은혜 사역의 축적된 결과들을 물려주는 것일 뿐이며 그래서 우리는 사도들과 선지자들 위에 건축되게 되며 또 예수 그리스도는 순전히 전통의 보장으로 말미암아 주된 모퉁이돌이다. 왜냐하면, 우리의 도덕적 자유는 필요한 조건이 아닌 까닭이다.

하지만 만사에서 항상 모든 인간을 향한 하나님의 은혜로운 관계를 구현하는 집단에서 하나님의 나라는 신앙적으로—혹은 우리는 묵시적으로 말할 수 있다—또 윤리적으로 드러나지만, 신비적이고 전통적으로 드러나지 않는다.

하나님의 나라는 하나님의 통치며 어떤 의미에서는 단지 인간의 도덕적 진보가 아니다. 우리의 의뢰는 하나님이지 우리의 자유가 아니며 또 오직 신뢰와 감사를 위한 자리는 있지만 공로를 위해서는 없다. 그러나 하나님 통치의 핵심은 하나님 나라가 도덕적 독립의 축복 안에 있지 않다면, 순종에 만족하지 않는다는 점이다.

우리를 다루는 하나님의 모든 관계는 처음부터 끝까지 우리의 자유에 관련되지만, 실제로는 우리가 자유한 것이 아니라 항상 우리로 자유케 하기 위해서이다. 우리가 자유하다면, 이미 구원 얻어야 했지만, 그러나 우리는 오직 구원을 얻고 있는 중이다.

하지만 우리가 지금 구원을 얻고자 하는 바는 하나님 자녀의 자유다. 하나님 나라가 임했던 까닭에 개인이 절대적 진리 혹 거룩의 도구가 되기에 이르렀다거나 혹은 인류가 진리와 의 안에서 자라기에 이르렀다는 것이 아니라 사람이 하나님의 권능의 날에 그렇게 하려는 것, 간단히 말해, 하나님과 화목하기에 이른다는 것 때문에 그들은 하나님의 뜻 안에서만 자신들의 축복을 발견한다.

하나님 나라의 이 사회는 반드시 역사적이지만 그러나 전통적이지는 않다. 하나님 통치의 축복은 하나님의 가장 공로 없는 선물로 전적으로 하나님의 손에 의해 소개되지만, 너무나 인격적인 까닭에 하나님조차도 이를 강요할 수 없고 오직 우리로 이를 수용하도록 할 뿐이다.

또한, 필수적인 볼거리는 더 적은 것이 아닌 더 많은 하나님의 인격적 선물이다. 왜냐하면, 이는 우리 자신의 인격적 수용과 협조의 방식으로 돌려야 하는 수고를 하기 때문이다. 따라서 이 놀랍고, 다양하고, 고통스럽고 즐거운 세상은 약간의 성공에도 많은 노력의 좌절을 안고 있고, 힘겹게 얻는 많은 지식에도 우리가 어떻게든 떨쳐버릴 수 없는 더 많은 어둠 그리고 삶의 많은 즐거움에도 불구하고 항상 수고와 죽음의 그림자에 붙들린다.

교제 가운데 영원부터 영원까지 교제가 보여 주는 하나님의 통치를 그들 형제에게 해석해 주었던 자들에 대해 최고의 중요성이 있다. 이들은 세상의 시작 이래로 그때의 충만함을 예비했던 선지자들이다. 이때 하나님 나라는 가르침과 섬김과 가난과 죽음의 공포를 키울 모든 고통과 모욕 가운데 온전하게 드러나게 될 것이며 사도들은 그 이래로 이 계시의 충만함을 해석해 왔다.

사도와 선지자들의 이런 토대 위에 일차적인 주춧돌 되는 예수 그리스도와 함께 우리는 짓게 될 것이되, 과거처럼 노예 된 복종으로써가 아니라 하나님 자녀의 자유 안에서 그리할 것이니, 그 자녀들 역시나 사도와 선지자이기 때문이다.

그 밖의 경험을 단지 특별한 경로로 돌려지는 은혜 역사의 배경으로만 간주하는 대신에 우리가 아는 것은 신부이든 복음주의자이든 간에 다름 아닌 우리의 총체적인 다양한 경험만이 우리의 영혼을 참되게 하나님의 형상 안에 있도록 만들기에 충분하다는 점이다. 우리는 자유하되 얽매이지 않으며 하나님이 아는 대로 알고, 하나님이 사랑한 대로 사랑하고, 하나님이 택한 대로 택하고, 하나님이 찬양받는 대로 찬양받으며 아들이되 종이 아님을 안다.

만일 이것이 높은 목표라면, 우리가 이해할 수 있는 것은 진리를 향한 미로같은 샛길들의 필요성이며 우리로 참된 길을 새로이 찾으라고 훈계하는 막다른 길들, 우리에게 우리의 실수들과 죄들에 대해 경고하는 고통과 재난들, 고난으로 생겨난 쓰디쓴 참회와 동정의 필요성이다. 그러면 교회가 하나님의 이 마음을 인류에게 해석한다면, 비록 작더라도 혹은 다른 문제들로 인해 나뉘어 있더라도, 설득력 있는 자리를 차지한다.

그렇지 않다면, 인생이 조롱거리와 절망이 아니면 무엇이며 가장 크고 대부분 연합되어도 그 가운데 오직 피난처에 불과한 교회가, 전능성의 자원을 가지고도 그 뜻대로 사람을 강요할 수 있는 선한 행위로써는 전적으로 부적합하다면, 기껏해야 불쌍한 고안물이 아니면 무엇이겠는가?

인간은 자주 길고 힘들고 구불구불한 길을 싫증을 내며 계속적으로 인격적 믿음과 도덕적 자유에 대한 하나님의 길보다는 더 짧은 길을 택한다. 자주 교회가 하나님의 명령을 위해서만 서있어야 함에도, 감언이설에 속아 조직화된 강요의 섬김에 빠져들고 또 심리적 제자화와 도덕적 굴종에 대해 가장 열렬하고 성공적인 변호인이 된다. 그러면 사람은 사도 바울이 율법이라 부르는 것의 훈련에 다시금 빠지게 된다.

하지만 하나님은 피곤치 않으며 또 자주 큰 재난과 황폐케 하는 갈등 가운데 사람들이 세운 나무나 풀이나 짚을 곧 태우실 것이다. 그러면 그들은 다음의 사실을 가르침 받게 된다.

즉, 단순한 굴종의 명령은 궁극적으로 단지 혼돈이며 만사에서 하나님이 은혜롭다는 우리 자신의 인식을 통해서만 우리 자신의 믿음의 통찰 그리고 우리 자신의 의지의 헌신에 대한 하나님의 방식은 악의 미혹과 공포가 있을 수 없는 현실의 지속적인 명령이 된다.

*Grace
and
Personality*

제3부

은혜 역사의 방식
(The Way of Its Working)

제1장 기계적 대립 관계들(Mechanical Opposites)
제2장 참회(Penitence)
제3장 칭의(Justification)
제4장 죄의 결과들(The Consequences of Sin)
제5장 하나님의 뜻(The Will of God)
제6장 성도의 교제(The Communion of Saints)
제7장 하나님의 통치(The Rule of God)
제8장 영생(Eternal Life)

제1장

기계적 대립 관계들
(Mechanical Opposites)

　우리는 진지하게 최상의 은사들을 탐내게 된다. 만일 우리가 오직 은사들만을 탐내고, 주는 것에 관심을 두지 않는다면, 우리는 영적 것에서조차 옛 로마의 타르피아(Tarpeia) 이야기를 반복할 터이다. 그녀는 선물만을 생각하고 적대(敵對) 상황과 주어진 모욕을 무시하면서까지 적에게 그들의 왼쪽 팔에 차고 있는 것을 요구했다. 하지만 그녀가 안 것은 자신이 기대했던 금팔찌가 아닌 무거운 방패였고, 그 무게에 눌려 그녀는 죽었다. 그녀의 욕심이 간과했던 일이었다.

　단순한 선물로써의 물질적 부는 이의 사용을 준비하는 수용자에 대한 관심이 없다면, 행동과 자기 통제의 용수철 위에 놓인 무거운 짐에 불과할 뿐이다. 이는 게으름과 방종 때문이지 더 큰 진취성과 유용성 때문이 아니다. 정보를 부여 하는 것에만 관심이 있는 가르침은 제자들에 대한 연민의 이해 없이는 그리고 그들의 생각과 흥미를 발전시키려는 보살핌이 없이는 마음 위에 놓인 죽은 짐, 곧 목재일 뿐이지 교육이 될 수 없다. 이는 팔찌보다는 방패가 될 것이다.

　단지 도덕적 도움을 주는 것은 역시나 희생자 위에 놓인 방패의 팔매질일 수 있다. 도덕적 규칙과 종교적 교리들은 어린이의 마음에 마치 밀랍처럼 각인된다. 어린이는 보호받고 인도되며 불행히 넘어져도 인형처럼 셋겨져 제자리에 놓일 수 있다. 만일 도덕적 파국이 그로 하여금 개인적이지만 비인격적 감독이라는 이 짐으로부터 진리와 의에 대한 자신의 인격적 느낌을 구원할 수 있게 한다면, 그 파국이 너무나 무거워 잘 고쳐질 수 없다 해도 너무 많은 비용이 들지는 않게 될 것이다.

한 아버지의 도움에 대한 진정한 시금석이 그 아들의 책임, 자유와 독립인 것처럼, 마찬가지로 아버지로서의 하나님의 증거는 좋은 은사들을 주는 것에 있지 않고 그것들을 주는 방식을 아는 것에 있다. 왜냐하면, 이것들은 우리를 자유 가운데 안전하게 하는 것이지 단지 행운 가운데가 아니기 때문이다. 하나님 측에서의 가장 자유한 통치 그리고 우리 측에서의 가장 빚진 자로서의 종됨은 우리를 하나님의 아들들로 결코 만들지 않으며 오직 하나님의 기쁨의 꼭두각시로 만들 것이다.

만일 자유와 이에 대한 올바른 사용이 단지 주어지고 또 이것이 오직 하나님의 일만이라면, 그래서 하나님이 자신의 권능의 말씀을 통해 자신의 뜻에 우리를 주조(鑄造)한다면, 그 뜻에 대한 다양한 노예됨과 오용이 보여 줄 수 있는 것은 하나님이 자기의 전권을 행사함에 있어서 무오류의 교황처럼 인색하다는 점이다. 하지만 우리가 은혜를 직접적 권능으로 그리고 선한 뜻을 또 다른 직접적 권능으로 생각한다면, 우리는 하나님이 강제를 통해 우리를 자유하게 만든다고 생각하려 들 것이다.

그렇지만 우리가 자유한 때는 오직 우리가 강제되지 않는 때이며 하나님이 자신의 전능한 손으로 우리의 생각을 진리에, 우리의 감정을 순전함에 그리고 우리의 의지를 선함에 이르도록 다듬는 때이다. 다만 우리 자신에게는 어떤 것도 참이지 않다는 것을 우리가 알 때만, 우리의 심령이 어떤 것도 순전하지 않다는 것을 존중할 때만, 우리 자신의 목적이 어떤 것도 선하지 않다는 것을 성별 할 때만 우리는 자유하다.

우리의 행함과 하나님의 행함이 이처럼 양립 불가한 기계적 대립 관계가 되고 우리가 경험과 갈등할 뿐만 아니라 이에 모순들을 더하는 것을 볼 때에 우리는 우리의 길을 벗어나고 있었음을 분명하게 깨달아야 한다.

하지만 이것이 맹목적으로 또 끈질기게 주장되는 것은 부분적으로 우리 사고의 기계적 속성으로 인함이다. 이는 전적으로 오도(汚塗)하고 있는 인격적 영역에서조차 모든 설명을 운동법칙의 모습으로 축소시키려는 경향 때문이다. 또한, 부분적으로 우리가 경험을 다루는 것에서 실제적 조화의 부재로 인함이다. 이로 인해 우리의 믿음과 우리의 목적은 별도의 객실에 놓이게 된다.

우리는 마치 쌍안경이 초점을 벗어난 것처럼, 계속하여 신앙적으로 그리고 도덕적으로 삶을 바라본다. 하지만 기껏해야 우리는 이런 세상들이 하나임을 희미하게 느낄 뿐이다. 우리가 두 눈으로 볼 때라도 이 세상들을 따로따로 보지 않을 수 없다. 가장 나쁘게는 우리는 한쪽 눈을 감고 도덕적으로 보며 그런 다음 눈을 뜨고 다른 한쪽을 감고 신앙적으로 본다. 그러면서 우리는 매우 현자인 체 말하길, "두 세상을 위한 방을 찾아야 한다"고 한다. 우리는 말하길, 인생은 원이 아니고 두 개의 초점을 갖는 타원이다.

'하나님은 은혜다!
하지만 그분은 역시 권능이다!'
이는 마치 모든 질문이 궁극적 권능은 은혜롭다는 것에 있지 않는 것처럼 여긴다!
혹은 '하나님의 자기 계시는 그리스도 안이며 역시 자연 안에서이다!'
이는 마치 그리스도에 대한 총체적인 질문이 어떻게 자연은 하나님의 목적에 의해 해석되어야 하는가가 아닌 것처럼 보인다!
혹은 '하나님은 사랑이지만 동시에 그분은 공의다!'
이는 마치 하나님의 통치에 대한 총체적 질문이 공의로운 사랑에 관심을 두지 않는 것처럼 보인다!
혹은 '하나님은 그 말씀 안에서 말하지만, 역시나 양심 안에서 말한다!'
이는 마치 각인의 양심에 나타나지 않는 혹 하나님 마음에 대한 계시에서 벗어난 어떤 양심에 나타나지 않는 하나님의 어떤 말씀이 있는 것처럼 보인다!

혹은 '개개인의 문제가 있고 역시나 하나님 나라의 문제가 있는 바, 이는 제도들의 주장과 그 구성원의 예측 불허함 사이의 타협과 조절이 있다는 의미다!'

이는 마치 신앙의 총체적인 결과는 사회적 인격들에 관심을 두지 않는 것처럼 보인다. 하지만 그 인격들은 하나님 나라를 발견함으로 해서 자신의 나라를 발견하게 된다!

신학의 과제는 그 쌍안경의 두 관 사이에 일종의 타협을 이루는 일에 영향을 주는 것이 아니라 적절한 조절을 통해 하나의 선명한 영상을 얻는 일이며 그래서 우리가 도덕적이며 신앙적이 되는 것이 아니라 하나님에 의존하되 만물 가운데 도덕적 독립을 갖는 것이며 그런 후에 우리의 신앙이 도덕이 되고 또 우리의 도덕이 신앙이 되기에 이르게 되는 일이다.

하나님은 먼저 좋은 은사들에 관심을 두지 않고, 올바른 수용(受容)에 의해 측정되는 올바른 수여(授與)에 관심을 둔다. 이처럼 은혜는 우리를 통해서 비인격적인 단순 명쾌함으로 마치 빛이 유리창을 통과하듯 통과하는 단지 권능의 직선(直線)이 결코 아니라 대신에 인내하며 인격적 지혜의 곡선으로 우리와 우리의 모든 관심을 둘러싸며 품고 있는 선이다. 진정한 신학은 이 곡선에 전적으로 몰두한다.

은혜는 언제나 하나님을 향한 볼록한 면을 갖는다면, 사람을 향한 오목한 면을 갖는다. 따로따로 본다면, 그 거울은 모순적이고 대립적이지만, 합체된다면, 볼록 면과 오목 면이 한 선에 있어 완전히 하나처럼 된다. 은혜의 행위와 의지의 행위로써, 이 둘은 순전히 갈등하는 힘이다.

우리 영의 아버지에서 연유하는 우리를 향한 은혜로운 관계 가운데 이 둘의 조화는 우리의 교제의 본질적인 표현이다. 그러나 흡수의 화합이 아닌 사랑의 화합, 범신론적인 하나됨의 화합이 아닌 인격적 합의의 화합은 오직 우리가 그 모순을 깨닫고 또 이를 받아들임으로써 어떻게 하나님이 이를 극복하는가를 알 때만이 얻어질 수 있다.

그러므로 은혜에 대한 모든 올바른 교리는 개개인들처럼 우리와 하나님 간의 갈등에서부터 출발한다. 갈등 자체가 자기 주장을 하는 인격체로서의 우리의 권능에 속한 까닭에 이 갈등은 하나님의 간접적이고 인격적인 우리와의 관계만이 극복할 수 있다.

신앙적 및 도덕적 입장은 기계적으로 대립적인 까닭에 어떤 해결도 허락하지 않지만, 인격적으로 결합될 때에 이 입장은 갈등을 허락하지 않는다. 자기 자녀를 향한 하나님의 은혜로운 인격적 관계에 대한 역사의 방식은 화해에서 정확히 드러난다. 즉, 화해는 하나님의 편에서는 우리 자유의 도움이며 우리 편에서는 하나님 자녀의 자유인 까닭에 이는 일면으로는 신앙적이고 또 다른 면으로는 도덕적이 아니라 이것이 신앙적이기 때문에 도덕적이요 또한 도덕적이기 때문에 신앙적이다.

하지만 이런 진정한 인격적 조화는 오직 모순들을 통해서만 성취될 수 있다. 그리고 그 모순들은 우리가 어떤 현명한 답을 찾아 주어야 하는 단지 지적 수수께끼가 아니라 실제적인 현실적 대립 관계로 이는 사람이 한 인격이며 하나님 또한 또 다른 인격이라는 사실에서 생겨난다.

우리가 인격체로서 하나님으로부터의 우리의 분리를 주장할 수 있는 것처럼, 이 대립 관계는 신앙적 해결에 대해서만 허락한다. 그 해결은 우리의 진정한 자유는 우리가 사랑으로 표현하는 자기 자녀를 향한 은혜롭고 현명하고 신앙적인 관심으로써의 하나님의 뜻에 있음을 우리에게 보여 준다.

우리의 하나님과의 관계는 그렇게 함으로써 떨어질 수 없는 연합 안에서 도덕적이고 신앙적이 된다. 그러나 우리의 의존성과 우리의 독립성은 도덕적인 자를 신앙적인 자로 혹은 신앙적인 자를 도덕적인 자로 변화시키는 어떤 과정을 통해서는 하나로 이어지지 않는다. 도덕적인 자가 신앙적인 자로 변화될 때에 사람은 한 인격이 아니며 하나님이 또 다른 인격이 아니라 사람은 자신의 과정 가운데 기각되고 또 자신의 목적은 흡수될 것이며 하나님은 아버지로서가 아니라 범신론적 절대자로서 행하게 된다.

역시 신앙적인 자가 도덕적인 자로 변화될 때에 참되 인격적 관계 역시 잃어지고, 사람은 단지 자기 울타리를 친 개인이 되고 하나님은 저 멀리 떨어진 신적 창조자요 도덕적 지배자가 될 뿐이다.

한 인격으로서의 사람은 하나님으로부터 자신의 분리를 주장할 수 있으며 우리를 향한 하나님의 관계는 인격적인 까닭에 하나님이 그 분리를 단지 은혜—물론 은혜는 불가항력적으로 이를 제거한다—를 통해서 극복할 수 없다.

하나님에 의한 분리 수용은 그 반대로 하나님이 우리를 다루는 모든 것의 기초이며 따라서 하나님이 우리의 책임을 철회함을 통해서가 아니라 오직 우리로 더욱더 완벽하게 책임 있게 만듦으로써, 그래서 우리가 하나님의 의와 거룩한 뜻이 우리의 것이 되는 가운데 참된 자유를 발견하게 될 때에 하나님은 성공할 수 있다. 그것은 심지어 전지성에 의해서 인도되는 최고의 전능성의 힘에 의해서도 얻어질 수 없고, 다만 우리가 사랑으로 칭하는 자기 자녀를 향한 하나님의 오래 참고 현명한 배려를 통해서만 얻어진다.

사랑은 그 본질로부터, 우리의 가치를 원하는 바, 이것이 우리 자신 안에 있어야 하되, 단지 어떤 류의 방편을 통해 우리를 강제하므로 우리가 가치 있게 되는 것이 아니다. 따라서 사랑은 우리의 뜻이 한 방향으로 정해지고 또 우리를 향한 선의 사랑의 목적이 또 다른 방향으로 정해질 때에 생겨나는 모순을 받아들여야 한다.

사랑은 모순들을 낳게 하는 죄를 극복하는 데에 인격적 설득 이외에는 다른 길을 갖지 않는다. 인격적 설득을 통해 우리가 발견하게 되는 것은 최고의 사랑이 우리를 위해 약속한 것을 우리가 구할 때만, 우리는 우리 자신에 대해 진실하다는 점 그리고 우리가 사랑을 위해서 우리 자신을 잃어버릴 때만 우리 자신을 발견하게 된다는 점이다.

은혜에 대한 모든 교리는 권능의 교리가 아닌 사랑의 교리이다. 이런 까닭에 이 교리들은 이런 비참한 대립 관계들을 수용해야 한다. 이 대립은 우리의 뜻이 한 방향에 그리고 하나님의 뜻이 다른 방향에 정해지는 한 있게 된다. 그것들은 무시되거나 기각될 수 없고, 반대로 그것들에 의해 전적으로 결정되는 은혜로운 인격적 관계의 본질에 속한다. 이는 힘이라는 쉬운 길을 택하지 않을 것이다. 왜냐하면, 인격적 관계를 얻는 대신에 하나님과 인간의 관계는 인격체로서가 아닌 세력들 간의 관계처럼 전적으로 기계적이 되기 때문이다. 반대로 은혜 교리의 본업은 실로 어떻게 은혜가 꾸준하게 하나님과 그 자녀 간의 관계를 주장하는가를 보여 주는 것이다.

여기에서 하나님이 인격인 것처럼 우리도 인격임을 주장하며 하나님이 그런 것처럼 도덕적 독립성을 갖는다. 우리가 오직 온전하게 성취하는 그 독립성은 우리가 아버지에 대한 온전한 신뢰를 얻을 때이다. 이로 인해 우리는 마치 사랑만이 섬김 받을 수 있는 것처럼, 그의 자녀 가운데 하나님을 즐거이 섬길 수 있다.

우리를 향한 하나님의 은혜로운 관계에 대한 역사의 방식을 설명하는 것은 그러므로 이런 대립 관계들에 대한 설명이 된다. 왜냐하면, 이 대립이 기계적으로 대립되는 한, 양립 불가한 모순들이 되기 때문이다. 또한, 이 설명은 어떻게 사랑이 그것들을 극복하는가의 설명이기도 하다. 왜냐하면, 인격적 관계는 이런 모순들을 깨어지지 않는 화평과 쉼 없는 선의 목적이라는 완전한 조화가 되게 하기 때문이다. 문제는 어떻게 은혜의 교리들을 제시할 것인가이다.

구원이 하나님의 역사인가 혹은 우리 자신의 행함인가?

오히려 부분적으로 하나님의 은사 그리고 부분적으로 우리 자신의 성취인가가 아니라 참회 안에서 시작되어 영생의 소유에서 완성되기까지 이 모든 것은 즉시 하나님의 수여와 우리 자신의 성취에 속하는 것이며 즉시로 우리 안에서의 하나님의 역사 곧 뜻과 행함에 속하며 두렵고 떨림으로 우리 자신의 구원을 이루어는 일에 속하는 것이다.

그러므로 이 구원은 즉각적으로 현실 그리고 우리의 할 일의 불완전함에 대한 인정이며 이를 완전하게 하고 안전하게 확보하는 하나님의 소유됨에 대한 신뢰다.

제2장

참회
(Penitence)

믿음은 자주 확증되듯이 모험을 걸고 어떤 것들을 믿으려고 노력하는 것이 아니다. 하지만 다름 아닌 모험을 할 때에 우리는 믿음을 갖는다. 자주 그러하듯 사람들은 실제로 다음과 같이 말한다.

"이것은 사실이지만 나는 동의하지 않아!
이것은 믿을 만하지만 나는 이를 신뢰할 만큼 그렇게 단순하지 않아!
이것은 하나님의 길이지만 나는 무리해서 이를 택하고 싶지 않아!"

이처럼 그들은 말로 인해 미혹되고 있는 셈이다. 당신이 동의하는 것은 당신의 진정한 진리며 당신이 스스로 신뢰하는 것은 당신의 진정한 믿음이며 당신이 택한 그 길의 능력은 당신의 진정한 하나님이다.
하나님의 선함이 단지 선의 목적인 인자함만이 아닌 까닭에 하나님의 뜻을 행하려는 의지는 그 뜻에 대한 전적으로 합당한 믿음을 위한 기초가 되어야 한다. 인자함의 감정은 충분한 반응일 수 있다.
그러나 단지 인자함이 이 세상, 곧 가장 나쁘거나 혹은 가장 좋은 세상을 설명할 수 있다거나 혹은 감정은 지친 나날의 삶을 사는 동안 우리를 지탱할 수 있었던 어떤 것과 지속적인 연관이 있을 수 있다고 누가 상상할 수 있겠는가?

경험에 합당하게 선한 하나님이 하나님 될 수 있음은 그 권능이 사랑 안에 계시되고, 또 그 사랑이 양심으로 인해 설명되며 그분 안에서는 그러므로 어느 누구도 도덕적 의미에서의 선함을 통해서 삶을 측량하지 않고는 믿음을 가질 수 없는 경우이다.

하나님에 대한 우리의 믿음은 구원 얻는 믿음이다. 왜냐하면, 하나님을 믿는다는 이 실제적인 신뢰가 되는 믿음은 그분께 우리의 구원을 맡긴다는 것과 동일하기 때문이다. 또 우리가 보여 주는 것은 우리 자신이 기대하는 이 같은 구원을 통해서 우리는 하나님에 대해 믿음의 정도를 갖는다는 점이다.

육체의 고통 혹은 영혼의 갈등으로부터의 해결이 가장 혹독한 고행의 방식으로 추구될지라도 이로부터 편안을 기대함은 삶의 딱딱한 껍질을 깬 후에 은택이라는 감미로운 알맹이를 찾기를 바라는 것에 지나지 않음을 뜻할 뿐이다. 도덕적 승리의 기대만이 죄가 우리를 끌거나 내몰 수 없으며 하나님의 선하심에 대한 진정한 믿음을 드러나게 한다. 하지만 그런 소망은 도덕적 목적에서 벗어난다면, 명백히 비현실적이고 왜곡적이며 위선적이다.

예수 그리스도를 통한 하나님에 대한 믿음의 도움은 이런 도덕적 필요성을 대체하는 것이 아니라 이를 가장 강화시키고 심화시키되, 그리스도에 대한 믿음을 주가 옹호했던 모든 것에 대한 믿음으로부터 분리함으로 말미암아 그 도덕적 호소를 우리가 피하지 않는 한에서 그렇다.

그렇지 않다면 우리는 하나님의 자기 백성을 향한 은혜로운 관계라는 하나의 뚜렷한 거울을 바라볼 수 없으며 그 거울에서 우리는 하나님과 인간을 향한 우리 자신의 진정한 도덕적 관계에 대한 유일한 완벽한 계시를 보지 못하고 또 그 도덕적 필요성이라는 압도적인 감정을 갖지 못하게 된다.

만일 우리가 자신의 구원을 위임하는 그 관계를 참으로 신뢰한다면, 예수를 구세주로 부르는 것은 동일한 호흡 안에서 그를 주로 부르는 것이다. 우리가 예수를 믿는다고 말함에도 주가 옹호했던 것을 옹호하지 않으며 사람들이 자신들의 삶을 지키려고 구하는 정반대적인 소유물과 고안책을 버리지 않는다면, 이는 단지 예수를 활용하려는 것일 뿐이다. 마치 우리가 우리 자신을 속이기 위해 가장 높은 자들을 거의 쉽게 오용할 수 있음과 같다.

그런데도 은혜는 꼭 그대로 은혜다. 왜냐하면, '은혜는 도덕적 선과 전적으로 관련될지라도 우리가 도덕적이 되는 방법을 절대로 변호하지 않기 때문이다.'

모든 세대를 통해 바리새주의가 붙들기를 실패했던 이 간접적인 방식은 그 신앙과 그 윤리 양자에서 처절한 결과를 낳았다. 우리가 믿음과 행위를 직접 상관하는 한, 우리는 외형적인 의인들을 위한 바리새인적인 구원에서 탈피하지만, 의와 무관한 도덕폐기론적인 구원에 이르고 마는 것이다.

하지만 우리가 구원 얻은 은혜의 인격적 본질을 인식하자마자 참된 상황은 완벽하게 간단하다. 우리를 향한 하나님의 은혜로운 관계는 도덕적 신실함이 없이는 우리에게 어떤 의미도 갖지 못한다. 그러나 우리가 여전히 죄인인 한에 있어, 죄로부터 우리를 해방하고 우리의 도덕적 선이 그 조건이 되는 것은 그 목적을 패배시키는 것이 될 터이다. 구원에 대한 믿음의 조건은 참회이지, 어떤 형태이건 자기 인정이 아니다. 잘 견고히 세워졌다 해도 그렇다.

이 사실이 가슴에 와 닿는 순간, 우리의 첫 의무가 비참한 범법자라는 느낌을 일깨우는 것이 되어야 한다는 것은 너무나 평범할 결론일 뿐이다. 대부분 인정되는 방안은 신앙 고백에서 가장 어두운 최상급의 말을 사용하는 것이다.

그러나 이는 어떤 분별 있는 인간이라면 비록 보통 정도라도 불쾌한 구체적인 실례가 되는 것을 꿈도 꾸지 않을 일이다. 그 결과는 진정한 영적 비하가 아니다. 더욱 빈번히 이는 영적 교만을 키우는 바, 우리의 스스로 취한 도덕적 겸비함을 만듬으로 말미암으며 참으로 겸비케 하는 어떤 대가도 없이 우리의 가장 손쉽고 가장 공로적인 성취로 나타나게 된다.

조심스럽게 조작된 자기 비하가 아닌 진리의 빛 안에서 우리 자신에 대한 신실함이 진정한 참회의 조건이다. 참회를 위해 우리는 "자의적 겸손" 즉 우리의 실제보다 자신을 다르게 생각하도록 하는 목적의식의 설득을 통해서 전진하지 않는다.

다음과 같이 특별히 그런 행위들에 대해 우리 자신을 변명하는 것을 뜻한다 해도, 이는 거짓된 겸손이지, 참된 겸손이 아니다.

첫째, 우리가 믿음으로 붙들고 있는 어떤 것을 평가절하하는 것
둘째, 우리가 이루어냈던 어떤 자기 근신을 가볍게 여기는 것
셋째, 우리가 도덕적 업무를 위해 갖는 어떤 능력을 과소평가하는 것

자기 자신의 타락에 대한 비현실적인 감정이 어렸을 때부터 모든 계명을 지켰던 젊은 관원을 개선시킬 수 없었을 것이다. 예수가 그를 그런 복종으로 인해 사랑했을 때에라도 주는 의의 기준을 낮추거나 죄의 개념을 변경시키지 않았다.

우리의 도덕적 상태에 대한 평가절하가 진정한 참회를 주지는 않을 것이다. 그러나 오직 우리의 최고의 업적에 대해서 우리 자신에 대한 전적으로 다른 평가만이 참회를 줄 것이다. 하지만 이 평가는 전적으로 단순한 진리에 속한다. 왜냐하면, 진리는 오직 만사를 있는 그대로 보는 것 외에는 어떤 일깨움도 요구하지 않는 까닭이다.

만사를 있는 그대로 본다는 것은 그러나 우리의 모든 특권을 책임들로 본다는 뜻이다. 반면에 위선의 본질은 이것들을 공로로 간주한다. 위선의 광휘는 우리 자신과 타인에 대한 우리의 모든 판단을 왜곡하게 하며 특권을 공로와 동일시하지만, 책임과 동일시하지 않는다.

도덕적 위로와 자화자찬은 성품의 어떤 요소와는 전적으로 무관한 일들로부터 당연히 얻어질 수 있다. 따라서 사람은 자신의 도덕적 결과가 커지고 도적적 책임은 줄어드는 것을 느낀다. 왜냐하면, 어떤 일은 마치 한 친척의 죽음처럼 자신과는 별개인 까닭에 자신의 지갑에 돈을 넣게 하기 때

문이다.

　타인의 존경을 통해 그리고 필요의 압박감에서 해방됨으로 인해 책임이 덜한 삶을 통해, 자부심은 더욱 쉽게 된다. 능력, 훈련, 심지어 좋은 형식에 대한 무딘 수용, 나아가 사회적 징벌에 대한 단순한 공포, 이 모든 것이 이런 방식으로 도덕적 가치로 잘못 인식될 수 있다.

　이처럼 외양을 실제로 취함으로 인해 모든 전통적인 도덕적 판단이 형성된다. 하지만 전통적인 도덕적 판단으로는 진정한 참회는 있을 수 없으니, 이는 우리의 도덕적 상을 흐리게 하고 또 비현실적인 도덕적 세상 가운데 우리를 남겨두는 햇살이 되기 때문에 현실을 통해 우리에게 하나님의 총체적인 증거를 그르치게 한다.

　그 햇살이 제거된다면, 참회는 제조할 필요가 없을 것이며 진리가 혼자 오듯, 보임으로 인해서 오게 될 것이다. 우리가 특권을 하나님의 선함에 속하며 결코 우리의 길 가운데 있지 않다고 보는 순간, 우리의 능력들은 우리를 자신으로부터 방패 삼게 했고 또 영향력의 억지로 우리를 둘러 울타리치게 했던 하나님의 선과 오래 참음으로 드러나게 된다.

　그러나 하나님의 선을 활용해서 우리로 하나님의 참된 심판에 더욱 민감하도록 만드는 그 합당한 목적을 얻는 대신에 우리는 이 선을 이용해 우리 자신을 위한 자부심의 갑옷을 만들어 우리의 무가치함에 대한 어떤 암시도 막아낸다.

　그런 증거의 우편물이 없는 것은 필연적으로 회개할 일이 되는 바, 이는 양심의 공격으로부터 보호막이 없게 되기 때문이다. 가난하고 비참하고 눈멀고 벌거벗고 있음에 대한 언어 그리고 더러운 넝마 옷이 되는 우리의 모든 의에 대한 언어는 자연스럽게 우리의 입술에서 여전히 나오지 않을 것이다. 또한, 우리가 느끼지 않는 고백을 통해 자기 최면을 거는 시도는 헛된 일이다.

　그런데도 우리가 어떻게 자신의 선한 견해가 왜곡된 도덕적 존경의 세상 안에서 형성되었는지를 보는 순간, 이에 대해 어떤 것도 단지 과장이라

볼 수 없으리라. 왜냐하면, 이곳에서 우리는 특권―오용되었던 까닭에 우리의 주된 정죄가 된다―을 우리 자신의 공로로 돌릴 수 있기 때문이다.

진리에 대한 우리 자신의 의식, 정의에 대한 우리 자신의 양심, 책임에 대한 우리 자신의 감정이 우리와 직접적인 말을 거는 기회가 전혀 없는 이런 비현실적인 도덕적 세상 안을 제외하고는 누구도 꾸준한 자화자찬을 주장할 수 없다.

하지만 그 세상에서 우리는 시선을 진정한 성품으로부터 거두고 이로 인해 끊임없이 의 가운데 진리를 거역하며 대신 외적인 훌륭함에 시선을 돌려, 우리 심령을 올려다볼 수 없는 타인의 견해를 비추어봄을 통해 스스로 자신을 존경케 만든다. 이런 피상적이고 외형적인 평가로 보호받지 못한 우리는 예수만이 결코 주저하지 않았던 심판, 곧 위선은 우리의 최고의 잘못이요 영적 장애이며 이에 비교하여 총체적 악조차도 작은 장애물에 불과하다는 심판에 노출될 것이다.

일단 이런 맹목성으로부터 해방된다면 우리는 죄들과 결점들을 과장할 필요가 전혀 없을 것이다. 오직 그 도움에 의해서만 우리는 우리로 하나님의 선을 마치 우리 것인 양 판단하게 만드는 공허함과 어리석음을 품을 수 있게 된다. 맹목성에서 피하는 것 이외에는 어떤 것도 필요치 않다. 기쁜 소식이 가난한 자에게, 즉 간단히 말해 인간의 도덕적 필요에 선포되지 않는다면, 우리의 선에 달려 있었고 혹은 어찌하든 기쁜 소식일 수 있었던 하나님의 기쁜 소식은 결코 있을 수 없음을 발견하게 된다.

그러므로 회개하는 것은 우리가 현실적인 도덕적 세상에 있는 것처럼 우리 자신을 보는 것일 뿐이며 우리는 우리의 묵시를 왜곡케 하는 위선으로부터 벗어나게 되어, 마침내는 우리가 우리의 특권들을 비록 오용될지라도 존중하고, 우리를 인정하는 감정을 갖고 이것들을 주었던 하나님을 필요로 하게 된다.

이런 회개가 없이는 믿음은 모든 현실에도 불구하고 복을 줄 수 없다. 모든 현실 중에서 가장 중요한 도덕적 현실이 전도(轉倒)되고 회피되는 것을 안다면 그렇다. 그러나 만일 참회가 도덕적 신실함의 다른 이름이라면, 우리는 단지 요구에 따라 그리고 오직 도적적 노력을 통해 그리고 믿음을 갖기 위한 예비적 조건으로써 회개할 수 없음은 자명하다. 만일 우리가 매우 신실하다면 물론 우리는 현실 그 자체의 증거에 전적으로 개방적이어야 하며 반드시 진리 그리고 오직 진리만을 믿어야 한다.

우리를 향한 하나님의 은혜로운 관계에 대한 전적인 어려움은 현실을 직시하기를 거절하는 것에 놓여있다. 왜냐하면, 그것이 영향을 받게 되면 그 승리가 얻어질 것이기 때문이다.

따라서 회개는 믿음에 예비적인 것이 아닌 믿음의 불가결한 요소다. 우리를 향한 하나님의 은혜로운 인격적 관계를 본다는 것은 진정한 참회를 위해 필요한 바, 참회가 하나님이 은혜롭다는 것을 보기 위해서도 필요한 것과 같다.

회개하고 믿으라!
이 말은 먼저 회개하고 나중에 믿으라는 뜻이 아니다!
영의 실제적 역사 안에서는 그런 전과 후가 없다!

각자가 각자에 필요하고, 그래서 누구도 믿음 없이는 현실에 자신을 드러낼 수 없으며 현실에 자신을 드러내지 않고서 믿음을 가질 수 없다. 회개와 믿음의 이런 생생한 연합은 예수 그리스도 안에 도움을 얻게 되는 것이며 주만이 완벽하게 우리의 실패를 정하되, 하나님 자녀로서 우리의 가능성이란 점에 비추어 그리하며 그렇게 함으로써 즉시로 그 죄성을 드러내고 이를 이기는 승리의 소망을 준다.

하나님 자신이 무죄했다는 것은 보편적 부정문으로 오직 전지성만이 트집을 뛰어넘어 증명할 수 있다. 그리고 주의 도덕적 이해 관계가 그의 상황이나 그의 시대로부터의 모든 제약을 뛰어넘었다는 것은 보편적 긍정문을 갖지만, 이는 항상 사적인 심판에 좌우될 것이다. 그러나 분명한 것은 사람들이 주를 만나는 곳, 성경 가운데 혹은 그의 참된 추종자 가운데 어디서나 전통적인 도덕적 심판이 뒤집어졌다는 점이다.

책임이 특권에 부속되며 도덕적 타협은 지혜의 모습을 잃으며 반(半)소경의 어리석음처럼 자신을 나타낸다. 그러면 우리의 놀라운 도덕적 실패에 대한 인식은 오직 우리의 놀라운 도덕적 가능성에 대한 인식과 동일하게 된다. 주의 임재 안에서 사람들은 마치 성전에서 하나님을 보았던 선지자처럼 자신이 부정한 입술에 속하며 또 부정한 입술의 사람 가운데 거주함을 깨닫는다. 왜냐하면, 그리스도의 임재 가운데 참회와 하나님의 묵시는 하나의 불가분의 경험인 까닭이다.

그리스도의 생애에 성경 본문 혹은 기술(記述)에 대한 어떤 비평적인 의문들이 따를 수 있지만, 이 효과는 여전하다. 그러나 어려움을 가장 잘 깨닫는 자들은 이 효과는 언제나 가장 작지 않으며 또 주를 향한 관계가 가장 완벽하고 가장 형식적인 교회적 표현을 갖는 자들에게는 언제나 가장 크지 않는 법이다. 역사상 가장 확실한 것 그리고 경험상 가장 인상적인 것은 사람들로 그들 자신들을 진정한 겸손으로 평가하게 만든 그리스도의 영향력이다. 이는 그들로 참회하고 저자세가 될 것을 결심하게 만듦으로써가 아니라 그들을 큰 영적 현실 앞에 두는 것이다. 이 현실은 즉시로 위선자들을 드러내며 진리 안에서 소망을 준다. 이런 효과가 없는 곳에서는 사람들이 그 호소에 마음 문을 열지 않기 때문이다.

그렇게 함으로써 그들이 주에 대해 가르침을 받을 때까지는 그들은 주를 믿지 않는다. 심지어 모든 정통 교리에 따라서 그들이 주에 대한 교리들을 받아들일지라도 그리고 모든 조직화된 전승에 따라서 주의 추종자들의 수가 셈해지고 주의 이름으로 불릴지라도 그렇다. 하지만 이것이 상존하는 곳에 주는 왕이며 구원자로 이스라엘에게 회개와 죄 사함을 주지만, 별도로 그리고 계승이 아니라 동질성과 친밀한 교제 가운데 행한다.

제3장

칭의
(Justification)

　은혜로운 하나님에 대한 믿음은 오랜 주장에 따르면 그 행사를 위해 도덕적 성취를 필요로 하지 않는다. 건강한 자가 아닌 병든 자가 의원이 필요한 법이다. 의원이 더욱 좋다면, 치유차 그에게 가야 하는 경우는 더욱 나쁜 경우다. 정확히는 하나님이 은혜롭기 때문에 하나님은 우리를 돕기 전에 최소한의 선한 행동을 요구하지 않는다. 하지만 희소식은 하나님이 잃어버린 자를 찾고 구하며 세리들과 죄인들을 그 나라에 받아들임이다. 믿음을 위한 전제 조건으로서의 도덕적 성취는 율법적이고 바리새인적이지, 복음적이고 기독교적이지 않다.
　하지만 하나님의 구원은 도덕적 성취며 이것을 통해서만 선을 위한 만사의 행위는 측정되어야 한다. 그러므로 구원은 도덕적 신실함이 없다면 어떤 가치도 없을 수 있다. 위선으로는 우리는 만사에서 우리를 자신과 화해하기를 원하시는 그런 류의 하나님에 대한 믿음을 가질 수 없다. 왜냐하면, 하나님은 자신이 완전하니 우리 역시 완전하게 하기 위해 모든 것을 약정하신 까닭이다.
　따라서 우리가 어찌 그 길을 인정할 수 있으리오?
　우리가 그 길의 목적을 진정으로 원하지 않으면서 말이다!

하지만 기존의 주장처럼 위선이 죄로부터 분리될 수 없다면, 도덕적 신실함은 우리의 가능성 안에서는 도덕적 완전함 그 이상으로는 나타나지 않을 것이다.

우리는 죄와 자기 기만의 쳇바퀴가 되고 그래서 자기 기만과 죄에 이르도록 영원히 저주받은 것은 아니지 않는가?
불변의 죄책과 치유 불가의 자책감을 우리는 영원히 감당할 수 없다!
또한, 우리가 그런 사실들을 바꿀 수 없다면, 이를 두고 자신을 속이려 시도하게 마련이지 않는가?
그러면 이렇게 절망하고 자기 기만이 되어, 우리는 더 미혹되게 마련이지 않는가?

이 악순환이 끊어질 때까지 우리는 도덕적 독립성이나 하나님에 대한 의존 어느 것도 가질 수 없음은 확실하다. 그러므로 어떤 피난길을 찾아야 한다. 하지만 우리가 도덕적 및 신앙적 상황을 진지하게 직면하면 할수록, 더욱더 우리는 단단한 벽 안에 갇혀있는 것처럼 보인다.
먼저, 도덕적 상황이다. 이 상황에서 통찰력으로 자라는 것, 우리의 책임감을 키우는 것, 행위에서 동기로 바꾸는 것, 이는 죄책감을 크게 하여 마침내는 고통이 우리의 생각들을 바꾸고 우리의 기대치를 완화하도록 인도하게 된다.
누가 위선의 배양을 피할 수 있겠는가?
만일 사람이 집요하고 진지하게 더 도덕적일수록, 더욱더 그는 자신의 도덕성이 오직 '순종치 아니하는 가운데 가두어 두심이라'라고 비참하게 느낄 것이다.
가장 명확히 이는 양심의 결과인 것처럼 보일 것이다. 즉, 더 이상 엄격한 외적, 법적 심판을 행사하지 않고, 의에 굶주리고 목마른 것, 이는 다름 아닌 바로 무한한 사랑의 주장만이 측정할 수 있는 양심이다.

도덕적 문제는 어느 때보다 단순히 더 크며 그리고 더 용해 불가한 것이다. 우리는 그 어느 때보다 그런 위선의 고통 가운데 있다. 위선을 가지고는 우리는 믿음이든 회개든 간에 진리에 대한 올바른 관계를 가질 수 없다.

그래서 죄와 위선, 위선과 죄의 악순환에 갇혀서 사람이 바울 사도와 함께 외치는 것 이외에 무엇을 할 수 있겠는가?
이 사망의 몸에서 누가 나를 건져 내랴?
순전히 도덕적 답은 전혀 없다!

비록 눈물로 조심스럽게 찾는다 한들 어떤 참회의 자리도 순전히 도덕적 심판은 허락하지 않는다.

하지만 신앙적 신뢰는 더 나은 성공을 기대할 수 있는가?
양심의 가책이 합당한 해방은 이 악순환을 끊고, 우리에게 신실하게 될 여지를 줄 것이다!
그러나 우리가 죄 사함을 말할 때에 우리에게 우리 자신을 용서할 권리를 주려는 죄 사함은 무슨 도덕적 현실을 의미하는가?
율법적 허구 이외에 이는 무엇인가?
도덕적 신실함으로부터 뿐 아니라 모든 형식의 영적 현실로부터 어느 때보다 더 멀리 떨어진 픽션이지 않은가?

이 난제는 도덕적 인격체의 가장 내면적인 본질로부터 나온다. 왜냐하면, 우리의 행위를 우리 자신에게 전가함이 없이는 인격은 어떤 존재도 갖지 않을 것이기 때문이다.
그 외 모든 것에서 우리는 변화할 수 있고 그래서 전적으로 다른 개개인이 될 수 있지만, 책임감은 여전히 남아 미숙한 어린 시절과 용맹한 장년 시절 그리고 늙은 나이를 하나로 연결하며 이런 모든 변화를 통해서도 우리는 스스로를 능숙하게 변화시키지 않고 머물 수 있다고 주장한다. 이 전가함이 없이는 우리는 우리 의식에 대한 자아, 우리의 이상에 대한 성장 혹은 우리 성격의 형성을 위해서 어떤 항구적 기초도 가질 수 없었다.

단어 전가(轉嫁)는 의심 가득한 동의어를 갖음으로 인해 오명으로 빠졌다. 그러나 그 단어 자체는 도덕적 인격에 대한 생명 신경이다. 그리고 우리가 말해왔던 하나님의 은혜스러운 관계가 우리의 행위를 자신에게 전가함에 있어 무책임하게 행한다면, 이는 때로는 전능한 은혜의 직접적 힘에 의해 기각당하는 것보다 우리 안에서 도덕적 중요성이 되는 모든 것에 더욱 치명적이 될 터이다.

하지만 전가는 법적 개념이며 필연적으로 법적 상황을 낳는다!
그러므로 이는 법적으로 다루어지지 않아야 하는가?
이는 유죄든 무죄든 하나가 되지 않아야 하는가?

그리고 하나님의 죄 사함이 재판관의 무죄 선고라면, 이는 일종의 법적 용서에 의한 것일 수 있다. 이것은 너무나 분명해서 그런 피난길을 찾는 노력들이 오래되고 많다. 그런데도 작은 차이들을 무시한다면, 우리는 이 차이들을 두 가지로 줄일 수 있다. 즉, 타협의 길과 조정의 길이다.

타협의 길은 하나님의 용서를 순전히 인간 도덕성의 상처를 땜질하여 고침으로 소개한다. 일차적인 가장 단순한 견해는 장래의 기본적인 법적 수요가 필요하는 것 이상으로 우리 자신이 장래에 더 많은 공로를 얻을 수 있으며 이것이 하나님의 안전(眼前)에서 과거의 기본적인 법적 수요에 미치지 않음을 보상할 수 있다는 것이다.

여기서 우리는 가장 천박한 정도에서 법정주의적, 도덕주의적 정신을 갖는다. 이에는 법적 도덕성의 고귀하고 엄격한 형식이 진정으로 나타나지 않으며 또 이는 하나님과 사람을 향한 온전한 사랑에 대한 전적인 헌신을 요구하는 도덕성조차도 꿈꾸지 않았다.

이는 삶의 다양한 기회에 대한 어떤 의식도, 그 수요의 무한한 기준도, 가장 기계적인 성격의 개념을 제외하고는 아무것도 갖지 않는다. 그렇지만 대부분 고백되지 않지만, 그렇다고 없는 것도 아니다. 따라서 영향력이 적지만, 이 견해는 많은 이론과 여전히 더 많은 실천을 지배 중이다.

다소간 의식적으로 이 견해는 고해 성사와 미사 같은 그런 신앙적 행위를 겨냥하며 구원 얻는 믿음에 대한 어떤 개념들을 정한다. 게다가 많은 자는 이 문제를 두고, 어떤 주목할 만한 신앙적 성격에 있어, 명백하게 가톨릭 신자도, 공격적인 개신교인도 아니다.

그들은 역시나 행위의 개념에 사로잡혀 있어 과거를 보상하려 하며 또 그 악을 사함 받고자 하고, 그렇게 함으로써 이것이 그들의 현재적 의무인 까닭에 그들은 자신들의 현재적 의무를 감당할 수 없게 된다. 이것은 그들로 율법과 도덕에 많은 걱정을 갖도록 하지만, 이는 단지 예식(儀式)의 법이며 도덕적 동기가 없는 하나의 도덕일 뿐이다.

법적인 도덕은 만일 이것이 행위를 자신에게 전가시키길 중단한다면, 이 땅 위에서 할 일을 갖지 못하고 잘못된 전가를 손대지 못한다. 또 외면하지 않는 눈으로 도덕적 현실을 직시할 때에 이 도덕은 쓴맛의 치유 불가한 과거 이외는 우리에게 어떤 전망도 줄 수 없다.

그리고 만일 도덕이 법적 요건이며 이에 대한 모든 위반이 법적 죄책이며 어떤 것도 영원히 지나간 과거를 바꿀 수 없고 혹은 이를 자신의 것 이외의 다른 것으로 만들 수 없다면, 우리는 과거를 보상할 무언가를 할 수 있다고 소망하는 것 그리고 하나님이 그 나머지는 간과하리라는 것을 소망하는 것 이외에 어떤 더 좋은, 어떤 다른 가능한 위로의 길이 열려있기나 하는 것인가?

하지만 그것이 전부라 하더라도, 위로는 크지 않다. 왜냐하면, 그런 용서는 과거와 미래를 효과적으로 다루지 않기 때문이다. 특히, 이는 조금도 현재의 필요에 합당하지 않다. 따라서 과거의 짐을 가볍게 하는 것이 이를 무시한 것보다 나을 수 있지만, 우리의 어깨에서 이 짐을 벗겨줄 장래의 선한 행동에 대한 면죄의 소망에 있어서 실제적 능력은 결코 없다. 우리의 미래가 과거를 떠나서 결정될 수 없다면, 이 방식으로 우리의 과거를 미래 위에 두는 것이 전혀 없음보다는 낫다.

그러나 이 전망 가운데 우리 자신을 초월적인 공로의 피조물로 보는 것은 장래에 대한 올바른 태도가 아니다. 이 결핍함을 덮으려면 우리의 과거가 모든 상상 가능한 장래의 공로를 필요로 할 것이다. 무엇보다 우리의 현재 일이 과거에서부터 온다고 해도, 또한 이 일의 가장 중요한 면이 과거의 허물의 결과를 대면하게 될지라도, 우리의 섬김은 현재에 있으며 현재의 섬김은 우리로 그 부르심에 대한 빚진 자 그 이상이 되도록 허락하지 않는다.

그래서 할 수 있는 만사를 행했던 후에도 우리는 여전히 무익한 종으로 머물며 선에 대한 최상의 헌신 가운데도 우리에게는 어떤 공로도 없다. 하물며 악에 대한 과거의 헌신에 대한 벌점을 상쇄할 잉여적 공로는 더 말할 나위 없다.

다른 형식의 법적 용서는 조정에 의함이다. 이는 우리 자신의 의를 뛰어넘는 것처럼 보이며 우리 것보다 나은 타인의 공로는 우리의 결핍을 보상한다고 믿는다. 이것은 단지 성도에 의한 공로의 양도이거나 혹은 우리 자리를 대신한 자의 더 명확하고 포괄적인 개념일 수 있다.

이 이론이 남겨 주는 감정은 당연히 사람이 친족이나 도시의 일원으로 되는 날들부터 우리의 것이 된다. 도덕적 이해 관계가 단지 희미하게 정의되는 공동체적, 개인적 책임일 때는 그런 공로 혹은 죄책을 양도함은 도덕적으로 금지되는 것이 아니었을 것이며 때로는 도덕적으로 인상적이었을 터이다.

하지만 법적 상황에서 법적으로 일어나게 되는 사죄 이론으로써, 그 본질은 죄책을 개인에게 떠넘기는 것이지만, 이는 실패하게 되어 있다. 왜냐하면, 어떻게 어느 누구의 공로가 다른 이에게 이전될 수 있는가를 아는 어려움 같은 세부 사항뿐 아니라 성도의 위계질서 안에서 그자에게 더 높은 자리를 확보하기 위해서는 자신의 공로를 여전히 가져야 하기 때문이다.

이 이론은 없애려는 법적 난제에 대한 법적 조건을 이룰 수 있기에는 완전히 실패한다. 난제의 조건은 전적으로 죄인에게 속하는 죄인 까닭이다. 이 이론은 개인의 고통받은 양심 그리고 세상의 법 위반을 위한 즉각적인 해결책으로 제시된다.

그러나 양자의 경우, 이는 어떤 세부 사항도 도덕적이 되지 못하는 임의적 해결책일 뿐이다. 개인의 경우 법적 상황에 대한 마음은 죄책이 우리 것, 곧 오직 그리고 언제나 우리 것이며 이 점에서 도덕적 인격은 주체적이고 침투 불가한 것이다.

도덕 질서의 경우, 그 참된 것은 자체로 정당성을 입증할 필요가 없으며 공로를 이전함으로 해서 그리 한다면, 이는 도덕적일 리가 없다. 반면에 죄인의 처벌을 위해 무죄한 자의 고통을 용납한다면, 이는 법적일 리가 없다. 이것은 사람의 정의는 물론 하나님의 정의에 적용할 수 없다.

게다가 이 이론은 신앙적이 아닌 도덕적이다. 왜냐하면, 이는 아버지를 자기 지위를 유지하고 그 백성을 질서 안에 두려는 어떤 책략을 통해서 의도된 법적 통치자로 만들기 때문이다. 하나님은 우리를 아들로서 다루려 하지 않을 것이며 기껏해야 우리 자신에게 낯설고 우리의 하나님 자녀 된 관계에도 낯선 어떤 명분을 위해 우리에게 일종의 국가 사면을 주려 할 것이다. 하나님 가정에서의 친교의 참된 회복으로써의 죄 사함의 이름을 위해 이는 그런 종류의 주장을 할 수 없다.

용서가 죄와 위선의 악순환 또한 우리 자신이 수감되어 있는 위선과 죄를 깨는 것이라면, 이는 어떤 타협 혹은 조정이 되거나, 여하튼 면책의 책략이 되어서도 안 되며 도덕적 현실로써 실제적인 도덕적 상황을 다루어야 하며 모든 도덕적 상황을 면전에서 똑바로 볼 수 있는 능력이어야 한다.

이는 완화함, 무시함, 전가시킴이 아닌 어떤 해골도 보지 않는다는 확신 하에 모든 장롱을 여는 용기를 뜻한다. 사죄 받음의 의미는 모든 필요가 우리로부터 사라져서 실제 있는 것 이상의 어떤 것을 우리 자신 안이든 혹은 우리 상황 안이든 간에 생각하는 것이다.

의롭게 되는 본질은 우리 자신과의 도덕적 곡예술(曲藝術)로부터의 해방이다. 이는 모든 현실을 정면에서 직시하는 능력을 우리에게 주기 때문이다. 하지만 단순한 도덕적 허구로써 이는 또 다른 환상일 수 있으며 우리를 위선에서 구출하기 위해 무엇도 할 수 없었다.

우리가 쉽게 이를 수 있는 도덕적 불성실의 평안으로부터 우리를 자유롭게 하는 것이 바로 칭의의 일이다. 하지만 우리가 동시에 완전한 신실함과 평안을 가질 수 있는 우리의 실제적인 도덕적 상황을 다루지 않는 한, 칭의는 이 목적에 대해 무위(無爲)일 수 있다. 시편 기자는 다음과 같이 말한다.

> 마음에 간사함이 없고 여호와께 정죄를 당하지 아니하는 자는 복이 있도다 (시 32:2).

간사함의 부재, 거짓됨으로부터 자신을 보호하고 성실과 진리가 아닌 어떤 것으로부터 이익을 얻으려는 모든 욕망의 부재, 이는 여기서 즉시로 죄 사함의 조건과 결과이다. 하지만 전적으로 우리 책임 밖의 이유로 인한 면책은 우리의 자기 기만을 완결할 뿐이다.

이는 가장 심층적인 개인적 요소, 즉 우리 삶에서 벗어나 우리 죄를 자신에게 전가함을 택함으로 인함이다. 또한, 그 결과 우리의 구원이 되는 것 대신에 우리의 영적 폐기가 될 터이다.

하지만 만일 주는 법적 허구가 아니고, 반대로 현실을 위한 단지 또 다른 이름뿐이라면, 주가 행해야 하는 유일한 일은 각인에게 그의 본성을 정확하게 전가하는 것이라면, 어떤 환영이나 어떤 책략이 아니고서야 어떻게 우리가 용서라는 복된 감정을 가질 수 있겠는가?

실천적인 도덕적 관점에서 모든 사죄의 문제는 비현실적으로 죄의 친밀한 동반자 관계에서 생긴다. 우리는 간사함이 있는 한, 영적 죽음이 없이는 죄 용서받을 수 없으며 죄 용서를 바라볼 때까지 간사함을 없앨 수 없다. 이것은 우리가 무시할 수 없는 법적 상황이며 이에 대한 반대는 어떤 법적 책략으로도 극복될 수 없다.

여기서 우리는 은혜에 대한 또 다른 간접적인 개인적 길, 즉 왜 이것이 우리의 모든 필요를 감싸며 포용하는 개인적 도움의 곡선인가 하는 참으로 주된 이유에 이르게 된다. '은혜는 하나님에 대한 우리의 법적 관계를 올바르게 만들지만, 오직 그 관계가 법적이지 않게 함으로 말미암는다.'

이는 도덕적 상황의 어떤 면을 무시할 수 없지만, 그 본질적 성질은 이를 법적으로 다루지 않는 것에서 보인다. 죄는 단순히 범죄에 대한 또 다른 이름이 아니라 신앙적 이름을 갖으며 단순히 도덕적 의미가 아니다.

불의는 죄다. 이는 하나님의 목적에 반하며 또 하나님의 목적보다 다른 목적을 위해 세상을 이용하기 때문이다. 간단히 말해 이는 하나님으로부터의 소외(疏外)다. 그러므로 이는 그 결과의 사면함을 통해 다루어질 수 없고 오직 죄 용서로 말미암으며 이로써 우리는 하나님의 교제로 그의 가정 안에 우리의 자리로 또한 그의 선함의 축복으로 인해 회복케 된다. 심지어 인간 관계에서도 이것만이 참된 용서다.

용서함은 과거를 간과하거나 사면하는 것이 아니라 우정이 회복되는 과거를 다루는 것이다. 그리고 이것이 상처를 받은 자(者) 만의 일이 될 수 있음은 자신의 우정이 깨어지지 않았음을 보여 주기 위해 아픔을 감내하기 때문이다.

범인 혹은 그의 변호자로부터 보상을 요구하는 것은 이를 향한 발걸음이 아니다. 따라서 하나님 용서의 본질은 우리에게 은혜로운 자신을 보여 줌에 있고 이로 인해 그의 사랑에 대한 믿음을 우리에게 주게 된다. 우리가 믿음으로 말미암아 의롭다는 것은 이 의미에서이다.

하지만 사람은 다음처럼 물을 수 있다.

총체적인 신학적 용어 가운데 더 깊은 비현실감을 불러일으키는 어떤 구절이 있는가?

개전(改悛)의 징표 위에 혹은 우리가 달성하리라는 것을 하나님이 예견하는 도덕적 고양의 고려 위에서 하나님이 우리를 의롭게 하는 것이 아닌 우리가 어떤 신념들을 받아들였다는 이유로 하나님이 우리를 의롭게 한다고 가정함은 확실히 진실로 보다 덜 윤리적이며 훨씬 더 임의적이지 않는가?

따라서 분명한 결론은 사도적 용어를 빌려 우리가 믿음으로 말미암아 의롭다고 말할 때, 이는 다음 중 하나를 뜻한다고 볼 수 있다.

첫째, 하나님이 과거를 용서하심은 교회의 신조에 대한 믿음이 미래를 보장하고 이것이 외적인 은혜의 역사로 우리를 이끌어 사랑과 거룩한 일로 우리의 선한 결의를 완결시켜 줄 것이란 이유 때문이다.

둘째, 내적 은혜로써의 믿음은 하나님이 인정하는 모든 것의 보석이며 그의 전능성이라는 확실한 역사를 통해서 하나님이 이를 온전한 열매 맺음처럼 받아들일 수 있다는 의미다.

하지만 두 가지 설명은 옛적의 법적 해결책으로 회귀케 한다. 그 해결책은 하나님의 심판과 도덕적 현실을 각기 별개로 만드는 옛적의 법적 허구 외에는 아무것도 아님이 드러나기 때문이다. 이와 같이 생각되는 믿음은 단순히 법적인 무죄 선고를 위한 조건이 되는 것으로 정신적 상태에서 이는 전능성의 역사에 진실되지 못한 것이다.

따라서 우리는 오랜 난제로 돌아가는 데, 너무나 많은 것이 정신적 상태로써의 믿음에 의존한다면 우리는 이를 일종의 긴장 혹은 자기 최면으로 유지하도록 해야 하며 믿음과 지적 정직성 간에 심지어는 믿음과 도덕적 신실함 간에 고통스럽고 또 도덕적으로 비참한 갈등을 유발하게 한다.

깨달음을 막는 것은 라틴어에서 유래한 "칭의"에 대한 법적 혹은 도덕적 연상 때문이다. 하지만 본래적 용어는 법적, 도덕적이지 않았고, 옳다고 선언되거나 옳게 되는 것을 뜻하지도 않았다. 이 의미는 단순히 하나님과의 관계를 바로잡는 것이다. 마치 탕자가 집으로 돌아와 자신의 친목의 안전함과 가정의 축복을 얻게 되는 아버지와의 관계를 바로잡는 것과 같다.

환원하면, 진정으로 용서함을 받은 것이다. 또한, 탕자의 아버지가 자신의 용서함이 받아들여지도록 했던 것처럼, 이 죄 용서는 받아들여진다. 따라서 아버지 사랑의 나타남을 통해 아들은 이 죄 용서에 자신을 의탁하지 않을 수 없었고, 비록 과거를 잊어야 할 삶을 살아야 할지라도, 과거가 그 교제에 어떤 어두운 그림자도 드리우지 않을 것임을 확신하게 되었다.

이 교제 안에서만 이런 일은 가능케 되었다. 이런 점에서 우리는 믿음으로 말미암아 하나님과의 올바른 관계를 되찾는 것이며 따라서 믿음은 하나님의 내어 줌에 속한 바, 비록 우리가 죄인임에도 하나님 자신이 우리로 화해되도록 간구하는 분임을 보여 주기 때문이다.

우리는 믿음으로 말미암아 의롭게 된다. 믿음은 하나님 생각의 분별 때문이지 우리 생각에 대한 특별한 공로적 상태가 아니기 때문이다. 그리고 이 효과는 믿음의 성격에 달려있지 않고, 그 자체의 증거 위에서 우리의 믿는 것이 가능해지는 영적 현실의 세계에 달려있다. 우리는 죄 사함과 그 모든 열매를 갖으며 이는 믿음으로 말미암아 은혜로운 하나님의 세계로 들어가기 때문이다.

바로 이것으로부터 옛된 우리 인격의 견고한 경계 그리고 옛된 이기적인 권리 주장을 갖는 옛적의 어려운 법적 요구조건들은 사라졌으며 이 세계는 우리 아버지의 집으로 질서와 능력과 궁극적 현실이 사랑에서 나오고 법에서 나오지 않는 곳이다.

그 세상에서는 속죄는 진정한 경험이지만 법적 허구가 아니다. 그리고 바로 그 세상에서 다른 곳이 아니다. 거기에 예수 그리스도의 희생과 섬김은 너무나 절대적으로 개인적인 것을 죄책으로 삼아 이를 타인, 곧 순전한 자의 어깨에 전가시키는 조잡한 법적 장치나 혹은 자신의 의를 우리의 것으로 만드는 동일하게 조잡한 도덕적 장치가 더 이상 아니라 세상 가운데 하나님과 사람 양자를 향한 우리의 가장 깊고 가장 거룩한 관계의 계시다. 그리고 이것의 의미는 사랑인 바, 모순처럼 보이는 모든 것에도 불구하고 그렇다.

예수의 희생과 섬김이 만드는 것은 새롭게 치유하는 도덕적 조건을 가진 새로운 세상의 지성소로 여기에 하나님의 심판을 충족하는 법적 개념은 우리로부터 떨어져 나가게 되고 하나님의 섬김은 우리의 심령 위에 임하되, 법적 요구와 협박이 아니다.

하지만 우리가 추구하기를 기뻐하고 항상 알기를 기뻐하게 될 하나님의 의가 항상 우리를 뛰어넘어 있는 것처럼, 우리가 우리 뒤에 모든 자기 기만을 남겨놓으며 우리 자신을 있는 그대로 바라볼 용기를 가질 수 있는 정문이 있는 세상에서조차 죄 사함을 보는 것이 현실과 구원이 되었으니, 이는 우리 삶의 모든 도덕적 질서가 변화되었기 때문이다.

그 세상에서만 속죄는 신약의 저자들에 의해 영원히 설교된다. 어떤 논리적 의미에서 도덕적 신실함은 여전히 선결적 요구 사항이다. 간사함으로부터 해방되는 것은 결과며 동시에 조건이다. 바울이 외부 세상에 나아갔을 때, 그의 설교는 사람이 회개하고 하나님께 돌아오며 회개에 합당한 일을 하라는 것이었다.

공동체 때문에 공동체 자체를 위해 썼고, 그 교제의 영을 통해 해석했던 서신서에서만, 그는 믿음으로 말미암아 의롭게 됨을 말했다. 그렇더라도 이는 사랑의 섬김 가운데 개인적 헌신의 놀라운 배경에서만 있었던 일이었고, 마치 그리스도의 고난을 그의 몸을 위해 채우는 것처럼, 사랑의 섬김은 즉각적으로 그 결과였고 또 그의 믿음의 해석이었다.

요한의 명령도 똑같이 분명하게 한다.

> 그가 빛 가운데 계신 것 같이 우리도 빛 가운데 행하면 우리가 서로 사귐이 있고 그 아들 예수의 피가 우리를 모든 죄에서 깨끗하게 하실 것이요(요일 1:7).

주가 빛 가운데 계신 것처럼 빛 가운데 걷는 것, 도덕적으로 신실한 것, 어떤 간사함도 갖지 않는 것은 조건이다. 하지만 그것은 빛 되신 예수에게 돌아감을 뜻하며 우리 자신의 어두움을 몰아내기 위한 자신의 노력과 시도가 아니다. 이를 바울은 한 마디로 "회개하고 하나님께 돌아오라" 말한 것과 같다. 따라서 이 빛의 세상의 결과는 서로 사귐을 갖는 것이고, 오직 이렇게 해서 서로 인내하고 오래 참는 가운데 우리는 그리스도의 고난에 동참하고, 섬김과 고난을 뜻하는 그리스도의 피가 우리의 모든 죄를 씻는 영역으로 들어간다.

십자가가 하나님의 가정 안에 있는 우리에게 말할 때, 법적 보상을 위한 도덕적 행위의 옛 세상은 우리에 대해 못 박히고 도적적 행동에서 오는 우리의 이기적 행위는 이에 대해 못 박힌다. 그런 후 신실함과 평강은 불가분한 연합 안에서 하나가 되어, 참회는 평강의 길이 되고, 평강은 더 참된 참회의 길이 된다.

또한, 죄와 외식 그리고 외식과 죄의 악순환은 신실함과 내적 자유 그리고 내적 자유와 신실함이라는 해방의 길로 바뀌게 된다. 그러므로 다른 무엇보다 십자가에서 우리는 우리를 향한 아버지의 은혜로운 관계를 본다. 다른 곳이 아닌 거기서만 우리 형제들의 참된 섬김이 있다. 이는 우리의 공로로 인해 조건되지 않고, 하나님의 가족에서 나오는 필수적인 정신으로 나타나게 된다. 우리가 이 정신을 가질 때만 우리는 십자가의 참된 의미와 능력을 발견하며 사랑은 우리에 대해 모든 율법의 완성이 되고, 단순한 법적 판단의 정신은 우리를 떠나게 된다.

따라서 감당할 수 없는 가난이나 환난 가운데 있는 우리 형제와의 나눔을 거절함보다는 그의 수치를 함께 나누고 그가 세월의 흐름으로 이를 씻어내도록 돕는 일을 거절함이 덜 형제애적인 것처럼 보일 것이다.

유일한 도덕적 요구는 신실함이다. 왜냐하면, 우리가 우리 자신에 나아가 일어나서 아버지께 가서 우리가 죄를 지었나이다 말하기 전까지는 회복은 가능하지 않기 때문이다.

하지만 우리가 아버지께 갈 때, 우리가 용서보다 더한 것을 발견하지 않는 한 신실함을 요구하는 것은 헛되다. 오직 그리스도에 대한 믿음만이 더한 어떤 것을 발견하는 일이기 때문에 이것이 합당한 이유가 된다.

그 자체로 그리고 단지 내적 은혜로써, 다른 마음의 상태일 뿐인 믿음은 법적 공로로 인해 죄 사함에 영향을 준다. 죄 사함은 믿음이 아닌 하나님의 사랑을 신뢰하며 평강을 말한다. 이것이 그리함은 죄 사함에 대한 믿음은 우리 자신이 아니라 하나님의 선물이며 우리가 속죄하는 명령이라 부를 수 있는 것의 계시이기 때문이며 이는 그리스도의 고난과 우리의 이에 대한 참예(參預)함으로 말미암아 이해된다.

칭의는 죄 자체를 다루기 때문에 그 결과만을 다루지 않는다. 왜냐하면, 칭의는 사면이 아니라 오랜 기다림과 거저 줌의 죄 사함인 까닭이며 이는 이미 환대의 입맞춤과 옷과 잔치를 갖기 때문이다. 따라서 죄 사함이 되는 것은 엄밀히 말해 이 스스로가 우리를 회복시켜 우리 아버지와 우리 집의 교제 가운데 풍성하게 들어가게 하는 수고와 대가가 된다.

만일 이것이 탕자에게 보낸 아버지의 '집으로 오라'고 말하는 편지일 뿐이라면, 과거에 대해서 아무런 언급이 없을 것이며 과거는 이에 대해 언급할 어떤 것도 필요치 않을 터이다. 왜냐하면, 그 편지 자체의 목소리가 충분히 큰 까닭이다.

참된 죄 사함은 적극적인 사랑의 나타냄을 요구한다. 그 사랑은 과거의 악을 이기고 그 목소리를 잠재우기 때문이다. 아버지는 우리를 향한 전적인 오래 참음을 통해 말하실 것이다.

"내 아들아!
슬픔을 함께 나누고 그 수치를 함께 씻자!"
이것이 십자가의 의미다!

십자가는 평강을 주되, 세상 역사 가운데 어떤 고립된 사건이 될 수 없음은 매일 그리고 매일의 각 사건에서 역사하는 지고한 구속적 사랑의 나타남이기 때문이다. 십자가가 높은 희생 제단인 이유는 모든 세상이 그 성전 되는 것을 보이기 때문이다.

만일 대속 이론이 법적으로 해석해서 짐 진 영혼에 평강을 가져다주었다면, 만일 이것이 자기애(自己愛) 가운데 영혼을 강퍅케 하지 않고, 죄뿐 아니라 자아로부터의 해방을 주었다면, 그 이유는 이 이론이 양심의 어떤 필요를 참으로 충족시키게 하는 어떤 더 민감한 법적 해석을 할 수 있어서가 아니며 혹은 하나님의 통치에서의 어떤 난제를 없애는 어떤 더 포괄적인 법적 적용을 할 수 있어서가 아니다. 진정한 이유는 그리스도의 십자가가 이 이론에도 불구하고, 딱딱한 법적 조건들이 얻지 못하는 새로운 세상을 짐 진 영혼에게 해석하고 보여 주었음에 있다.

그곳에서 우리의 도덕적 인격의 법적 경계(境界)는 아버지와 우리 형제와의 더 깊은 도덕적 교제에 빠져있게 되었다. 거기서 영혼은 서로 간의 짐을 비록 슬픔 혹 죄의 짐이든 간에 짊어짐이 모든 현실 가운데 가장 확실한 것이며 특별히 죄를 짊어짐이 우리를 향한 하나님의 은혜로운 관계의 그 심령이 사랑임을 알게 된다.

비록 대속 이론이 법적으로 해석해서 기껏해야 법적 회피라 해도, 이는 많은 자에게 참된 해방을 붙들기에 충분히 길었던 죄와 위선의 악순환에 갇혀있다는 감정을 깨뜨렸다. 그렇다면 복음의 호소는 얼마나 더 큰 것인가. 복음은 우리 스스로 이 악순환 안에 갇혀있음이 우리가 아버지의 전적으로 은혜로운 마음으로부터 분리됨 때문임을 보여 준다.

하지만 필연적으로 복음은 죄인을 향하지만, 갇혀있는 그들에게 감옥문을 여는 것, 이는 선을 악으로 악을 선으로 부르는 그들에게는 복음이 아니다. 먼 나라로 가고자 하는 아들에게 아버지는 그의 분깃을 나누고 그래서 그는 떠난다. 어떤 힘도 그 아들의 삶 가운데 그의 실체나 울타리를 바꾸지 않는다.

오직 비참한 경험만이 그 자신을 깨닫게 만든다. 그가 오랫동안 억누르고 잘못을 행했던 것은 새로운 자아가 아니라 자신의 진정한 자아다. 이것이 바로 하나님의 가르침이다. 왜냐하면, 생명의 가르침이기 때문이다.

우리가 하나님에 대해 가르침 받기 전까지, 예수의 말씀에 따르면 우리는 하나님께 나아가지 않는다. 하지만 그때 어떤 조건, 어떤 타협, 어떤 조정이든 간에 과거에 대한 법적 다룸도 없으며 오직 단순히 일어나 아버지께 가서 그리고 그리스도 안에서 사랑의 모든 계시를 찾는 것만이 있다.

그 사랑은 죄 사함을 온전히 회복하게 하여 교제로 이끈다. 이 교제는 하나님 편에서는 절대로 깨어진 적이 없고 언제나 기다림과 갈망이었으며 먼 길에서 돌아올 때에 우리를 언제든 보고자 하고 죄 사함의 모든 증거를 갖는 우리의 고백을 기대한다. 이는 도덕적 신실함만을 물으며 우리의 도덕적 성취에 관해서는 묻지 않는다.

따라서 이것이 하나님의 마음을 나타내기 때문에 불성실하게 된 모든 이유를 버려야 하며 하나님의 면전에서 숨김없고 명백하다는 모든 이유 또한 부끄러움에 대한 모든 숨겨진 것을 내어버리는 이유를 제시해야 한다.

이는 수치가 숨기고자 하는 모든 은밀한 행위와 생각을 뜻하기 때문이다. 이 교제는 과거에 대해서는 또한 미래에 대해서도 어떤 조건도 갖지 않는다. 하지만 이는 현재에 매우 높은 조건을 갖는다. 왜냐하면, 이는 다름 아닌 하나님 자신이며 그의 뜻만이 현명하며 부요하게 만들고 슬픔을 더하지 않는 인식이기 때문이다.

제4장

죄의 결과들
(The Consequences of Sin)

　칭의는 우리가 생각해 보았듯, 우리로 자신의 죄들을 무시하도록 하지 않으며 반대로 그 죄들이 더 이상 우리 영의 아버지와의 교제를 막지 않는다는 확신 가운데서 우리로 죄들을 직시하도록 만든다. 칭의는 특별한 은혜 행위로 말미암아 우리의 법정 관계를 수정하지 않고, 하나님을 계시하되 그분의 모든 행사에서 은혜롭다.

　또한, 칭의는 국가의 사면처럼 범죄를 용납하지 않지만 사랑의 확신이다. 그 사랑은 고통받을 수 있되 결코 경감받을 수 없으며 고통으로 인해 우리의 마음을 이끄는 일을 스스로 맡는다. 이는 우리를 회복시켜 하나님의 가정과 가속 가운데 우리의 자리를 두기 위함이며 그곳은 용서함 가운데 우리는 죄 사함 받음의 축복을 배우게 된다.

　하지만 여전히 어떻게 그런 칭의가 정말로 의롭게 하는가는 분명하지 않을 것이다. 만일 죄가 용서되어 우리를 법적인 도덕의 틀 밖으로 빼내어 하나님 가정의 틀로 보내는 것이라면, 죄의 결과들은 여전히 남아 있을 것이며 그것들로 인해 우리의 죄책감의 두려움, 모든 도덕적 마술의 곡예 역시 그러할 것이다. 만일 우리 죄들의 결과들이 그림자처럼 분명하게 여전히 우리를 따른다면, 과거는 절망으로부터, 미래는 죽음으로부터 해방된 것이 아니다.

또한, 우리는 평강의 마음을 품을 수 없으며 이것이 진리의 영인지를 알지 못할 터이다. 칭의는 우리의 죄책을 사해 주며 하나님이 산 자와 죽은 자의 비밀들을 심판하는 그 날에 우리로 징벌로부터 도피를 확신시켜 준다. 그러나 이는 우리의 모든 필요를 감당하지 못했을 수는 있지만, 적어도 우리의 두려움을 제한한다.

칭의의 역사는 외적일 수 있지만, 죄의 결과들 역시 외적이다. 정확히는 그 결과들이 이제 전적으로 우리 밖에 있는 까닭에 전적으로 안으로부터의 우리의 개선을 뛰어넘는다. 심판의 날은 은유일 수 있다. 그러나 절대적 정의가 있다면, 이는 죄와 슬픔의 최종적 등가성이라는 살 떨리는 현실을 나타낸다. 죄가 예기치 못하는 때에 우리 위에 그 모든 결과를 갑자기 드러내는 방식처럼, 우리 위에 죄가 그 결과들을 나타낼 어느 날이 두려운 것은 터무니없는 것은 아니다.

그처럼 큰 두려움을 대비하는 양식(糧食)이 없다면, 어떤 권리로 우리는 불안을 잠재우며 평강에 대해 무슨 가능성을 갖고 있는가?

이런 두려움을 마치 단순한 자기애처럼 가볍게 무시하는 것은 답이 아니다. 우리의 사고에서 분명함이 없음은 우리말에서 모호함으로 묻어나고, 이는 다시금 우리 사고의 더 많은 혼돈으로 재반응한다. 이런 모호한 말들 중에는 '자기애'(自己愛)를 들 수 있다. 이는 천박한 이기심부터 자신을 위한 지고한 자기 부인의 도덕적 경외에 이르기까지 여러 가지 음영(陰影)의 의미를 가지고 사용될 수 있기 때문이다.

버틀러(Butler)는 이 용법을 후자의 뜻으로 특화했다. 그의 말에 따르면, 자기애 곧 우리의 지고한 선에 대한 관심은 삶에 대한 두 가지의 규제적이고 합리적인 원리들의 하나이며—양심이 나머지 하나다— 너무나 이기심과 거리가 멀기 때문에 마치 양심으로 그러하듯, 합리적 자기애로 인도받는 사람들이 없다.

일상적인 말로 찾아질 수 있는 것보다 좀 더 언어상으로 자세하게 말한다면, 우리는 타인 혹은 사물의 도덕적 본질을 주목하지 않고 자신에 대한 관심을 받기 위해 이기심을 사용할 수 있다. 자존감이 우리의 행동의 결과들에 대한 분별 있는 관심을 위해 사용되며 자기애는 우리의 동료 가운데 그리고 모든 현실에 직면하여 진정한 축복을 찾는 것에 사용된다. 이런 자기애는 우리의 구원에 관심을 두겠지만, 그 구원은 하나님과 사람에 대한 완전한 관계 안에서 우리의 가장 높은 영적 가능성일 것이지만, 단순히 우리를 낙망케 할 수 있는 외적 재앙에 대응하는 보장만은 아닐 것이다.

하지만 자존감 역시 그 합당한 지위를 가져, 과거에 대한 현재의 망각성과 미래에 대한 부주의함을 누리는 것은 악의 본성에서 나오는 것이지 덕의 본성에서 나오지 않는다. 그리고 만일 우리 자신에 대한 중대한 관심이 정당화될 수 있다면, 이는 어떤 위험 곧 크게 어렴풋하지만 영원의 연무(煙霧)를 통해 위협하는 위험으로 말미암은 것이어야 한다.

특히, 신실함으로부터 출발해서 축복으로 끝나는 종교의 견해가 이 세상 혹은 저 세상에서의 죄의 결과들을 무시할 수는 없으리라. 왜냐하면, 재앙의 그림자로부터 우리의 눈을 돌리는 것은 신실한 것이 아니며 우리의 심령을 쇠처럼 하는 것은 복 받는 것이 아니기 때문이다.

영혼으로 인해 고통받는 자들을 향한 많은 분노는 단지 무심한 세속적 마음일 뿐으로 이 역시 동일하게 자존감을 높이는 방식으로 그 구원을 찾는 까닭이다. 많은 자가 이를 품는 것은 자신들이 세상적 성공으로 말미암은 구원의 개념을 갖고 싶지 않아서일 뿐이다. 이들은 다음과 같은 질문에 시달리고 싶어하지 않는다.

즉, 당신이 당신의 영혼을 요구할 때, 이런 것들이 누구의 것이 되겠는가?

하지만 누군가의 영혼에 대한 염려를 싫어함은 전혀 물질적인 이유 때문이 아니다!

이런 방식으로 누군가의 영혼이 자신을 구원하고자 찾는 일에 빠질 때까지 그 영혼을 염려하는 것이 가능하다는 것은 정당한 느낌이다!

왜냐하면, 이는 이기심으로 전락할 수 있어 오직 외적 행복만을 생각하고, 영의 것들에 대해 생각하지 않거나—이것만이 진정한 자기애가 된다— 혹은 실제적인 도덕적 상황을 대면하지 않거나—이것만이 진정한 자존감이 된다—하기 때문이다.

죄책의 모든 법적 처리는 죄의 결과들을 두려움에 호소하지만, 이는 진정한 자기애를 괴롭히는 두려움을 다루지 않는다. 왜냐하면, 그 두려움은 무가치한 것이 되며 또 단지 불행한 것뿐만이 아니기 때문이다. 참으로 이는 자존감의 두려움을 만나는 것이 아니다. 왜냐하면, 그 법적 길은 도덕적으로 그리고 세상 것들의 본질을 좇아서 과거를 다루지 않으며 따라서 그 결과들로부터 미래를 참으로 보장해 주지 않기 때문이다. 일차적으로 도움이 저 멀리 미지의 날인 심판 날로 모두 연기된 까닭에 이는 그 날을 대비하는 것조차도 잘못 검증된 보장이 될 뿐이다.

하나님께도 동일하며 우리 자신에게도 동일하게, 왜 그 날의 조건이 이 날과 달라야 하는가?

오직 우리가 이제 우리의 과거를 씻어내고 있다면, 우리는 이후 어느 때에 우리의 노상에 있는 원수처럼 다시금 두려움을 만나지 않으리라는 근거 충분한 확신을 갖는다. 어떤 비밀도 숨겨지지 않는 그리고 만물이 있는 그대로 드러나는 내생에서 죄의 결과들은 분명할 것이지만, 여기에서 그렇지 않다.

하지만 분명한 그 결과들을 만나지 않는다면, 우리는 미지의 것들에 대해서는 무슨 확신을 갖는가?

이차적으로 우리의 죄들이 타인의 삶 가운데 해를 일으키거나 혹은 우리의 영혼을 종 삼는 한, 우리는 그런 결과들을 회피하려 노력할 수 없을 것이다!

죄들이 타인의 삶을 고통스럽게 하는 동안 우리는 우리 자신의 삶이 고통받지 않고 있어야 한다고 소원해야 하는가?

습관이 선악 안에서 성품을 형성하는 동안 이것이 우리 자신의 성품 안에서 여전히 악으로써 존속하고 있다면, 어떻게 우리가 무죄라고 할 수 있는가?

도덕적 감수성이나 도덕적 지속성의 인식이 남아 있는 한, 우리는 안팎으로 악을 행하기를 지속하는 죄들로부터 우리의 손을 씻고자 하지 않을 수 있다. 그리고 하나님에 대한 더 깊은 인식은 우리에게 더욱 분명하게 우리 영혼 내에서의 악의 결과들을 보여 주고 우리로 남들에 끼친 그 결과에 대한 책임을 더욱 예리하게 느끼도록 만들 뿐이다.

어떤 것도 악을 마치 없었던 것처럼 지나가게 할 수 없으며 우리에게 메뚜기가 먹었던 년수들을 회복하거나 혹은 잡초의 해를 겪은 같은 씨앗의 칠 년이 되게 할 수 없다. 과거가 우리로 다시금 그 존재를 생각나게 하지 않았다면, 이생이든 내생이든 간에 우리는 우리 자신에게 진실할 수 없을 것이다. 이것 없이는 우리는 하나님 혹은 동료 인간들에게 진실할 수 없을 것이며 망각을 키우는 면역의 이점을 취하지 못할 것이다.

진정한 죄 사함은 우리에게 피하는 길을 제공하는 것이 아닌 세상에서 우리가 행한 악 그리고 우리 심령 안에서 키웠던 악에 대해서 더욱 예민한 감수성을 불러일으킨다. 즉, 지나간 악으로부터 일어나는 도덕적 고통을 회피하기를 원하는 것은 하나님의 용서가 실제적으로 우리에게 영향을 끼치지 않았음을 보여 줄 뿐이다.

우리가 이 세상에서 여전히 악을 행하는 우리의 죄의 결과들을 무시한다면, 우리는 자신을 자아로부터 이기게 하는 아버지의 용서를 얻기 위한 법적 사면을 단지 이기적 마음으로 받아들였을 뿐이다. 우리가 여전히 우리 안에서 악을 행하는 죄의 결과들을 간과한다면, 우리는 다른 어떤 것이 아닌 스스로에 관심을 두는 사랑의 도움 대신에 단지 우리의 진정한 본성과 진정한 필요를 무시하는 권능의 도움을 받아들였을 뿐이다.

하나님의 용서 혹은 우리의 지고한 믿음이 그릴 수 있는 어떤 사랑의 도움—비록 이것이 삶의 축복에 대한 가장 분명한 환상을 제공하지도 않으며 우리 심령 안에서 심금을 울리지 않을지라도—이라도 그런 직접적이고 즉각적 방식을 좇아 죄의 유산의 흔적을 지울 수 없다. 이런 도덕적 상황을 도덕적으로 다룬다는 것은 어떤 권세의 역사를 뛰어넘는 것이다. 비록 그 권세가 전능할지라도 그렇다.

다시 한번 하나님의 우리를 향한 은혜로운 인격적 다루심은 간접적이고 우리를 통하는 것이며 직접적이지 않으며 전능한 명령을 통해서도 아니다.

은혜는 죄의 모든 결과를 다룬다. 우리 자신 안에서 또 세상 안에서, 현재 안에서 또 미래 안에서 다루되, 다만 먼저 우리로 그것들을 받아들이도록 만듦으로 말미암는다.

하나님과 화평하다는 것은 주가 정한 만물과 화평하는 것이다. 하지만 우리의 죄들은 하나님으로부터 명 받지 않았고 우리나 다른 누구에 의해서도 기획되지 않았다. 하나님의 목적을 위해 일하되, 그 뜻과 일치함으로 만물이 선을 위해 행할 수 있거나 혹은 희미하게 유리안에서조차 사랑이 보일 수 있고, 경험의 의미가 될 수 있다. 하나님은 현실이며 현실은 삶을 자기애와 아집으로 설명하고자 하는 모든 자를 반대한다.

죄는 하나님이 생명 안에 놓아두지 않았던 것을 생명으로부터 취하려는 시도이다. 필연적으로 이는 절망적이고 비참한 전쟁이며 그런 가운데 타격은 가볍지 않으며 타락은 부드럽지 않다. 이것을 부인하는 것은 김 빠진 감정이요 자기 기만이다. 하나님의 통치는 사물의 본질상 모든 자를 대적해야 한다.

인간은 악의 목적을 가지고 하나님의 선의 목적을 반항하려 하기 때문이다. 따라서 하나님의 진노의 경험은 지극히 비참하며 이는 도덕적 질서를 벗어난 진노가 아니라 도덕적 질서의 역사라는 본질적 성격이다.

악을 행하는 자에게의 이 악의 경험으로 인해 사람들은 인간이 하나님에 대해서가 아니라 하나님이 인간과 화해되어야 할 필요가 있다고 생각한다. 하지만 이는 오해의 그림자일 뿐이다. 마치 우리는 어두움 가운데 친구에게서 도망치지만, 그가 마치 원수인 것처럼 재앙을 만나게 되는 것과 같다. 우리 친구는 단지 자신의 얼굴을 보여 줄 필요가 있듯이 우리는 도움을 얻기 위해 하나님의 얼굴을 보아야 할 필요가 있다. 하지만 주 자신을 보이는 것은 어렵다. 왜냐하면, 정확히는 우리가 어두움 가운데 주로부터 도망하고 있기 때문이다.

그러므로 복음이 은혜로운 하나님에 대한 기쁜 소식이 됨은 그가 모든 심령에게 말하는 형식으로 우리로 화해되도록 탄원하기 때문이다. 화해되는 것은 죄 사함 받는 것이며 죄 사함 받는 것은 화해되는 것이다. 그러나 그리스도가 보인 아버지에 대한 총체적 계시는 먼저 우리의 생각 안에 화해를 두는 것에 달려있다.

여러 조건 위에서 하나님이 우리를 용서했을 때에 우리는 화해되지 않는다. 하나님이 은혜롭기 위해 기다리고 있다는 것을 우리가 알 때에 우리는 사함 받는다. 신앙의 통찰력에 대한 어떤 단어도 우리가 하나님께 탄원하여 그가 우리와 화해되도록 할 필요가 있다고 말하지 않는다. 반대로 사도는 자신의 할 일을 생각했다.

그래서 그에게 있어 총체적인 신앙 교제의 일은 인간들을 통해 하나님이 인간들에게 탄원하여 그들로 하나님과 화해되도록 만드는 일이다. 하지만 우리가 귀를 기울이기 전에 우리는 다음을 배워야 한다. 즉, 어떻게 모든 생명 그리고 보다 특별히는 생명 안의 가장 고집스러운 경험, 고통과 죽음과 부패가 주의 간청인가 하는 것, 다시 말해, 액면대로 세상을 받아들이지 말고 주의 목적과 우리의 화평을 위해 더욱 구하는 것이다.

그런데도 우리가 우리 죄들의 악을 인정하고 그 결과들을 받아들일 때까지는 그것은 불가능하다. 왜냐하면, 죄들은 왜 하나님이 가혹함과 재앙 가운데서 그렇게 자주 간청해야 하는가의 이유이기 때문이다. 죄책과 죄의 권능으로부터의 해방은 하나님의 우리를 다루는 모든 것에서 중심적이고 지배적인 일이다. 하나님은 죄들에 부합하는 목적을 가질 수 없기 때문이다.

그러므로 죄의 결과들은 우리 규율의 대부분과 의무의 많은 부분을 결정하며 우리가 이 결과들에서 도피하려고 구하는 한에 있어 죄는 우리가 허락하고자 하는 그 강퍅함에 대한 최종 설명이 된다.

그런 경우 우리는 생명을 이해하려는 모든 시도에도 불구하고 잘못을 행할 수밖에 없는 것처럼, 우리는 생명 그리고 이를 정한 하나님과 적대관계일 수밖에 없다. 심지어 우리 죄들에 대한 징벌은 어떤 고안책으로 회피될 수 있는 그런 것이 아니다. 오히려 루터의 말이 옳다.

> 참된 참회와 슬픔은 죄의 징벌을 달게 받는다.[1]

이것은 우리가 징벌이 비통한 것 이상임을 아는 것 혹은 우리가 이 자체를 위해 이를 사랑한다는 것을 의미하지 않고, 이것이 선을 위해 행하는 만물 가운데 하나님에 의해 포함될 수 있다는 것 그리고 슬픔은 어떤 다른 이유를 위한 죄와 관련되지만 하나님은 무관하다는 것을 뜻한다.

그래서 우리는 시편 기자와 함께 긍휼이 하나님께 속한다는 것을 믿을 수 있다. 하나님이 각자에게 그의 행위를 좇아 베풀기 때문이다. 하지만 이 동일한 법칙은 진노가 하나님께 속한다는 것을 의미할 수 있다. 우리가 단지 우리의 불의의 악한 결과들을 차단하기만을 찾는다면 그렇다.

하나님과의 화해 곧 삶의 의무와 규율을 받아들이는 화해는 우리의 죄의 결과들을 받아들이지 않고는 가능하지 않다. 왜냐하면, 죄로 인해 의무와 규율이 대체적으로 결정되기 때문이다. 하나님은 아들을 다루듯 우리를 다루신다. 주는 도덕적 방편으로 말미암지 않고는 즉 재앙이 없이는 그 결과들을 극복할 수 없다. 하지만 우리가 하나님의 집에서 아들인 바로 그

---

[1] 루터가 1517년 비텐베르크교회의 문에 내건 "95개 논제" 중 40번이다(역자 주).

때문에 우리의 개별적 일들과 시험들은 반드시 우리의 특정 죄들의 직접적인 결과들로 혹은 특별히 고안된 개별적인 치유의 과정으로 간주되어서는 안 된다.

죄 사함은 우리 자신의 죄의 어떤 결과들을 징벌로써 간주하는 것으로부터 우리를 해방하여야 한다. 하지만 이 결과들은 극복되어야 할 것이되, 우리 자신의 인격적 덕을 세우기 위한 가장(假裝)된 축복으로 간주되는 것이 아닌 죄와 이로 인한 모든 결과가 세상 속으로 들어 올려지는 것을 발견한다. 왜냐하면, 세상은 사랑이 고난을 당하지만 보상하는 곳이기 때문이다. 죄의 결과들이 있는 그대로인 까닭에 삶도 있는 그대로 있다.

그러나 우리가 오직 판단할 수 있는 것은 하나님의 선에 속한다는 것은 우리가 커다란 하나님의 집안에서 자신의 자리를 깨닫는 것이지, 삶을 단지 우리의 사적인 관심사로 여기는 것이 아니라는 점이다.

하나님은 그 집이 마치 병원이나 되듯 각자의 특정한 치유를 위해 특수한 식이 요법을 특별히 마련하듯 각인의 특정한 삶을 정하는 최고의 영혼 감독이 아니다. 오히려 하나님은 아버지다. 그분은 우리를 그 집안의 자녀로서 대우하며 그 자녀를 죄들로부터 또한 하나님의 다른 자녀들의 실패로부터 떼어 놓으려 하지만, 그 자녀는 이를 할 수 없다.

하지만 이런 평범한 식이 요법을 통해서 우리는 건강에 이르게 된다. 다른 이의 연약함을 돕고 고통과 수고를 공유함으로써 하나님의 집안에서 악은 선으로 변한다. 다만 이 공유함은 우리의 기회의 전체적인 정도에 따르는 것이지, 악에 대한 우리 자신의 책임이라는 제한된 정도 안에서가 아니다.

따라서 우리가 발견하는 것은 우리가 죄의 결과들을 받아들이고 겸손함으로 맞닥뜨릴 때에 인생에서의 모든 것이 그 결과들의 무효화를 위해 일하게 된다는 점이다. 그리고 만일 하나님이 자기를 낮추어 그런 목적을 위한 수단으로 우리를 이용한다면, 슬픔과 수치로 인해 위축되지 않는 우리는 하나님의 사랑의 손으로부터 기꺼이 그 수단을 받아들일 것이다. 왜냐하면, 그 사랑은 우리에게서 더 큰 요구를 할 수 있으리니, 이것이 역시나 현명하지 않다면 사랑일 수 없기 때문이다.

그때에 인생은 구속하는 사랑의 한 성례, 곧 다른 모든 것이 상징과 해석이 되는 하나의 최상의 신적 성례가 된다. 상징은 심령에 대한 어떤 해석으로 설명될 수 있을 것이다. 왜냐하면, 만일 사랑이 모든 은사보다 더 크다면 심령은 유일한 최적의 해석인 까닭에 상징들은 인생에서 가장 깊고 가장 거룩한 것들이다.

우리가 단지 상징들을 경멸적으로 말하고 성례는 은혜의 특별한 역사, 즉 매개물이지 상징이 아니라고 주장할 때에 우리는 단순히 전능성의 역사를 우리 아버지의 은혜로운 인격적 사랑보다 더 높이 두는 것이다. 하지만 이는 사랑의 징표를 그 물질적 가치로 측량하는 것처럼 동일하다.

자신을 수치와 고뇌와 죽음으로 둘러싸게 했고, 극도의 악한 인생을 떠맡을 수 있었던 그분은 금욕주의적 체념 상태에서가 아니라 주의 형제들을 위해서 그리고 아버지의 뜻에 따랐다. 따라서 그분의 깨어진 육체와 흘린 피의 성례는 면류관이요 완성이다. 왜냐하면, 이는 실제적 패배, 유기, 모욕, 절망과 고뇌와 죽음의 가장 두려운 요구를 나타내기 때문이다. 마치 모든 것이, 안이든 밖이든 죄의 모든 결과를 이기는 승리를 위해 자기 자녀에 대한 아버지의 은혜로운 관계에 포함된 것과 같다.

우리에게 모든 세상이 하나님의 성전임을 드러내는 것은 높은 희생 제단이다. 바로 이 성전에서 우리의 모든 보편적 삶 그리고 형제와의 모든 관계는 인간의 모든 악함 그리고 심지어는 죽음에 대한 두려움과 고뇌와 부패 가운데서도, 자기 자녀의 해방을 위한 하나님의 사역자가 된다.

어떤 죄도 행하지 않았고 그 어떤 악의 결과들도 받을 만하지 않았던 그분의 십자가에서 사랑은 신뢰하라는 그 최고의 주장을 그리고 가장 큰 충성을 위한 요구를 만든다. 그 이유 때문에 사랑은 죄 사함과 화해의 가장 깊숙한 성소이며 이곳에서 우리는 규율과 의무를 취할 수 있고, 이것들이 승리의 길임을 아는 것을 확신할 수 있다. 우리가 이것들을 정했던 주의 마음을 배웠고 우리 자신 역시나 희생과 섬김의 참예자가 되고자 하기 때문이다. 이로 인해 죄와 그 모든 결과는 극복될 수 있을 터이다.

따라서 우리를 주의 동역자로 부르심은 하나님이 우리를 자기 자녀로서 다룬다는 최고의 증좌다. 이 다루심은 우리의 선택과 변치 않는 목적 안에서 주와 하나 되는 것이지, 단지 주종 관계로서가 아니다.

바로 이것이 우리의 의무와 규율을 시험들과 일들로부터 사랑의 섬김으로 변화시키게 한다. 이 사랑은 단지 감정이 아니라 도덕적 인격체로서 우리를 향한 존경이며 그런 자들에게서 희생은 너무나 커서 만일 가능하다면, 우리 자신뿐만 아니라 우리의 형제들로 아버지의 나라에 살도록 요구하게 되는 것이다.

그렇다면 의롭게 되는 것은 죄의 결과들이 사함 받거나 심지어 망각되게 하는 것이 아니라 죄에도 불구하고 하나님과 화해되는 것이다. 따라서 우리는 죄를 이기는 최종 승리라는 자신 있는 확신을 가지고 모든 악을 대면할 수 있으며 하나님의 도움으로 말미암아 그 모든 결과를 변화시킬 수 있다. 설령 우리 자신의 죄의 결과인 그 악이 자연적이든 혹은 도덕적이든 혹은 하나님의 가정 안에서 다른 이들과의 필요한 교제이든 간에 그러하다.

제5장

하나님의 뜻
(The Will of God)

　의는 율법을 통해서 임할 수 없다. 하지만 의가 부인할 가치가 있기에는 즉각적인 관심으로부터 너무나 동떨어진 것처럼 보이지 않는다면, 이 사실은 자주 부인될 것이다. 왜냐하면, 율법은 예식의 수칙으로 생각되는 까닭에 어떤 지각 있는 사람도 구약의 읽기 어려운 부분을 파헤치려고 하지 않으며 의 역시 신학적 개념으로 생각되어, 다 타버린 논쟁의 재 밑에 파묻힌 채 남겨져 있기 때문이다.
　그러나 모든 의와 모든 율법에 대해 참된 것이 있다. 즉, 의가 더 높을수록 명령의 형태로 인해 올 수 있는 의는 더 적을 수 있다는 점이다. 실제적 이유로 인한 보편적 명령은 공식화된 십계명처럼 필연적으로 실패한다. 그 실패는 율법의 본질 때문이며 그 형식이 갖는 어떤 결점이 아니다. 게다가 이는 슬픔에 찬 실제적 순간의 문제가 아니며 어떤 추상적 관념도 아니고 어떤 유물도 아니다.
　의를 위한 도덕법의 부적절성에 대한 첫째 원인은 이 법이 우리의 도덕적 자아의 가치를 주목하게 하는 데 있다. 어떤 종류의 도덕적 명령도 우리를 위험스러운 도덕적 태도로부터 구출해 줄 수 없다. 왜냐하면, 모든 도덕법은 그 형식이 무엇이든 간에 도덕적 가치를 갖는 법인 까닭이며 따라서 이것이 더욱더 엄격하게 윤리적일수록 이는 우리의 도덕적 가치에 대한 경외를 제외하고는 어떤 동기도 더 많이 불허하는 까닭이다. 타인들을 향한 경외를 확장하고 그들을 항상 목적으로 대하고 다른 목적에 대한 수단만으로 대하지 않음으로써 우리는 타인을 섬기는 것에서 우리 자신이 잊어버릴 수 있는 목적을 찾는 것처럼 보일 것이다.

그러나 만일 우리가 타인을 인격체로서 존경하지만, 먼저 스스로를 인격체로 존중하고 또 그들을 경외함이 우리 자신이 그리되어야 할 존재가 되기 위함이라면, 우리는 참으로 우리 자신을 잊은 것이 아니며 필연적으로 우리 자신의 가치와 심지어 우리 자신의 도덕적 진보라는 생각으로 회귀하게 된다.

그런데도 어떤 가식도 없다면, 강한 자존심은 올바른 도덕적 동기요, 자기 계발은 올바른 도덕적 목적이다. 우리의 과제는 선을 행하는 것에 관심을 두는 것이지 선한 존재가 되는 것이 아니다. 또한, 우리는 선 그 자체를 위해서 선을 행해야 하는 것이지, 우리 자신의 도덕적 개선을 위해서가 아니다. 여기서 우리는 그 어떤 방식으로도 이론에 제한될 수 없는 끈질긴 도덕적 모순을 갖는다.

단지 도덕적 노력이 우리에게 자신만을 주목하는 눈을 주어 이를 자신의 덕으로 인정하고, 동시에 우리의 공로 혹은 우리의 행위 완전함에 대한 총체적 질문을 깡그리 망각하게 하는 가운데 눈은 우리의 의무에 두어야 한다는 어떤 확신을 우리 안에 불러일으키는 방식보다 더 많은 실제적 고통을 낳게 하는 것이 무엇 때문이겠는가?

그리고 최악의 이런 도덕적 상태의 갈등은 도덕적 이유로 인해 우리는 이에서 피하려는 시도조차 하지 않아야 한다. 왜냐하면, 이는 의식 있는 도덕인으로 자신의 의 안에서 일광욕하지 않도록 하는 유일한 그늘인 까닭이다. 하지만 그 보호는 그 즐거운 것에 비해 안전하지 않다.

이는 차가운 그늘인 까닭에 우리는 항상 이로부터 피하고자 하는 유혹이 들며 우리 자신을 그 자리에 두려는 노력은 그 자체가 자기 만족의 근거가 될 수 있기 때문이다.

의를 위한 율법의 부적절성에 대한 다른 원인은 율법이 부정적인 것을 다룬 점에 있다. 십계명은 "너희는 하지 말지니"라고만 말한다. 보편적 율법의 추상적 속셈은 '각각의 비슷한 경우에 적용할 수 없는 이 경우에는 아무것도 하지 말 것'을 뜻할 뿐이다.

심지어 양심은 소크라테스의 악마처럼, 주로 금지 규정들에 적극적이다. 이것은 자기 만족의 위험을 더욱 키울 뿐이다. 왜냐하면, 공로는 오직 부정적 기준에서만 존재하기 때문이다.

이 기준은 금지 규정을 뛰어넘지 않으며 금지 규정들은 우리가 행한 적이 없었던 악한 행위에 대해서만 생각하도록 만듦으로써 역시 '자기의'(自己義)를 주장한다. 따라서 우리의 눈에는 숨겨진 삶의 가능성들이라는 총체적이고 광활한 지평을 갖고서 좁지만 잘 다져진 길을 우리로 걷도록 하기 위한 눈가리개를 쓴 것처럼 삶에 대한 단순한 도덕적 태도가 몸에 걸쳐질 수 있다.

우리가 만족한 때는 잘못을 적극적으로 범하지 않았을 때이다. 그러나 우리가 알지 못하는 것은 최고의 죄란 생명의 부름에 귀먹은 것이며 그 기회에 눈먼 것이며 우리의 귓가에서 울부짖지 않는 어떤 고난도 알지 못함이며 또 어떤 의무—용납되고 형식화된 노선을 가리키지 않는 의무—도 보지 않는 것에 있다.

무디지만 신중한 상식이 인정할 수 있는 것은, 흐린 눈이 우리 안에서 역겨운 방종이나 분명한 궤변을 보지 않는 한, 인습에 매이지 않는 진정한 도덕적 통찰력에 이를지라도, 묵시를 보지 못하고 삶의 한량없는 가능성에 대한 어떤 꿈도 꾸지 않는 영혼은 절망적이라는 점이다.

이는 우리를 도덕적인 존재라는 오직 우리가 규율로 인해 행하는 것과 같은 불가능한 지위에 둔다. 하지만 우리는 어떤 규율도 우리에게 가장 높은 길을 보여 줄 수 없다는 것을 안다. 더욱 분명하게 우리의 도덕이 단지 존중받을 만할 뿐만 아닌 진정으로 도덕적임을 안다.

그러므로 율법으로 말미암아 존재하는 의는 스스로 의롭지만 괴로운 것에서 피할 길이 없다. 왜냐하면, 단순히 도덕적 구조 안에서 보면, 영은 많은 줄을 가진 하프처럼 무사무욕(無私無慾) 가운데 인생의 다양한 분위기에 반응할 수 없기 때문이다. 인생은 기쁨과 슬픔이, 온유와 격정이, 칭찬과 합당한 분노가 가득하다.

이는 터무니없을 수 있고 또 볼 수 있는 자에게는 고귀할 수 있다. 하지만 단지 도덕적 규율에 있어 줄이 연달아 끊어짐은 마치 관심이 연달아 없어짐과 같다. 성마른 걱정의 통곡 소리로 남겨질 삶의 모든 실패 가운데 가장 슬픈 것에서부터 어떤 종류의 도덕적 목적이 우리를 구원해야 한다. 하지만 이를 삼켜 버리는 유일한 곡조가 형식적인 양심의 어려운 화음이라면, 이것 역시나 어떤 신적 음악이 아니다.

만일 삶이 그 경험상 어떤 지옥도 갖지 않는다면, 이는 역시나 천국도 갖지 않는다. 만일 삶이 실패와 절망의 고뇌도 없다면, 이는 역시나 선함의 아름다움과 살아감의 신적 기쁨을 갖는 심령에 말을 거는 것이 아니다.

또한, 삶 가운데 미몽(迷夢)에서 깨어난 자의 비관주의가 들리지 않는다면, 구속받은 자의 승리의 합창 역시 없다. 이는 많은 환난을 통해 하나님 나라에 들어가는 어린이 같은 영혼을 갖지 못하며 그 영혼에게 선의 공식화는 아무것도 아니며 만사를 추구하는 무사무욕일 뿐이다.

이 영이 스스로 자양분을 취하는 곳은 필수적 명령의 도덕 위에서가 아니다. 영은 복된 도덕이 필요한 바, 그것은 신앙적인 도덕이다. 즉, 도덕적 목적을 향한 화해의 도덕이며 도덕적 길에 대한 규율의 도덕만이 아니니, 도덕은 간단히 말해, 하나님의 은혜로운 뜻 곧 우리와 그의 모든 자녀를 향한 뜻의 기쁜 발견이 된다.

우리 편에서의 직접적 결의(決意) 그리고 하나님 편에서의 우리 뜻의 직접적 주조(鑄造), 그 어느 것도 우리의 도덕적 가치를 향한 경외에 기반을 둔 도덕으로부터 모순을 제거할 수 없다.

왜냐하면, 도덕적 가치를 향한 경외는 우리의 도덕적 가치의 진보가 올바른 도덕적 목적임을 거부하기 때문이다. 반면 이 양자가 일단 인정되고 조화될 때에 우리는 우리 자신에 눈을 두며 금지 조항들을 상당한 정도로 행함으로 갖는 '자기의'의 위험으로부터 자유롭게 된다.

하지만 그것은 우리를 향해 직접 행하는 은혜를 위해서나 혹은 우리 안에서 직접 행하는 뜻을 위해서나 어느 경우든 불가능하며 우리 안에서 행하는 의지를 설득함으로써 우리를 향해 일하는 오직 간접적인 인격적 관계만이 가능하다. 그때에 우리는 가장 적게 좇는 것을 가장 잘 찾게 된다. 이 결과를 우리는 다음처럼 공식화할 수 있다.

우리의 도덕적 가치는 우리에 대한 하나님의 평가 안에서 공고히 되며 또 우리의 도덕적 진보도 우리에 대한 하나님의 모든 관계의 목적이 되는 것에서 그리하듯, 하나님의 뜻만이 우리의 의무의 정도와 목적이되, 우리의 도덕적 가치 혹은 우리의 도덕적 진보의 어떤 과제에 대한 모든 고려 사항을 배제하는 것이다.

1. 하나님의 뜻은 우리 자신에 대한 관심을 두는 것으로부터 우리를 해방한다.

이처럼 선행 가운데 우리의 영혼을 하나님께 맡길 수 있음으로 인하여, 우리는 하나님의 창조적 형상으로 만들어진 우리 자신을 자화자찬 없이 경외할 수 있게 되고, 한량없는 가능성을 우리의 도덕적 상태에 대한 고통스러운 염려 없이 실현하게 된다.

자신을 대단하게 여기지 않는 우리 자신을 향한 경외 그리고 우리 자신의 선함을 노력의 목적으로 삼지 않으면서 우리의 도덕적 가치의 달성, 이는 우리 자신으로는 불가하지만, 우리를 향한 그분의 관계가 은혜로운 하나님을 통해서는 가능하다. 왜냐하면, 바로 하나님만이 그의 형상을 따라 만들어진 우리에게 절대적 가치를 두며 하나님의 우리와의 모든 다루심이, 하나님이 온전한 것처럼, 온전함의 목적을 향해 두기 때문이다.

따라서 우리는 하나님 자녀의 자유를 가지며 이것만이 하나님의 구원이다. 우리에게 강요될 수 있는 것은 선함이 아니다. 하지만 영적 가치에 속한 모든 것은 우리 자신의 통찰력, 선택 그리고 목적에 속해야 한다.

오직 이 높은 목적을 위해서만 하나님의 마음은 우리를 향해서 선하다. 왜냐하면, 하나님 자녀가 행복한 것을 보는 것은 분명히 단지 호의적인 욕구가 아니기 때문이다. 영혼의 파멸인 죄로부터 영혼을 해방하는 것 그리고 영혼의 건강과 평안인 거룩함을 영혼에 부여하는 것, 이는 자기 자녀를 향한 하나님의 모든 관계의 목적이다.

그리고 엄밀히는 하나님은 단순히 줄 수 없고, 우리 자신이 이를 달성하도록 만들어야 한다. 만일 우리가 그 자녀로서의 자유를 진정으로 갖고자 하면, 하나님이 택해야 하는 길은 길고도 힘겹다.

따라서 이것이 우리 주의 가르침 가운데 있는 아버지의 사랑이니, 이는 각각의 도덕적 인격의 가능한 가치에 놓인 무한한 값어치를 의미하기 때문이지, 잠시 동안 악이 행해지지 않거나 선이 성취된 어떤 시험들과 일들의 면제를 뜻하기 때문이 아니다. 하지만 이런 엄격성이 사랑임을 안다면, 우리는 하나님이 가장 사소한 일에서도 가치 있는 목적을 가지며 또 가장 섬뜩한 재앙 가운데서도 준비된 보살핌을 갖는 하나님을 신뢰할 수 있다. 그러므로 주는 우리의 머리카락을 세든 혹은 우리의 처지를 산산조각 내든 간에 역시나 은혜롭다.

동일하게 하나님의 나라는 사랑의 완전한 규율 가운데 완전한 축복이며 그 나라의 본질은 바로 각 영혼이 거기에 목적으로 있는 것이지 단지 다른 목적에 대한 수단으로 있지 않다는 것이다. 그러나 자유 안에서의 사랑의 규율인 까닭에 우리는 규율 안에 있는 우리 자신의 진정한 나라를 깨달을 때에 하나님 나라에 들어간다. 우리는 악한 뜻을 극복함으로써 그런 나라로 내몰릴 수는 없다. 하지만 어떤 다른 규율도 결코 가벼운 재앙이 아님을 발견함으로 말미암아 우리는 심사숙고하도록 부름 받는다.

그러므로 아버지의 나라는 오직 우리가 그 나라는 우리 자신의 올바른 규율임을 분별할 때만 들어가는 영역이다. 그래서 만일 누군가 자신의 도덕적 가치보다는 다른 목적을 위해 이용될 수 있다면 그리고 그 목적이 하나님 나라 자체의 주창이라면, 그리스도의 의미에서 들어갈 하나님 나라는 없을 터이다. 그런데도 그 나라에 들어가는 것은 하나님의 규율과 관련될 것이다. 왜냐하면, 우리의 구원이 하나님의 목적인 까닭에 주의 뜻만이 우리의 목적일 필요가 있다. 우리는 하나님 나라와 그 의를 구해야 하며 그 외 다른 것들은 더해질 것이다. 지고한 선인 구원이 대부분 분명하게 더해지기 때문에 이는 합당한 근심의 대상도 아닌 것처럼 우리의 의복도 아니다.

사도는 자신의 구원을 자신의 형제들을 위해 파문당하기를 소원하는 자신의 노력의 직접적인 목적으로 간주하지 않았다. 자아가 그 권세를 잃고 사랑이 지배함으로 인해 우리가 구원 받음을 안다면, 이것의 배척은 하나님의 성공에 대한 최고의 증좌다. 왜냐하면, 하나님이 유일하게 성공하는 때는 관심이 우리 자신으로부터 그리고 적어도 우리의 영적 맥박에 대한 근심스러운 감각으로부터 또한 우리의 영적 건강에 대한 허약한 근심으로부터 벗어나는 때이기 때문이다.

이런 확연한 모순의 해결책은 하나님 나라의 의에 대한 본질적 성격에서 발견되며 이것이 전적으로 하나님의 의가 된다.

그러나 만일 어떤 계시된 조건 위에서 하나님이 우리를 인정하는 의인 법정적인 의 그리고 어떤 지정된 수단에 의해 하나님이 우리에게 전가시킨 의인 성례적인 의, 이 두 가지가 그 행함에서 자의적이고 비윤리적인 가운데, 비인격적인 권능의 역사로써 차치(且置)된다면, 하나님의 의에 대해 우리는 무엇을 이해하게 되는가?

어떤 다른 방식으로 하나님이 그 의를 수여하는가?

그리고 만일 하나님의 의가 하나님이 부여한 의가 아니라면, 이는 주가 요구한 의 그 이상이 될 수 있는가?

하지만 하나님이 요구하는 의는 우리 자신의 양심보다는 우리에게서 더 많은 것을 단순하게 요구하려 하지 않을까?
그리고 만일 우리 자신의 의가 이미 상당한 정도로 우리가 이룩할 수 있는 것 이상이라면, 여전히 더 큰 의를 찾는 것에서 어떤 이득이 생겨날 수 있는가?

그런 외형적 방식으로 이해될 때에 하나님의 요구하는 의나 주가 수여하는 의, 모두는 우리를 자기의에서 해방시킬 수 없다. 반면에 폭넓은 이상(理想)만이 우리를 자화자찬으로 미혹한다. 자기의가 우리에게 속하지 않는 의를 자신의 것으로 만드는 우리의 기술인 것을 제외하면, 의에 대한 숙고는 이상을 실현하고자 구하는 피곤하고 낙담스런 과제가 없이도 충분한 것처럼 보인다.
우리가 어찌하든 우리 자신과 관계할 수 있는 세상에서는 크고 선한 것은 없고, 우리는 자신 위에 그 영광의 일부를 심사숙고하기를 구할 뿐이며 또 이처럼 외적으로 우리 자신에게 하나님의 의를 돌리려 하는 것은 모든 도덕적 환상 중에서 가장 큰 것이다.
그렇지만 하나님의 의는 주가 요구하는 의이며 동시에 주가 수여하는 의다. 하나님의 의는 다음과 같다.

첫째, 하나님의 의는 가장 먼저 그분이 요구하는 의다. 이는 서기관의 의를 뛰어넘는 곧 가장 엄격한 인간적인 처방을 뛰어넘는 의이며 결코 한정적이지 않고 무한한 의다.
둘째, 이는 그분이 수여하는 의다. 사랑이 감당하고 오래 참는 곳인 새로운 세상에서 우리의 모든 가치는 하나님께 속하며 우리 자신에게 속하지 않다.

하지만 그 의가 하나님이 보살펴 주는 의가 아니라면, 어느 경우든 해방은 없을 터이다. 우리는 더 큰 요구들을 대면하고, 이 요구들이 자유이지 노예가 아님을 알 수 있고, 죄된 양심의 공포가 우리 삶에서 사라짐을 느낄 수 있으며 그 결과가 권리이지 의무가 아님을 발견할 수 있다.

왜냐하면, 우리는 하나님이 필요로 하는 모든 의무와 관계하고 있고, 그분이 정한 규율은 향상시킬 의도가 있는 까닭에 따라서 우리 존재의 깊이에 그 뿌리를 내렸던 우정에서뿐 아니라 대부분의 우연한 관계에서 가장 밝은 영광과 가장 어두운 재앙뿐 아니라 가장 사소한 사건들에서 성공적인 기업의 승리에서뿐 아니라 깨어진 노력의 아픔 속에서 우리의 모든 삶은 은혜라는 하나의, 무한히 다양한, 중단 없는 방편이기 때문이다. 그런 경우에 모든 구원의 길은 다음과 같다.

첫째, 인격적으로 정해진 훈련으로 말미암은 길
둘째, 게다가 공적으로 규정된 규칙으로 말미암은 길
셋째, 우리 자신과 타인과의 계약으로 말미암은 길
넷째, 우리 자신을 주목하게 하는 어떤 방식으로 말미암은 길

이와 같은 길들은 우리의 구원을 주께 맡기는 믿음의 부족으로부터 생긴다. 주만이 무엇이 우리의 충만한 구원인지 혹은 그 진척을 위한 올바른 방편이 무엇인지를 아신다.

심지어 우리가 은혜의 방편이라 특별히 부르는 것을 활용할 때에 이는 우리의 구원을 진척시키는 직접적인 대상과 함께 하지 않아야 한다. 그 방편은 특별한 방편으로 생명이 되는 진정한 은혜의 방편에 대해서 우리를 오직 깨닫게 하고 보다 겸손한 섬김 가운데 우리로 삶에 대한 보다 신적인 사용을 하게 만들게 하기 위한 방편일 뿐이다.

삶의 설명과 올바른 사용에 대한 이런 방편의 공적 사용은 그 무엇보다 경홀히 될 수 없다. 왜냐하면, 누구도 격리된 채로는 삶에서의 하나님의 의미를 이해할 수 없기 때문이다. 이는 성도의 교제에서 뿐만 아니다. 그러나 그런 방편을 사용하지 않음은 그 자체로 종교다. 비록 종교에서 그것

의 올바른 사용이 극도로 필요할지라도 그렇다.

　만일 하나님만이 우리의 의를 보살필 수 있다면, 우리는 우리 자신의 개념 위에서 행동할 여지는 전혀 없으며 심지어는 우리 자신을 모범으로 보는 개념 위에서조차도 없다. 그런데도 자주 그런 동기는 종교의 이름으로 촉구된다.
　이는 올바른 종교적 동기도 아닐뿐더러 우리의 외형적 복종으로 우리 자신이 하나님의 마음을 이끄는 것도 아니다. 우리는 형제를 마음 상하게 하지 않을 수 있으나, 사랑의 섬김이라는 우리의 즉각적인 과제라면 무엇이든 이것이 요구될 수 있다. 이는 다른 어떤 것이 아닌 우리가 해야 할 옳은 일이기 때문이며 의식적으로 모범을 반짝이는 행함으로써가 아니기 때문이다. 단지 모범의 목적으로 인한 행위는 도덕적으로 헛되며 도덕적으로 위험하다.
　이것이 헛됨은 그 동기가 인식되면, 적어도 선을 위해서라고 해도 누구도 영향을 받으려 하지 않으며 이는 쉽게 행위의 외식성과 형식성으로 인해 반대 결과를 갖게 되기 때문이다. 또한, 이것의 위험한 점은 우리가 그 안에서 우리의 목적이 되는 상(象)을 만들게 되고, 우리 자신이 승낙하는 위험에 노출되지 않을 수 없다. 이는 더욱 확실하게 우리로 자기 의에 몰두하게 하며 우리가 자신의 의무의 요구 사항 이상으로 하는 것처럼 보이게 되기 때문이다.
　하나님에 대한 모든 진정한 믿음은 어느 누구도 하나님을 제외하고는 우리의 의를 보살필 수 없음을 우리에게 가르쳐야 한다. 이것이 우리를 위한 하나님의 의인 것처럼, 우리 자신의 목적이 되기에는 우리의 지식을 훨씬 뛰어넘을 것이며 우리 자신의 스스로 부과된 과제가 되기에는 그 적용에 있어 너무나 광범위할 것이다. 그러므로 이는 우리 것이 아닌 하나님의 목적이 되어야 하고, 하나님의 보살핌의 대상이 되어야 하지 우리의 것이 아니다.

우리의 보살핌의 하나의 대상은 하나님의 뜻이다. 왜냐하면, 만일 이것이 우리의 구원을 위한 하나님의 뜻이라면, 우리의 구원은 우리 자신의 뜻을 위한 대상이 되지 못한다. 또한, 하나님의 뜻은 우리의 구원을 보살핌으로 그 자체 사랑의 뜻을 증명하며 그래서 우리의 유일한 올바른 대상이 된다.

우리의 지고의 선은 그 안에서 매우 안전한 까닭에 우리는 스스로를 잊을 수 있고, 우리의 하나의 목표로서 하나님이 우리로 행하고자 시키는 것을 우리 앞에 둘 수 있다. 그럴 때, 오직 그럴 때에 자기애와 무사무욕이라는 끈질긴 문제는 우리를 위해 풀리게 되고 자존심으로부터 해방됨으로 인해 자아가 구원받을 수 있는 유일한 길에서 우리의 도덕적 자아는 구원받게 된다.

2. 하나님의 뜻은 우리를 부정적인 수칙(守則)의 도덕으로부터 해방시킨다.

우리가 이 해방을 갖는 것은 하나님의 뜻 가운데 구원의 목적을 발견함으로 말미암은 바, 이 구원은 우리 심령 속에 들어와 이를 생각게 하는 어떤 성질에 속하며 또 우리가 자신 앞에 놓을 수 있는 어떤 목적을 훨씬 뛰어넘는 정도 안에서다. 뿐만 아니라 우리의 최선의 통찰력으로 우리가 필요하다고 생각하는 최고의 구원을 주께 맡기는 것으로 인해 우리는 이 해방을 갖는다.

신앙의 진보는 대체로 구원에 대한 보다 영적 개념 안에 있고 그리고 그것과 함께 그 문제에 대한 하나님의 마음이 우리 자신의 것을 훨씬 뛰어넘는다는 더 충만한 확신 가운데 있다. 심지어 구약에서도 이에 대한 원론적이고 구체적 개념이 있다.

내 영혼에게 나는 네 구원이라 이르소서 (시 35:3).

이 기도는 원래 죽어야 할 원수들, 곧 바람 앞에 겨에 불과하며 주의 천사가 구축할 원수들을 대적하기 위한 것이다. 계시의 긴 역사는 주로 교제의 역사로 이는 하나님의 뜻에 대한 두드러진 계시로 조명된, 하나님의 일상적인 다루심에 대한 느린 훈련을 통해서 우리에게 더 깊은 의미를 이 기도에 둘 것을 가르친다. 하지만 큰 개인적 그리고 더 큰 국가적인 유형적 위기의 때로 인해 이 교훈은 심지어 지금도 매우 불완전하게 가르쳐지고 있음을 보여 준다. 먼저 유형적인 해방을 구한 사람들은 자신들에 대해 범해진 극악무도한 죄들에 대적하는 것에 그들 자신의 부정적인 선함을 둔다. 그 결과는 자기 의로 비록 우리 자신이 얼마나 신뢰하든 간에 우리는 다른 자들에게서는 이를 인정하지 않는다.

이것이 마치 심지어 물질적인 해방이 우리의 관심이 되지 않는 것처럼도 아니며 혹은 현생이나 영생에서 우리 영혼의 복지를 뜻하는 것처럼도 아니라면, 하나님의 구원을 찾지 않고도 우리는 자신을 구원하는 데 만족할 수 있을 것이며 기껏해야 우리가 할 수 있으리라고 만족할 것이다.

하지만 그런 물질적인 방식으로 우리를 구원하는 하나님에 대해 염려하는 것은 개인적 혹은 기껏해야 국가적 하나님을 상정하며 우리는 세상의 참된 지배자도 줄 수 없는 또한 참으로 도덕적인 통치자도 결코 내려놓을 수 없었던 임의적인 조건 위에서 그 하나님으로부터 특별한 호의를 구한다. 그리고 이것은 일종의 자존감이라는 바로 부정적인 자기 의를 키운다.

구원 얻음에 대한 이런 부정적이고 불안한 방식에서 피하는 유일한 올바른 길이 있다. 그것은 구원이 우리의 관심이 아닌 하나님의 관심이며 동시에 우리의 마음이 아닌 하나님의 마음을 쫓아서 되어야 한다는 것을 아는 것으로 말미암는다. 그럴 때, 우리는 하나님의 사랑의 뜻에 전적으로 우리를 의뢰함으로 인해 주께 구원을 의뢰하게 되며 그럴 때만이 우리는 즉시 우리에게 겸손을 가르치며 우리의 소망을 높이는 큰 요구들을 분별할 수 있다.

사랑에 대한 하나님의 뜻은 사랑이 항상 그러하듯, 타인에 대한 사랑이다. 하나님이 사랑이라고 말하는 것 그리고 주는 자기 자녀를 통하지 않고는 섬김을 받을 수 없다고 말하는 것, 이것은 동일한 것을 말하는 것이다. 사람뿐 아니라 하나님에 대한 우리의 관계라는 점에서 다음과 같다.

> 그의 형제를 사랑하는 자는 빛 가운데 거하여 자기 속에 거리낌이 없으나
> (요일 2:10).

우리의 형제를 사랑한다는 것은 모든 심적인 당혹스러운 일 가운데서도 우리의 하나님 믿음에 영향을 미치는 모든 것에 대해서 삶의 진정한 의미와 목적을 분별하는 일이며 모든 실제적 어려움 가운데서도 하나님의 뜻에 대한 올바른 인도를 발견하는 일이며 그래서 우리는 스스로가 길을 잃게 되거나 혹은 하나님이 우리의 이웃으로 만들었던 자를 넘어지지 않게 할 것이다.

사람을 사람으로 경외하는 것에서 우리는 어떤 추론의 능력 혹은 어떤 실제적인 가능성의 힘이 제공할 수 있는 것을 뛰어넘는 하나님의 사랑의 뜻에 대한 한량없는 긍정적 필요 사항을 분별한다. 그리고 이것 앞에서 우리는 자신의 의에 대한 신뢰의 헛됨을 깨닫게 되고 또 하나님의 구원에 대한 우리의 개념도 키우게 된다.

오직 우리가 그런 자를 위한 사랑을 통해 대략 이 도덕적 가치에 이르게 될 때만이 우리는 더욱 가치 있는 존재가 될 터이며 우리가 자신의 진정한 가치의 본질을 분별할 수 있고, 자존심 없음과 겸손 가운데 이를 존중할 수 있다. 이 사랑은 우리에게서 최선을 낳는 사랑이며 사랑의 도움이 없이는 우리의 최선이 존재한다고 알려진 바 없다. 그런 사랑은 우리의 구원을 첫 번째 관심사로 만들 것이지만, 그 자체로 우리를 위해 구하고자 하는 것의 척도가 되어야 한다.

그리고 사랑은 우리의 가장 깊은 영혼 내에서 우리가 진정으로 어떤 존재인가에 관계가 있을 수 있다. 왜냐하면, 사랑은 우리 안에서 그 자체의 가치를 찾고, 마음의 상태와는 별개로 이루어진 행실에 대해서는 조금도

관심을 갖지 않으며 선한 나무에서 나오지 않는 열매는 무엇이든 참으로 선한 것으로 여길 수 없기 때문이다.

그러므로 하나님은 우리가 행한 어떤 것도, 우리 자신의 목적이 되고 실행이 되는 두 가지가 아니라면, 이에 만족할 수 없을 것이며 혹 아니라면 어떤 것도 우리의 구원을 위한 것으로 생각할 수 없다. 그리고 이것을 찾는 것이 가장 현명하게는 사랑이며 탈이기주의(脫利己主義)이다.

하나님만이 우리의 충만한 구원과 어떻게 이 도덕적 가치가 성취되는지를 아는 까닭에 우리의 구원 얻은 자아에 대한 우리 자신의 개념을 세우는 것 혹은 우리의 심령을 구원의 모습으로 만드는 것은 우리 과제의 일부가 전혀 아니다. 우리가 오직 하나님 사랑의 긍정적인 명령들을 따를 때, 곧 주를 섬기되 우리의 형제를 그리스도 안에서의 형제로 사랑함으로써만 진정한 구원을 깨닫고 해결하게 된다.

그 안에서 필수적인 것을 발견하며 우리에게서 우연적이고 무관한 것을 제거함으로써 우리는 하나님이 자기 자녀와 특별히 우리 자신에 대해 갖고자 하는 지식, 비록 최종적은 아니지만 긍정적인 지식에 이르게 된다. 이는 우리가 오염이라는 부정적인 모든 두려움으로부터 해방되며 무한한 사랑의 요구에 우리 자신이 마음 문을 여는 방식이다. 왜냐하면, 사랑은 우리 자신의 노력이라는 점에서 즉시로 우리를 겸손케 하고, 또 동일한 이유로 우리와 함께하는 하나님의 마음이라는 점에서 우리를 높이기 때문이다.

형제를 사랑하는 것은 이런 도덕적 의미에서 대부분 진정한 감정의 대체물인 감상(感想)이 아니며 상이한 인격들을 향한 항상 변해야 하는 정서도 아니요, 오히려 각개인을 향한 존경으로 그 자신과 하늘의 아버지에 대한 그의 가치를 따르는 존경이다. 왜냐하면, 그는 우리의 형제인 까닭에 우리가 그를 대중의 하나로 바라보지 않아야 하며 그가 오직 우리의 지혜에 맞게 현명하거나 오직 우리의 양심으로 인해 지배되기를 바라지 않아야 한다.

하지만 우리는 어떻게 그가 자신의 왕국에서 홀로 떨어져 있는가를 깨달아야 한다. 이는 다음과 같은 숭고한 이유 때문이다.

첫째, 그가 하나님 그분의 현실을 의식할 수 있다.
둘째, 그의 심령 가운데 하나님 그분의 이상을 느낄 수 있다.
셋째, 무엇보다 그의 지킴을 통해 영원한 중요성을 갖는 선 혹은 악의 선택을 가질 수 있다.

사람을 우리의 형제로 사랑하는 것은 다른 이유가 아닌 그를 존중하는 일로 이는 단순히 진리의 의식, 정의의 양심 그리고 의지의 성별이 참된 존중의 대상이기 때문이다. 비록 신분의 복장이 옷 주인을 장식하지 않고, 지위가 그를 받들어 세우지 않으며 부가 그에게 권능을 주지 않고, 지식이 그의 공로에 더하지 않더라도 그렇다.

사람을 사람으로서 존중하는 것이 없다면, 믿음은 유한 계급의 부수입이 되고, 학자에 의해 인도되며 성직자에 의해 지배되고, 대체로 부유한 자를 위한 위로를 줄 뿐이다. 이에 우리에게서 현실을 숨기고 무례한 공격으로부터 우리를 보호하는 것은 관습 곧 금지 이외는 더 할 수 없는 관습으로 퇴보케 한다.

하지만 이런 존중으로 인해 우리는 믿음이 다음과 같음을 발견한다.

첫째, 이 믿음이 없다면 가장 부한 자도 가난하며
둘째, 믿음이 있다면 가장 가난한 자도 부하다는 것이다
셋째, 믿음은 우리 형제를 통해 아버지의 사랑을 우리에게 보여줌으로 인해 영혼을 구원한다.
넷째, 믿음은 단지 우리 자신이 세상에서 홀로 서있고 고독하며 벌거벗고, 취약한 존재라는 낯설고 충격적이고 폭넓은 사실로부터 우리를 숨기는 단지 또 다른 포장이 아니다.

이처럼 믿음은 오히려 진리의 인식, 정의의 양심 및 선의 선택으로 말미암아 하나님과 사람을 향해 우리를 참으로 묶는 유일한 참된 인격적 유대

가 된다. 이 연합이 매우 중요하고 결국 다른 어떤 것도 그렇지 않다는 것을 우리가 발견하기까지는 우리는 기껏해야 바리새주의에 이를 뿐, 예수 그리스도의 믿음에 이르지 못한다.

바리새주의는 주의 이름으로 예언할 수 있고 심지어는 그 이름으로 많은 놀라운 일들을 행할 수 있지만, 주의 사역에서 가장 확실한 것은 오직 학식 있는 자들만이 이해할 수 있고, 오직 전문적인 대표자들만이 주장할 수 있으며 오직 한가한 자들만이 행하는 그런 믿음에 대한 주의 거절이며 어부들과 일용 노동자들에게 더 나은 의에 대한 주의 요구이다.

날품팔이 일꾼이 서기관과 제사장이 실패한 곳에서 성공할 수 있다고 말하는 것은 충분하지 않다. 왜냐하면, 더 나은 의는 도덕적이지 예식적이지 않기 때문이다. 더 깊은 의미는 이것이 부정적이 아니라 긍정적이라는 점이다.

스티븐슨(Stevenson)이 이를 간략하게 말했듯, 복음서에서는 누구나 자신이 행한 일로 저주받지 않으며 자신이 행하지 않는 것으로 저주를 받는다. 최고의 의는 많이 사랑하는 일이다. 왜냐하면, 우리가 많이 사람을 받았기 때문이다.

하나님의 온전함에 가장 가까운 의는 용서하는 우리 자신이다. 우리가 형제 가운데 그리스도를 분별하며 모든 조건 아래서 그들을 섬기는 것으로 인해 우리는 어떻게 자신이 인정받았는지를 이미 보아왔다. 의는 형제들의 덫에 냉담한 가운데 선한 자들을 향해 존경하는 것으로 멈추지 않는다. 진정으로 그리스도를 사랑한다는 것은 사람을 사람으로 즉, 하나님이 그자를 갈망하고 또 그자의 최악의 상태에서도 그자에 대한 소망을 갖고 있는 그런 사람으로 경외하도록 만드는 일이다.

그 결과는 반드시 긍정적인 의미이다. 왜냐하면, 모든 종류의 이기심, 심지어는 우리 자신의 구원에 관한 것으로부터 우리를 돌아서게 하는 사랑은 필요의 호소에 우리의 마음 문을 열도록 만들기 때문이다. 그럴 때 하나님의 관심이 보호하고 더욱 확장하는 구원을 우리는 갖는다.

이는 우리가 심령의 감정과 손의 도움이 부족하지 않을 때에 삶의 훈련을 절대로 낮추지 않아서 삶의 의무들을 회피하거나 제한하지 않을 수 있고 그래서 죄를 그만두는 데에 이를 것이기 때문이다. 그렇지 않을 때에 가장 복 받는 시험이 우리의 심령을 만질 수 없고 또 가장 거룩한 의무들도 우리의 지평선 위로 올라올 수 없게 되어, 마침내는 우리가 아무런 탈 없이 살 수 있지만 개인적 손실을 겪으며 또 목표 없이 살아갈 수 있지만 외적인 금지 사항들을 갖게 된다. 하지만 신중함과 금지 사항들은 참된 도덕인과 참된 신앙인의 관심이 아니다. 그들은 자화자찬을 늘어놓으면서, 단지 무엇이 존경할 만한 것이며, 또한 평판 나쁜 자들로부터의 구제로 무엇이 생길 수 있는가 만을 생각한다.

　우리의 연민과 우리의 섬김 위에 사랑의 점증적이며 또 더욱더 긍정적인 주장으로 인해 우리의 도덕적 강제 의무들은 모든 제한을 잃어버린다. 사랑이 우리를 부를 때에 우리는 무한으로 나아가 이 사랑이 우리를 위해 정한 것의 끝에 결코 이를 수 없음을 분별한다.

　하지만 요구하는 것은 사랑이며 우리가 사랑하는 것은 하나님이 먼저 우리를 사랑했기 때문임을 우리가 분별할 때 우리는 여기서 우리 자신의 한량없는 신적 가능성을 발견하게 되고, 그래서 더 이상 끝에 이르고자 하는 욕망에 빠지지 않게 된다.

　반면에 우리는 작은 실수 하나라도 또 다른 실패가 될 수 있음을 배운다. 이는 우리 자신의 어설픈 부정적인 규칙화로 자기 만족을 한 채, 유일한 소리에 우리의 귀를 막음과 비교되는 데, 그 소리는 우리를 진정한 삶의 섬김으로 부르는 것을 통해 즉시로 가장 신적인 사용을 놓침에서부터 우리를 구원할 수 있고 또 단지 도덕적 긴장감에서부터 우리를 구출해 평강과 함께 힘이 되는 주의 즐거움으로 나아가게 할 것이다.

　우리가 사랑의 섬김이라는 가없는 긍정적 주장을 더욱더 충분하게 깨달을 때에 하나님이 이처럼 한량없이 우리를 위해 확장하는 구원은 하나님의 사랑이 우리를 붙들고 있는 것에 비해 우리는 그 사랑을 붙들지 않았다는 의미에서 우리를 겸손하게 할 것이다.

그러나 그 구원은 우리의 갈 바를 지시하고 붙드는 높은 목적이라는 의미에서 우리를 항상 지탱하게 할 것이다. 섬김에서 우리 자신을 잊음으로 인해 우리는 섬김을 요구하는 사랑 안에서 우리 자신을 다시 찾게 될 것이며 우리의 됨됨이로부터 격발된 것을 제외하고는 사랑은 우리의 행함을 아무것도 아닌 것으로 여긴다는 것을 겸손하게 그러나 즐겁게 알게 될 것이다.

이것이 모든 결의법(決疑法)을 우리의 도덕적 인격과 하나님의 은혜에 공히 대적하는 범죄, 하나님과 그 자녀를 대적하는 범죄로 만드는 경험이다. 혹은 도덕적 존경이 이 모두를 품는 것처럼 우리는 사랑에 반대해 말할 수 있다. 인간의 마음 위에 밖으로부터 강요되는 교리로 하나님의 마음을 에워싸려고 찾았던 동일한 심령 안에서 세상 사람들은 자신이 지배력을 행사하는 가시적인 교회의 제도를 드높이기 위해 종교를 사용한다. 그리고 하나님의 뜻을 외적인 행위 규범들로써 강요되는 결의법의 체계 안에서 공식화하려고 노력했다.

이런 경우에 그들은 커져 가는 무한의 비전이 되어야 할 것을 유한한 규칙으로 바꾸지만, 신앙 고백자들의 도덕적 위험이 더 큰 법이다. 왜냐하면, 이는 다름 아닌 부정의 체계를 가지고 일할 수 있고, 용서를 정치적 사면으로 돌리며 또 용기뿐만 아니라 통찰력의 활력을 잃게 만들 수 있기 때문이다. 통찰력과 용기로 인해 우리는 사람들을 잊고 하나님만을 간주함을 배울 수 있고, 그래서 하나님 자녀의 자유로써 자유하게 되는 것을 배울 수 있게 된다.

하지만 위험은 신앙 고백자에게서만 끝나지 않는다. 모든 교회는 가시적인 존경의 기준을 통해 재단하는 위험 가운데 있다. 이 기준은 심지어 더욱 어설프고 덜 예리할 수 있으며 그래서 실수로 이끄는 시도가 있음을 두고 궁한 변명까지도 갖었던 적이 없다. 이 부정적이고 기생적인 도덕이 얼마나 무가치한 것인가를 우리가 알 수 있는 때는 이를 뒷받침한 조건들이 변화되고 또 이를 이끄는 외적 판단이 제거될 때이다.

모든 관습적 기준과 용납된 믿음을 뒤집는 아마도 큰 격변의 경우, 이에 대한 일차적인 신적 목적은 우리가 우리 자신의 통찰력으로부터 무엇이 참된 것인가 그리고 우리 자신의 양심으로부터 무엇이 올바른 것인가를 분별하도록 우리에게 요구하는 것일 수 있다.

모든 사건에서 도덕적 행위와 교리에 있어 공히 더욱더 우리가 현실을 몰두하고 오직 외양만을 버릴수록, 더욱더 우리는 다르게 생각할 인간의 심령에 무엇이 들어오지 않았는가를 바라보며 더욱더 우리는 그 사건들이 하나님이 자신을 사랑하는 그들을 위해 예비했던 것들임을 확신하게 된다.

하나님과의 화해라는 실제적 노력은 따라서 우리 자신이 사랑의 질서 가운데 있음을 아는 것이다. 그 사랑은 우리의 도움되며 우리 자신의 노력을 훨씬 뛰어넘는 것이며 또 그 목적에서 우리 자신의 생각을 훨씬 뛰어넘는 것으로 우리는 사랑 안에서 섬기는 것 이외에는 어떤 관심도 갖지 않는다.

그러므로 이론적일뿐 아니라 실제적으로 우리는 도덕과 신앙의 온전한 연합을 이루는 바, 이로 인해 우리가 우리 영혼에서 절대적으로 독립적인 것처럼 우리는 하나님께 절대적으로 의존적이 될 수 있으며 우리가 하나님께 절대적으로 의존적인 것처럼 우리 영혼 안에서 절대적으로 독립적이 된다.

구원 얻은 영혼은 환원하면 그 자신에 충실한 영혼이다. 왜냐하면, 하나님의 사랑의 뜻에 마음을 두고, 그 자신에 두지 않은 영혼은 하나님의 세상 안에서 뇌물에 흔들리지 않으며 걱정이 없는 채 서있으며 그래서 연민을 가진 것처럼 자유하고 또 자유한 것처럼 연민을 갖는다.

처음에 보였던 것처럼 우리의 하나님 신뢰에 적대적이 되는 것 대신에 우리의 독립은 우리의 매우 큰 의존의 최종 증거이며 이는 우리가 하나님의 믿음을 가질 때에만 온전하게 된다. 그 하나님은 우리를 모든 천한 맹종의 어머니 되는 자만으로부터 해방시키려 하시며 그래서 우리가 세상에 대항하여 홀로 설 수 있게 된다.

  오직 우리가 무엇이 올바른가를 진실로 알고 행할 때만, 우리는 무엇이 진실로 참된가를 알고 믿는다는 것을 증명하며 이 양자가 없이는 어떤 것도 신앙적 혹은 도덕적 가치 어떤 것도 갖지 않는다. 어떤 행위가 칸트가 부르듯, 동음이어적(同音異語的)—다른 사람들의 양심의 평결이다—이라는 단순한 사실로 인해 이는 가시적으로는 대단히 도덕적일지라도, 도덕적으로 무가치하게 된다. 단지 말로는 건전한 교리가 될지라도, 우리의 신뢰를 가질 가치가 있는 현실에 대한 우리 자신의 통찰력에 속하지 않는 바로 그 순간에 이는 당연히 신앙적으로 무가치하게 된다.

  우리는 자기 영혼에 충실할 때만 하나님을 섬기며 그리고 우리가 하나님을 섬길 때만 자기 영혼에 충실하다. 두 상대가 없이는 어느 것도 불가하다.

  영혼에 상응하는 궁극적 현실의 세상에서가 아니라면, 무엇이 우리 자신의 진리에 대한 의식이며 우리 자신의 도덕적 생각이며 우리 자신의 인격적 결의와 헌신인가?

  그리고 영혼을 옹호하는 가운데 우리에게 자유와 독립을 주는 나라가 아니라면, 어떻게 우리가 그런 나라에 살고 있음을 알게 되겠는가?

  만일 구원 얻는 것이 전적으로 하나님의 사랑의 뜻과 조화되는 것이라면, 우리 자신에도 불구하고 구원 얻는 것은 우리 자신을 통해 구원 얻는 것만큼 불가한 일이다!

  왜냐하면, 우리 자신의 진리, 자신의 생각 그리고 자신의 의도로 말미암지 않고는 어떤 조화도 없기 때문이다. 하지만 시간을 위하든 영원을 위하든 간에 그 끝을 향해 우리는 절대로 우리 자신의 복리를 목표로 나아가지 않는다. 심지어는 진리와 의 이외의 다른 목적은 우리의 진정한 복리가 아님에도 그러하다.

  은혜 가운데 우리로 그 섬김을 반대하는 자아를 부인하도록 요구하는 권리를 갖는 사랑의 뜻을 발견하지 않는다면 어떤 해결책도 없다. 왜냐하면, 이것이 도덕적 자아 포기라는 분리함과 친숙함 두 가지를 지탱하는 진정한 인격체의 교제인 까닭이다. 이는 단순한 굴종에 반하는 것으로 여기에는 어떤 분리함과 반응이 전혀 없다.

제6장

성도의 교제
(The Communion of Saints)

　하나님의 뜻으로 말미암지 않고는 삶의 한량 없는 가능성 가운데 그 발걸음을 인도하는 것 혹은 헛됨이 아닌 그 가능성을 다루는데 어떤 자신감을 갖는 것은 행하는 사람에게 있지 않다. 심지어 하나님의 뜻조차도 우리 자신의 자유의 법일 때만이 통찰력과 용기를 준다. 밖으로부터의 규칙처럼 그 뜻의 완전한 기준도 영혼을 짓누르고, 삶을 판에 박힌 듯 놓아두려 하며 세상을 감옥 벽으로 둘러싸인듯, 도덕적 지평선을 명 받은 의무들로 제약된 채로 두려워할 것이다.
　하나님의 관심이 따르게 되면, 이는 세상적 성공을 위한 세상적인 사려 분별로부터 우리를 해방시킬 것이다. 이 세상적 성공은 모든 다른 이유를 뛰어넘어 우리로 세상을 고귀하게 사용하도록 하는 것을 거절한다. 그런데도 하나님의 뜻은 여전히 우리의 세상을 자로 잰 일직선의 대로의 장소로 남겨두려 하지만, 이대로는 많은 근심으로 판에 박힌 의무에 더해진 역시나 판에 박힌 예배의 짐으로 먼지가 쌓인 장소로 남겨지기도 할 것이다.
　그래서 우리가 하나님의 뜻이 온전한 자유의 법이 되는 것을 발견하고 이것이 전적으로 인격적임을 아는 것으로 인해 그 법 안에서 자유하며 선에 대한 우리 자신의 통찰력과 경외와 목적에 전적인 관심을 가질 때에만, 이 뜻은 더욱더 넘치도록 풍성하게 생명을 주게 된다.

하지만 이 뜻은 결단코 단순히 개인적이 아니다. 우리는 이스마엘 자손처럼 자유하지 않다. 인간적인 성취의 열망과 우리 동료들의 영향으로부터 분리되면, 우리는 어떤 영역에서든지 자리를 갖지 못하며 더구나 가장 높은 영역에서는 말할 것도 없다.

하나님의 뜻을 전통 혹은 상식적 견해로 판단하는 양심은 부패한 것이지만, 자신이 만든 제도를 제외한 모든 인도(引導)를 거절하는 양심은 열매가 없다. 모든 세대와 사회적 조건 안에서 그리고 인간 진보의 정도가 되는 모든 개념으로부터 독립되어 있는 각인에게 단순한 규칙의 의미로 본다면, 자연적 도덕은 없다. 마찬가지로 선지자적 영혼이 갖는 통찰력의 증대와 무관하다면, 거기에는 자연적 신앙은 없다.

우리는 인류의 가장 높은 이상의 꼭대기로부터가 아니라면, 일말의 폭(幅)도 없는 도덕적인 세계관을 갖으며 각각의 이상은 어떤 역사를 갖는다. 우리 이전에 삶의 기회들을 봐 온 자들의 영향력이 없다면, 의무들은 우리의 사생활을 침해하지 않았을 것이다. 우리가 그런 생각에 공감하며 살며 삶으로 인해 영향을 받으며 실제적인 삶의 과제 가운데 하나님의 뜻을 행하려는 것으로 인해 삶의 커가는 목적을 그 인도로 말미암아 분별했던 자들의 교제를 통해 강해지며 또 외적 실패가 무엇이든 간에 자신의 영혼 안에서 그 승리를 얻었을 때, 양심은 아마도 기꺼이 빛을 밝힐 수 있게 된다.

하나님의 뜻을 받아들이고 행하는 일에 마음 문이 열렸던 자들로부터 오는 이런 유산 그리고 이런 교제는 승리와 평강의 정신을 갖음으로 해서 진정한 성도의 교제를 창조한다. 따라서 우리의 참된 자유의 첫째가 되는 필수적인 과제는 그 가운데서 우리의 올바른 자리를 취하는 일이다.

그 약속의 상속자가 됨으로 인해 우리는 그 정확한 한계를 위해 우리 자신이 수고할 필요가 없을 것이다. 많은 집단이 이 위엄있는 몸 된 교회를 배타적으로 대표한다고 고백하지만, 이들은 눈에 띌 정도의 교제나 성도가 된 적이 없었다. 또한, 자신의 주장을 논의하기에 보낸 많은 열심은 허비 이상으로 더 나쁘다.

하지만 우리 자신이 그 안에서 자유를 찾기 위해 성도의 교제에 속할 때, 우리는 친족의 발견을 실패하거나 혹 그들의 교제에 대해 의심을 품거나 하지 않을 것이다. 왜냐하면, 우리는 진정한 사도적 계승 가운데 있게 될 것이기 때문이다.

이런 상황은 기계적으로 반대를 받아 영원히 갈등 가운데 있게 될 또 다른 적대감을 포함시킨다. 하지만 이 적대감은 직접 우리 위에 행하지 않고 간접적으로 우리를 통해 행하는 진정한 인격적 관계로 인해 온전한 화합으로 변하게 된다. 그 결과는 즉시 요약된 형식으로 나타낼 수 있다.

하나님 사랑의 뜻은 그 인도를 분별했고 또 그 교제를 마음에 품었던 자들을 떠나서는 알려질 수 없다. 그리고 우리도 그들의 모범을 흉내냄으로써 혹은 그들의 무리에 흡수됨으로써는 이를 알 수 없고, 오직 그 가운데 우리 자신의 자유를 실현함으로써만이 알 수 있다.

1. 성도의 교제에 속하는 것에 대한 잘못된 방식, 즉 하나님의 뜻을 우리 자신의 뜻처럼 아는 것을 불가능하게 만드는 것은 전통을 그처럼 수용함으로써 과거는 하나님의 살아 있는 말씀을 무효하게 만드는 데 있다.

과거 유산의 사용이 이를 권위주의적인 유물로써 받아들임으로 말미암는다는 이런 잘못된 개념의 확산은 성도의 교제에 대한 모든 의존이 거부되어 왔던 경멸의 이유를 설명한다. 왜냐하면, 이는 진정한 도덕적 독립을 억압하는 방식으로 믿음과 행위의 기준에 대한 외적 권위의 강요를 뜻하는 것처럼 보이기 때문이다.

높은 지위의 인간들이, 다양한 인종이 잘 적응되어 있는 단 하나의 나라처럼, 외적 권위의 복종을 주장할 때에 당연히 이런 분노는 줄어들지 않는다. 특히, 그 나라의 머리로서 예수가 어떤 기준으로 세워져, 우리가 직접 이에 따라야 하며 그래서 우리 자신이 의무를 분별하는 방식으로 배회하는 것은 죄를 짓게 하는 것임을 확신한 때에 주는 우리 자유 위에 부과된 모든 것 중 가장 무거운 것처럼 격렬하게 거부된다.

이것이 첫째가 되는 범죄의 반석인 까닭에 우리는 그 최고의 모범 예수를 의존하는 문제에 우리의 관심을 집중해야 한다. 사람들은 예수의 말씀에서 하나님의 마음에 대한 총체적이고 통합된 의도를 추론하기를 힘쓰지만, 그들 스스로가 그 해석에 대해 주 안에 있었던 그 마음을 갖기를 필요로 하지 않는다. 따라서 그들은 다음과 같은 한 가지 질문을 던지며 삶의 모든 실제적인 문제들을 풀고자 해왔다.

'예수가 행했던 것을 추론할 때에 예수는 여기서 무엇을 하려 할까?'

주의 생애가 무엇이었던가에 대한 생각이 없음은 이를 탐색 시험과는 다른 것을 만들 수 있다. 그러나 이 시험은 외형상 좋아 보일 수 있어도, 어떤 것도 더 깊이 들어갈 수 없는 그런 탐색의 시험일 뿐이다. 그런데도 이런 외적 방식으로 하나님의 통치를 그리스도의 모범으로 부속시키는 것은 우리를 하나님의 아들로 만드는 주의 완전한 독생자됨의 의미를 오직 흐리게 하고 잘못 전할 뿐이다. 주가 보는 것처럼 우리가 보는 것이 아니라면, 그는 전혀 계시가 아니며 그리고 주가 자신의 삶을 결정했듯이 우리가 우리의 삶을 결정하지 않는다면, 그는 전혀 화해가 아니다.

하나님의 뜻을 위한 외적 권위로서 예수를 의존하는 것은 자주 주장되듯이 그가 탁월하게 하나님의 말씀이다는 신념에서 나오는 올바른 결론이 아니다. 반면에 그의 신적 사명의 증거는 우리를 종의 신분에서 해방시키는 것에 있다. 이 종의 신분은 우리가 진정한 자아가 되는 것과 자신의 삶을 사는 것을 막으며 우리의 진정한 유산으로써 하나님의 세상과 관계하는 것에 걸림돌이 된다. 반면에 단지 모형을 흉내 내는 것은 아버지를 향한 하나님 자녀의 살아 있는 관계를 수립하기 위한 하나님의 실패를 특징짓게 할 것이다.

하나님이 예수 안에 완전하게 계셨고, 세상을 자신과 화해했으며 또 성령이 주께 한량 없이 주어졌다는 믿음의 이유야말로 주가 우리를 해방시키는 바로 그 길이다. 그가 밖으로부터 통치했다면, 단지 인간적인 선생들의 반열에 속했을 것이며 그 선생들이 과거로 지워지듯 그의 권위는 사라졌을 것이다. 하지만 그는 현재에 영원히 살고 있다. 왜냐하면, 하나님 사랑의 뜻이 예수 안에서 너무나 온전하게 계시되어, 어떤 호소도 필요치 않고 오직 마음 문을 열어 기꺼이 확신하는 자들의 심령에게만 필요하기 때문이다.

주는 어떤 진리에 대한 믿음을 결코 물을 필요가 없고, 이것이 참된 것임을 알도록 하기 위해 우리에게 어떻게 이를 바라볼 것인가를 보여 줄 뿐이다. 주는 어떤 명령에도 복종할 이유가 없고, 오직 우리가 이것이 우리의 의무임을 분별할 것이란 마음을 드러낼 뿐이다. 우리 안에 있는 하나님의 형상에 말을 거는 것만이 하나님의 말씀이라 부를 수 있는 권리를 갖는다. 또한, 이처럼 하나님의 형상에만 말을 걸며 외적인 도움을 필요로 하지 않는 것만이 하나님의 절대적 말씀이라 불리는 권리를 갖는다.

과거처럼 오늘날, 누구도 신실함으로는 주께 가까이 갈 수 없다. 다만 삶의 실제적인 고통을 보다 깊이 느끼게 됨으로 인하여 그리고 삶의 실제적인 섬김을 보다 크게 보게 됨으로 인하여 생기는 새로운 깊이의 연민과 겸손을 가질 때만이, 또한 그렇게 함으로써 더욱 가치 있는 훈련과 더 고귀한 의무를 통해 세상을 하나님의 것으로 더욱 적절하게 해석할 수 있게 될 때만, 우리는 주를 가까이할 수 있다. 그런데도 흉내 낸 삶은 영감된 것이 아니며 영감된 삶은 흉내 낸 것이 아니다. 단지 그리스도의 모방이라도 예외가 되지 않는 바, 다음과 같은 특별한 제한이 따르기 때문이다.

첫째, 그리스도의 모범을 직접 모방하는 이 방식이 사용되면 큰 문제들과 기만적인 상황을 낳을 수 있다. 반면에 주의 생애에서 가장 인상 깊은 것은 일반적인 상황 가운데 우연히 마주친 일반적인 사람들에게 그가 말씀하고 행한 것에 있다.

이는 우리에게 어떤 류의 영적 상황을 제시하지 않았을 것이다. 누구나 별도의 상황에서는 말하거나 행했어야 하는 것을 제외하고는 심지어 동일한 상황에서 적어도 메시아로서 그의 특별한 소명으로부터, 주가 어떤 것을 말하거나 행하지 않았을지라도, 그들의 도덕적인 가능성을 다루는 동일한 능력만이 어떤 도덕적 가능성을 드러냈을 터이다. 주된 질문은 어떻게 작은 것 안에서 큰 것을, 너무나 일상적인 문제들에서 그리스도의 마음을 발견하는가이다. 그렇게 함으로써 우리는 예수라면 어떻게 했을지 자문하기 위해 결코 붙들리지 않게 될 터이다.

둘째, 누구도 동일한 조건들이 아닌 또 다른 조건을 맞닥뜨리게 된다. 심지어 우리가 자신의 상황에 주의 모범을 성공적으로 적용한다손 치더라도, 가장 적확한 모방까지도 생명 없는 볼썽사나운 흉내가 될 것이다. 주가 말하고 행했던 모든 것의 특징은 자신의 놀라운 통찰력 즉 다름 아닌 온전한 사랑으로부터 직접 나왔다. 그러므로 글자 그대로 반복되더라도 이 모범에서 영혼은 여전히 부족할 것이며 죽음의 가면이 살아 있는 얼굴이 아닌 것처럼, 주의 모범이 되지 않을 것이다.

우리의 삶 역시 주의 삶처럼 정말로 살아 있는 것이 되려면, 우리 자신의 통찰력을 따라야 한다. 주 자신의 하나님 사랑에 대한 이해가 하나님 율법의 완성이었던 것처럼, 이에 대한 우리 자신의 이해만이 우리의 율법의 완성이 될 수 있다.

셋째, 그리스도 모범의 이런 외적인 사용은 우리가 자신의 가장 나쁜 도덕적 실패를 극복하는 데 도움을 주지 않는다. 최고의 도덕적인 결함은 선한 양심의 부재가 아니라 특히나 우리 자신의 소명의 주장을 향한 우리의 통찰력의 제약이다. 왜냐하면, 통찰력은 선한 양심을 갖는 것을 아주 쉽게 만들기 때문이다. 그런 제약이 갖는 위로는 규범들을 강제하려는 기꺼운 상태를 설명한다. 비록 이 규범들이 힘들지만 이를 기꺼이 받아들이는 상태는 우리가 어디에 있으며 또 우리가 언제 멈출 수 있는지를 우리가 아는 것처럼 보이는 데 있다.

심지어는 규범들이 불충분하게 보일 때에 어떤 모범에서 외적 기준을 찾는 것이 가능한 것처럼 보인다. 예컨대, 학생 신분의 상태에서는 수칙보다 훨씬 크고, 유익의 면에서 훨씬 오래 가는 것은 모범이다. 따라서 사도는 이교도에서 갓 개종한 자에게 다음처럼 말할 수 있었다.

너희는 나를 본받는 자가 되라(고전 11:1).

하지만 그런 때조차도 바울은 이것이 단순한 흉내가 아님을 다음의 말을 첨부함으로 제시한다.

내가 그리스도를 본받는 자가 된 것같이(고전 11:1).

하지만 우리가 그리스도의 삶을 단지 모방함으로 인해 우리의 삶을 마침내는 이끌 수 있음을 상상할 때에 우리는 그리스도의 삶과 우리의 삶 모두를 오해할 소지가 있고 또 헷갈리는 백과사전적 평가로 빠지게 된다. 우리는 다음과 같은 말을 듣는다.

"어떻게 예수의 생애가 완전했을 수 있는가?
그는 예술에 관심이 있었는가?
그는 공적 업무에 대해 관심을 가졌는가?
주 당시의 보다 단순한 시대에는 충분했지만, 다른 관심을 갖기에는 우리는 복잡한 시대에 살고 있지 않는가?"

그럴 때 우리는 주의 영으로부터 스스로 생겨난 많은 관심사가 그의 모범으로 말미암아 제거됨을 보게 된다. 게다가 관심사를 좇아서 일람표가 작성된 주의 모범은 단순히 행할 일들의 목록이 될 뿐, 주의 실제적인 삶을 지배하며 또 이를 즉시로 매우 크고 효과적으로 만들었던 마음은 전적으로 부족하다.

주 역시 메시아로서 자기의 모든 관심사를 지배했던 자신의 특별한 소명을 지녔다. 그리고 그 실행에 자신을 제약시키고 상상 가능한 모든 인간적 행위에 몰입하지 않음은 그의 진정한 완전함의 일부였다.

하지만 우리가 주를 따르되 단지 모방의 마음이라면, 우리는 자신의 의무들을 많은 수의 과제들에 대한 추월로써 생각하기에 이르게 된다. 그래서 일반적으로 경황없는 마음으로 많은 것을 행하기에 이르지만, 우리 자신의 소명의 완성으로써 행하는 것이 아니다. 그 소명은 비록 제약된 것이지만, 하나님의 일반적인 목적이라는 그 제자리에서 완전하게 된다.

우리가 모든 가능한 의무를 능가했음에 만족하는 양심을 갖는 소망을 포기하기 전까지 그리고 오직 우리 자신의 과제에만 관심을 둘뿐 결코 만족한 적이 없는 자와 함께 사는 것을 배우기 전까지는 그리스도의 모범은 우리로 자신의 섬김을 보게 만드는 영감이 되지 않으며 우리로 맹목적으로 그의 삶을 흉내 내도록 만드는 행동 양식이 됨을 멈추지 않는다.

진정한 양심은 무오류성에서 심지어는 그리스도의 모범의 인도 하에서도 스스로를 붙들지 않는다. 이는 부인할 수 없는 의무들로 인해 결정되는 것이 아니라 지속적으로 어둡지만 그 빛을 따르는 것으로 인해 결정된다. 또한, 이는 옳음과 잘못됨의 문제들로 인해 대면되는 것이 아니라 뛰어난 것들을 선택해야 하는 점에서 더 나은 것 혹은 더 나쁜 것으로 인해 지속적으로 대면된다. 이처럼 하는 것만으로 사람은 참으로 하나님의 뜻을 행하고 항상 그 뜻의 지식 가운데 전진하게 된다.

그러므로 그리스도 모범의 영향력은 직접 우리의 행동 양식이 되는 것이 아니라 믿음에 감화를 주고 돕는 일이다. 믿음이 보는 것은 사랑이야말로 능력이라는 삶의 최종적 의미와 마지막 말이 된다는 것, 그래서 우리로 자신을 위해 삶의 인도를 분별하도록 하며 또 우리의 소망을 흔들림 없이 그 승리에 두게 한다는 사실이다. 나를 보라 그러면 내가 너희에게 하나님의 뜻에 합당한 그 똑같은 삶을 보이리라, 이렇게 말하는 대신에 예수는 다음과 같이 말한다.

> 수고하고 무거운 짐 진 자들아 다 내게로 오라 내가 너희를 쉬게 하리라 나는 마음이 온유하고 겸손하니 나의 멍에를 메고 내게 배우라(마 11:28-29).

이것은 심령이 하나님이 삶에 부과하는 것, 즉 오직 하나님만이 부과한 것을 기꺼이 받아들이는 것을 뜻한다. 이 이유 때문에 주의 멍에는 쉽고 주의 짐은 가벼운 것이며 우리는 영혼을 위한 안식을 발견하게 된다.

이 쉬움은 그 과제가 작기 때문이거나 혹은 우리가 그 해야 할 일을 가볍게 다룰 수 있기 때문이 아니다. 자아를 부인하고 또 자기 십자가를 진다는 것은 쉽지 않다. 하지만 우리의 주를 따르는 마음이 심령의 온유함과 가난함이 된다면, 우리는 하나님의 뜻이 사랑의 뜻이 되고 또 마찬가지로 완전한 자유의 율법이 됨을 알게 된다. 이것이 만물의 완성일뿐만 아니라 우리 자신의 영혼의 실현이기도 하다.

2. 성도의 교제에 속하는 것에 대한 또 다른 잘못된 길은 신비주의, 이는 하나님의 뜻을 우리 자신의 뜻으로 아는 것을 불가능하게 한다.

신비주의는 이미 설명했다시피, 여기서는 신적인 것 가운데 비인격적인 통합의 의미로 사용되지만, 참으로 인격적인 모든 것으로부터 분리될 수 없는 인생의 신비로운 깊이라는 의미는 아니다.

어떤 것도 더 나은 연민을 낳게 하는 그런 인격적 관계와 같은 의미들을 훨씬 뛰어넘지 않는다. 그 연민이 살아 있는 자들과 함께 보이지 않는 자들을 향해 나아감으로 아마도 그들은 자신의 세대를 섬기고 잠든 후에 그들 뒤에 그들의 성취와 모범 그 이상을 남겼음은 당연한 것이다.

무엇보다 우리의 구원의 대장(大將)이 여기에 포함되었는 바, 그는 살아 있는 교제라는 가장 지속적인 면에서 신뢰와 동행이라는 따뜻한 감정을 가진 분이었다.

경험을 통해 이에 의미를 부여하는 더 깊은 것들을 만지는 그런 감정은 신비한 것으로 불릴 수 있다. 그럴 때에 신비주의는 신앙에 대한 또 다른 이름이 된다. 하지만 여기서 의미하는 바는 신비주의가 아니다. 합당한 신비주의는 모든 평범한 형태의 경험을 뛰어넘어 공동체적인 하나가 됨을 구한다. 이것은 우리가 그 안에 있는 인격적 뜻을 수렴하는 것처럼 효과적이며 그래서 통합이 기계적으로 합의를 낳게 된다.

어떤 폭넓은 삶 가운데 통합을 통해 우리의 인격적인 삶의 짐으로부터의 해방이라는 모호한 개념은 아마도 언제나 대중의 마음속에 떠있는 바이다. 종족적 개념의 존속으로 인해 우리들 중 누구 안에서도 그 개념이 없어지지 않고, 오히려 큰 국가적 위기의 때에 특별한 군대로 샘처럼 솟아나며 우리는 국가 혹은 교회에 대해 최고 인격체로서 많은 이야기를 한다. 하지만 기껏해야 그 인격체는 오직 초월적 개인일 뿐이다.

하지만 이처럼 생각된다면, 그들은 여전히 흐릿한 종족적 집단 도덕이라는 브로켄산의 그림자에 불과할 뿐이다. 이 도덕을 통해 인류는 서서히 그리고 고통스럽게 올라가고 폭풍이 이를 들어 올릴 때에 다시 한번 우리의 머리를 휘감는다. 그들이 부족한 것은 정확히는 도덕적 교제다.

이것만이 인격적이며 거기서 우리가 더욱 온전하게 사랑을 통해 인도받을 때에 우리는 자유하게 되고, 타인에게의 충성과 우리 자신에게의 충성은 서로를 확증하고 또 갈등에 결코 싸이지 않으며 그래서 교제는 해방이지 결코 굴복이 아니게 된다.

모든 사회적 조합이 종족과 윤리의 유대(紐帶)의 혼합물인 것처럼, 우리는 그런 유대를 존중하는 개념의 부활을 기대하게 될 것이며 또 한동안 그들의 유용성을 인정해야 할 것이다. 하지만 성도의 교제에 대한 핵심적인 특성은 윤리적이지 종족적이지 않다. 그런 까닭에 오직 하나님이 명한 바를 듣고 행하는 성도의 통찰력과 용기가 앞장을 서기 전까지는 이와 관계된 그런 생각은 마음의 혼동과 영적 문제의 도착(倒錯)만을 낳을 뿐이다.

몸 된 교회에 대한 이런 신비한 관계를 생각하는 것에 시간을 쓰는 대신에 우리는 그 문제를 보다 구체적으로 그리고 탁월함의 방식으로 다룰 수 있는 바, 이는 교회의 머리인 주를 향한 지체들의 진정한 관계를 다시 생각함으로 말미암는다.

신비한 길이 취해질 때에 구원은 주의 가르침과 모범에서 분리되며 또 직접 그의 인격에 의존하게 된다. 때로는 주의 인격과 이를 나타내는 모든 것 간에 구분을 짓는 것은 너무나 힘들고, 그래서 우리가 구원을 위해 그에게 의존할 수 있었음을 드러나게 만드는 것은 어렵다. 비록 주가 말하고 행하지 않아도 우리는 심령 안에서 어떤 반향(反響)을 발견하거나 혹은 우리의 삶에 대해 어떤 요구를 한다. 주의 인격은 힘의 신비한 수단이 되며 그 힘이 하나님 혹은 사람과의 참되게 인격적인 도덕적 관계를 통해서 일하지 않고, 다만 직접 그리고 압도적으로 전능성의 힘으로 말미암아 일함으로써 효과적이 된다.

하지만 이것은 복음서에서 주와 함께 사람들의 관계를 제시하는 예수와는 어떤 관계도 갖지 않으며 이는 주의 생애를 오직 고대의 재미있는 유물에 지나지 않는 것으로 축소한다. 복음서의 호소의 본질은 겸손하고, 오래 참고, 고난 받는 사랑이다. 주는 우리 가운데서 섬기는 자이지 식탁에 앉은 자가 아니다.

따라서 영적 힘의 신비한 전달은 그런 호소와는 전혀 관련되지 않는다. 다만 그것을 제외하고는 비록 예수 자신이 이는 전혀 다른 것이라고 강조적으로 말했을지라도, 이것은 세상에 대한 금욕적 포기의 모범으로써만 사용된다.

주된 관심사는 부활한 그리스도와 관계된다. 하지만 이는 주가 자신의 생애 가운데 나타냈던 그런 거룩함을 좇아서 권능을 가진 하나님 아들로 계시된 자가 아니라 한 분의 신적인 전능한 능력이다. 이 능력 안에서 우리는 인격적 존재의 소외(疏外)를 잃어버린다. 하지만 비록 한때 육신적으로 계시되었다는 사실이 그 존재를 더욱더 가까이하게 할 만큼 가치가 있을 것이다.

파스칼이 말했듯, 우리는 부활의 그리스도를 오직 그의 상처를 통해 만진다.[1] 하지만 금욕적 포기가 우리 자신을 주의 영광에 잠기게 하거나 혹은 우리를 그의 몸만이 아닌 그의 영광의 몸인 것처럼 교회에 몰두하게 하

---

1 Pascal, *Pensees*, 554 [브룬슈빅판] (역자 주).

는 때에 마치 죽음의 갈등 가운데 우리가 주를 십자가로 데려갔던 마음을 나타내는 것처럼, 우리는 단지 우리의 총체적인 인격적 삶 가운데 널리 빛나는 추상적 권능을 우리 주 예수 그리스도의 하나님 아버지를 향한 화해로 대체할 뿐이다. 왜냐하면, 그 권능은 세상의 짐을 변화시키는 것이 아니라 부당하게 이를 제거하기 때문이다. 만일 이것이 우리를 갈등에서 벗어나게 한다면, 이는 단지 그 안에서 우리를 지고한 자의 도구로써 세우는 것이지, 하나님의 자녀로서 우리의 영혼을 이겨야 하는 전쟁터로 우리를 높은 심령을 가지고 보내는 것은 아니다.

성도의 교제를 향한 우리의 총체적인 관계의 목적은 우리를 인격체가 되는 것의 짐과 책임으로부터 구원하는 것이 아니라 인격체가 사라지지 않는 하나님 목적의 유일한 창고임을 보여줌으로써 우리 안에 삶의 의미와 목적이 되는 인격적인 가치에 대한 언제나 더 깊은 헌신을 그리고 이런 끊임없이 변하는 세상 중에 오직 변하지 않는 목적에 대한 헌신을 불어넣는 것이다. 그리고 이 헌신을 위해서 우리는 모든 것을 바랄 뿐만 아니라 모든 것을 참을 수 있게 된다.

3. 성도의 교제를 생각하는 모든 것 중에서 그리스도 답지 않은 방식은 이를 오직 한 분, 곧 죽은 자들로부터 일어나 영광으로 올라감으로 인해 모든 애원의 겸손을 끝냈던 분의 제도화이다.

자신을 낮추었던 주는 승귀되었다. 빈한한 옷을 입은 시골의 일군으로 왔던 주는 하늘의 구름을 타고 영광과 함께 인자(人子)로서 올 것이다. 이것은 온유함의 통치의 끝이며 권능의 통치의 시작을 뜻한다. 섬김과 희생으로 인해 사람들을 구원하려는 짧고 열매 없는 시도 후에 마치 하나님은 지배와 강제로 되돌아갔고, 설득하기를 실패했던 때를 기각시키며 또 아들들의 마음을 이기지 못했던 때에 종들을 만든다.

따라서 그리스도의 생애는 하나님의 다루심에 잠정적인 이야깃거리가 되며 권능을 가지고 위에서부터 참으로 온 것에 관해 주의 마음에 대한 영원한 계시가 되기를 멈춘다.

이런 해석으로 말미암아 기독교의 이론뿐만 아니라 실제적 적용은 변화되어서 자주 크리스천의 이름을 주장함에 결코 망설임이 없고, 반면에 전체적인 그리스도의 방식, 곧 주의 실제적인 삶과 죽음에서 그리고 그가 했던 요구 사항의 본질에서 또한 그가 제안했던 축복의 본질에서 그의 방식을 부인하는데도 망설임이 없다.

우리 자신의 경험에 대한 해석처럼, 이는 복음서 안의 예수를 단지 혼돈의 원인으로 돌려놓는다. 주의 겸손한 교제의 자리에서 바로 거기서 나중 된 자가 처음 되고, 처음 된 자가 나중이 되며 누구도 랍비라 불리지 않고 그리스도만이 유일한 권위자가 된다.

그리고 주가 한 분의 온전한 선생인 까닭에 우리는 나라로써 교회를 가지며 나라의 공무원은 어떤 다른 나라가 요구했던 것 이상의 더 큰 복종을 주장한다. 왜냐하면, 그들의 권위는 행위뿐 아니라 믿음으로 확장되고 또 이생에서의 심령으로 또 내생에서의 운명으로 확장되기 때문이며 내생에서는 어떤 다른 나라도 영장이 집행되는 것을 생각하지 않는 곳이다.

그 주장이 훨씬 더 온건한 곳에서조차 교회는 권능의 개념과 너무나 많이 관련되며 또 믿음에 너무나 적게 상관하는 까닭에 사랑만이 하나님 나라의 승리를 얻는 유일한 길이 된다.

주의 추종자들의 기쁜 마음은 이전에는 그렇게도 주눅들었지만, 이제 그들은 주의 부활을 어떤 의미에서 모든 권능이 하늘과 땅의 주께 주어졌음을 뜻하는 것으로 받아들였음을 보여 준다. 이는 주의 방식이 정당성을 입증했기 때문이지, 이것이 변화되었기 때문이 아니었다.

베드로에게, 이는 주가 하나님으로부터 인정받은 사람임을 뜻했으며 그의 방식은 실패한 것처럼 보였지만, 하나님의 승리의 길됨을 보여 준 것이다. 바울에게는 이는 권능을 갖는 하나님의 아들됨을 선언한 것으로 주는 거룩의 영, 곧 온유함과 겸손함 가운데 그가 보여 주었던 영을 좇는 자였다.

두 사람에게는 부활은 예수의 삶과 죽음의 의미를 분명하게 만들었을 뿐이다. 그래서 사랑의 도덕적 질서는 하나님의 뜻이며 모든 악, 육적인 것, 만연한 것, 불가항력적인 주관을 이기는 최종적이고 가장 신적인 승리요, 이는 어떤 지배적인 권세에게도 주어지지 않는 승리다.

또한, 그들을 불러 승리와 같은 확신 가운데 섬김을 좋아하도록 하는 바, 이는 하나님이 사랑을 위해 능력을 대체한 까닭이 아니라 하나님이 그들에게 목적 안에 있는 사랑만이 권능이며 그 교제는 즉시로 자유와 질서라는 하나의 온전한 유대가 됨을 보여 주었던 까닭이다.

제7장

하나님의 통치
(The Rule of God)

    하나님의 뜻은 우리의 모든 관심을 요구하되, 심지어 우리 자신의 영혼을 위한 관심의 배격까지를 요구한다. 왜냐하면, 이것이 사랑의 뜻이기 때문이다. 이것으로 말미암아 믿음은 역사한다. 이것은 우리의 사랑으로 말미암지 않으며 심지어는 단지 호의적 정서로써 하나님의 사랑으로도 말미암지도 않는다. 설령 그 사랑이 하나님의 마음 안에 있고 다른 곳에서는 없다 해도 그렇다. 믿음이 갖는 확신은 사랑은 모든 것이 반대로 보임에도 불구하고 세상의 최종 질서이라는 점이며 따라서 그 뜻을 수용함은 세상에 대한 모든 올바른 사용권을 갖는 것이다.
    그러므로 하나님이 가치를 두는 것, 그의 거룩함으로 해석되는 사랑은 현세의 삶에서 최종의 선이며 동시에 최종 능력이 된다는 확신이 믿음이다. 그래서 하나님 목적이 아닌 다른 목표를 위하거나 혹은 하나님 뜻이 아닌 다른 인도로 말미암는다면, 설령 우리는 많이 소유한 것 같이 보여도 어떤 것도 우리 것이 아니며 설령 이것이 많이 바라던 바처럼 보일지라도 어떤 것도 선하지 않다.
    하지만 하나님의 목적을 위하고 또 그의 인도로 말미암는다면, 비록 우리는 많이 부족할 수 있어도 모든 것은 우리 것이며 즉각 벌어질 일들이 재앙일지라도 모든 것이 합력하여 선을 이룬다.

이 사랑은 우리에게 어떤 참된 선을 거절하지는 않을 것이지만, 우리는 금생 혹은 내생을 위해 이 사랑을 외적 형통함이나 평안의 기준을 통해 혹은 하나님의 생각이 아닌 어떤 기준을 통해 측량하지 않을 수 있다. 그러므로 우리는 우리 자신의 선의 모습을 우리의 목적으로 만들 수 없으며 하물며 이를 얻는 행복을 우리의 동기로 만들 수 없는 법이다. 믿음, 의 그리고 사랑은 이것들을 뛰어넘는 보상의 소망으로는 연합되지 않는다.

다만 우리가 바랄 수 있는 복은 이것들로 측정되어야 하며 이들들의 소유함이 되어야 한다. 그렇더라도 우리 자신의 선견지명이 아니라 하나님의 선견지명으로 말미암아 되어야 한다.

하지만 도덕적 행위는 순전히 행복론적 방식에서 너무나 자주 신앙에 의존하게 되었고 그래서 도덕 행위 간에는 다른 어떤 연계도 없는 것처럼 보이도록 신앙을 만들었다. 이 이유로 인해 모든 인류 역사를 통해 도덕적 행위의 기초가 신앙적이었다는 사실에도 불구하고, 철학적 윤리는 신앙과는 전혀 무관하게 양심의 특이한 본질로부터 전적으로 그 기초의 유래를 추론하기 시작했다.

심지어는 하나님이 도덕적 명령의 타당성을 위한 간단한 이름으로 소개될 때, 도덕적 의무의 절대성은 일종의 무오류성을 갖는 양심의 보편적인 입법에 여전히 기원을 두고 있었다.

그러나 양심이 무오류적이지 않듯, 다른 인간적 권위도 그렇지 않다. 이런 필요요건들에 대한 절대적 성격은 그 평결에 있어 어떤 무오류성에도 의뢰하지 않고, 정의의 양심이 되는 한에서 양심이 드러내는 오직 절대적 규범에 의뢰한다.

모든 양심의 평결에 대한 핵심적 형태는 양심이 성스럽다는 점이다. 우리는 이것이 옳은가 거침없이 질문할 수 있지만, 이것이 편리한가는 전혀 고려하지 않을 것이다. 이 절대성은 비가시적이고 영원한 실제—그 본질상 성스럽다—로 유래될 수 있지만, 실수를 범하는 양심으로부터나 혹은 어떤 효용성의 축적으로부터 유래될 수 없다.

이 효용성은 오직 비교에 의해 또한 우리가 선호함에 따라 취하게 되는 것으로부터 평가될 수 있다. 지금까지 행해진 많은 시도는 어떻게 의무에 대한 신성불가침의 개념이 어떤 유용한 행위에 애착을 보이게 되었으며 그 행위들과 관련해서 지속적인 타당성을 견지하게 되었는가를 보여주었다.

우리의 듣는 바로는 신성불가침은 사회적 감정으로 우리로 과거의 지혜를 담고 있는 금언(金言)들을 수용토록 만들며 이 금언이 이에 대한 우리의 판단보다는 실제적 효용성을 더욱 기민하게 다루는 까닭에 정당하다. 하지만 사회가 어떤 단순한 집단이라면, 그 주장은 성스럽지 않다.

이것은 단순한 효용성에 의해 측량되어야 한다. 게다가 효용성이 물질적 유익으로만 측량되고 기쁨이 우리의 유일한 합리적 동기라면, 이것은 신성불가침을 갖지 않으며 필요하지도 않다. 왜냐하면, 우리는 이것을 보는 때에 이것을 택할 수밖에 없기 때문이다. 존재를 위한 투쟁이 세상에 대한 합리적 견해라면, 우리는 우리 자신을 위한 효용성에서 벗어나, 타인을 위한 배려로 나아갈 수 없다.

이것이 성스럽고 편리할지라도 그렇다. 그러면 양심은 기껏해야 유전적인 본능일 뿐이며 우리가 바라는 본능은 경주를 위해서는 유용할지라도, 맹목적으로 행하기를 지속하고 결코 합리적일 수 없게 된다. 하지만 이는 헛된 소망이다.

그 이유인즉슨, 어떻게 양심이 절대적 의무를 양 떼의 단순한 본능임을 분별할 만큼 충분히 깨우쳐진 자들에게 부과할 수 있단 말인가?
어떻게 우리가 지식이 너무 커져서 맞지 않는 단순히 비합리적인 본능에 모든 대가를 드려 충성할 수 있단 말인가?
이 모든 것의 본질은 양심이 부패하는 동안 신앙적 상급에서 그 동기가 나온다면, 이는 절대로 양심이 아니다!

특히, 양심의 제재에 대한 성스러움의 유래가 신앙적 실제로부터가 아닌 한에 있어 그렇다. 이 신앙적 실제는 우리가 좋아하는 대로 부르자면, 바로 하나님의 통치 혹은 하나님의 나라다.

정의의 양심이 모든 사려분별을 뛰어넘어 서기 전까지는 어떤 하나님의 통치도 결코 시작되지 않으며 하나님의 통치가 밖에 있는 모든 것의 의미와 목적이 되기 전까지는 정의의 양심은 진정으로 시작되지 않는다.

특히, 뭇 세상에 반대되는 것이어도, 이 양심을 항상 옹호했고 이것이 옳고 유일하다고 말하는 모든 자는 사물의 궁극적인 본질이 자기들의 편에 있다는 것을 확신했다. 다른 영혼이 이를 받아들이지 않음이 어찌하든 그들의 확신을 흔들지 못한다.

> 나는 무리 지어 네 소문을 퍼뜨리겠으며 나는 정책으로 너를 압도하리라. 그래서 나는 150번의 방식으로 너를 죽이겠다.[1]

이런 터치스톤의 능력은 그들에게는 오직 단순한 바보의 믿음일 뿐이다. 비록 그가 높은 자리에 앉으며 절묘한 기술이 있고, 풍성하게 구비되었음에도 그렇다. 하나님의 세계는 그런 식으로 지어지지 않음을 그들은 안다. 이에 대한 자연적 질서는 율법을 완성하는 사랑이지, 율법을 알지 못하고 자신의 직접적 이익만을 아는 이기심이 아니다.

또한, 부요케 하고 어떤 슬픔도 더하지 않는 축복은 진리와 미와 선이지 어떤 지위, 부 또한 외적 명성이 아니다. 하나님은 경홀히 여김을 받지 않는다.

악인의 이름은 썩을 것이며 자기 확신의 가장 시끄러운 주장은 죽어 없어지며 폭력의 왕국들은 자기 파괴적일 것이다. 그러나 우리는 하나님의 뜻이, 무엇이든 간에 우리 자신의 올바른 뜻임을 알 때에만 이를 안다.

---

1 셰익스피어의 『좋을 대로 하시든지』 5막 1장에 등장하는 터치스톤의 말이다(역자 주).

처음부터 끝까지, 하나님의 통치는 통치 자체를 강요하는 곳에서는 존재하지 않음을 인정하고 또 확신할 필요가 있다. 진리, 정의의 양심 및 선의 목적에 대한 우리의 통찰력으로 말미암지 않고 다른 방식일 때 그러하다. 외적 통치의 순응은 기껏해야 태도이지 결코 도덕적 행위가 아니다.

그 자체의 빛 가운데 참으로 보이는 것만이 합리적이며 그 자체의 주장 위에 따르는 것만이 의롭다. 하지만 우리는 우리를 둘러싼 세상을 단순히 생각하는 것으로는 앞에서 말한 바를 알 수 없다. 세상이 우리를 통치하는 방식으로부터 그리고 삶과 사회의 가시적 질서로부터의 추론처럼, 우리는 하나님의 통치에 대해서처럼 사탄의 통치에 대해서도 쉽게 말할 수 있으리라.

하나님 통치의 절대적 본질과 그 제한된 역사(役事) 간의 이런 대조는 다시금 반의어(反意語)의 조화로써 제시될 수 있다. '하나님의 통치는 우리 밖에 있는 질서이지만, 이 통치는 안에서부터 받아들여질 때만 존재하는 통치다.'

하나님의 통치 혹은 하나님 나라의 존재는 객관적 실체, 즉 엄격한 의미로써 세상의 유일한 기존 질서다. 그렇지만 은혜로운 인격적 통치로써, 이 모든 특징은 이 나라가 우리 자신의 통치로서 받아들여지지 않으면 역사할 수 없는 제약에 의해 결정된다는 점이다. 우리를 맞닥뜨렸던 모든 모순은 하나님 통치의 이런 인격적 본질로 말미암는다. 이 통치가 받아들여지지 않는다 해도, 이 모순은 존재한 것처럼 보일 뿐만 아니라 실제로 존재한다. 비록 이 나라가 궁극적 실제일지라도 완전한 자유의 법과 같지 않다면 이는 전적으로 작동불가하다.

최종적인 만물의 척도는 우리 자신의 목적과 같지 않다면 세상의 어떤 것도 측량하지 못한다. 하지만 통치가 스스로를 안에서부터 또 오직 안에서부터이며, 마치 우리의 자유의 율법처럼 오직 자유의 율법으로써, 마치 도덕적 존경의 영역처럼 오직 도덕적 존경의 영역으로써 강요하는 바로 그 이유로 인해, 이 통치는 의로운 질서일 뿐 아니라 최종적, 합리적 질서이다.

이 오래 참음의 결과가, 그런데도 세상 전부가 악한 자 안에 처해 있는 것이라면, 우리는 다음처럼 물을 수 있다.

"어떻게 하나님의 통치가 죽을 존재를 위해 이 세상에서 어떤 실질적인 차이를 만드는 실제가 되는가?"

이에 대해 오직 한 가지 답은 하나님의 나라는 우리가 이를 안에서 받아들임으로써만 밖에서 존재함을 알 수 있다는 것이다. 그 유일한 길은 하나님의 통치가 실제일 뿐만 아니라 최종의 실제임을 발견하는 선지자적 방식이며 이를 받아들이고 이로 인해 우리가 세상을 통치할 수 있음을 아는 것으로 말미암는다. 선지자적 영혼의 교제는 오랜 세월 슬픔과 죄와의 기나긴 갈등 가운데 이를 이루게 된다는 것을 우리가 생각할 때에 우리 역시 이 질문에 제대로 접근할 수 있게 된다.

하나님에 대한 모든 선지자적 지식은 도덕적이되 형이상학적이지 않으며 악한 세상에서 하나님 통치의 이런 문제에 그 관심을 집중했고, 무엇이 일반적으로 하나님의 뜻인가를 물었을 뿐 아니라 수세기를 통해 어떤 압도적인 조건 가운데서도 하나님의 통치에 실천적 주의를 기울였다. 그리고 실천적 관심을 이처럼 불태움이 필연적으로 잠정적이고 국지적인 관심과 엮이는 것임에도, 그 결과는 놀랍게도 일치하는 바, 곧 다른 모든 의존함이 없음에도 우리는 실제의 본질의 통찰력을 통해서만 이를 설명할 수 있게 된다.

선지자 모두는 동일한 험한 길을 걸었고 그들 생각에 대한 동일한 낯선 적대감을 직면했다. 그것 외에는 어떤 것도 그들 믿음의 본질을 매우 분명하게 보여 주지 않는 것처럼, 우리 역시 가장 중요한 이런 적대감을 우리 연구의 화두로 삼는 것보다 더 좋은 것은 없을 것이다.

1. 우리는 하나님의 통치가 작고 억압받는 것이란 감정을 거쳐 그 통치가 우주적이고 승리하는 것임을 발견해야 한다.

선지자들은 결코 영적 갈등을 상대적이며 비상궤적(非常軌的) 진척(進陟)

때문으로 생각하지 않고, 유일하고 나눌 수 없는 하나님 나라에 대적하는 조직화된 악의 나라에 대한 절대적 반대로서 언제나 생각한다.

이 개념은 일반적으로 진화론과의 갈등에서처럼 가볍게 묵살된다. 즉, 이는 진화에서의 유일한 힘은 유기체의 우연적 돌연변이이며 전적으로 생존 경쟁을 통해서 불용(不用)한 것의 도태를 통한 선택이라는 그 이론과 불일치하기 때문이다. 하지만 사도 바울은 적어도 어느 정도는 진화론자였다. 왜냐하면, 그에게는 정신적인 것—자연적이고 본능적인 것—이 먼저였고, 영적인 것—합리적이고 도덕적인 것—이 나중이었기 때문이나, 누구도 그가 칭했던 흑암의 세력과 하나님 아들의 사랑의 나라 간의 그 절대적 모순을 보다 강하게 주장하지 않았다.

그리고 실제로 그 이유는 이 진화론 자체이다. 만일 진화가 육적인 것에서부터 영적인 것의 발전이라면, 진보는 육적 환경을 대함에 있어 단순히 보다 효과적이라 할 수 없고, 분명한 원리의 차이를 낳게 될 것이다.

우리가 이에 대한 실마리를 볼 수 있음은 살아 있는 피조물의 목적을 좇아 진보가 시작하는 결정적 순간까지 거슬러 올라간다. 왜냐하면, 거기서 우리는 원칙 안에서의 구별을 보게 되는 데, 사물을 있는 그대로 수용하는 것—이는 정체(停滯)다— 그리고 더 넓은 환경 위에 모험하는 것—이는 진보다— 간의 구별이다.

그다음 단계는 스스로 그 자체를 닫아버리는 생명 그리고 동족군과의 군거(群居)를 통해 스스로를 확장시키는 생명 간의 구분이며 이는 다시금 원리의 차이가 있다. 끝으로 우리는 사도 바울이 생각했던 본능적 집단에 속한 육에 속한 자 그리고 윤리적 관계 안에 있는 신령한 자 간의 진정한 원리의 차이에 이르게 된다. 이것으로 우리는 정체와 진보를 가질 뿐 아니라 선의 개념에 날카롭게 반대하게 되는 데, 이는 세상을 절대적 진영들로 나누게 한다.

자연적 본능의 단계에서 가정은 피와 빵의 집단이며 모든 확장된 종족적 연합은 단순한 가정의 확장이 될 때에 이 연계는 개별적이지만, 인격적이지 않음에 도덕적이지 않다.

오히려 기껏해야 물질적인 것으로 이로부터 본능이 인격적으로 이용될 때에 선함과 악함이 만들어지게 된다. 하지만 우리가 인격적 관계로 들어서는 순간, 우리는 본능적 연합에서 벗어나 도덕적 교제로 나아가며 여기서 모든 지체를 경외함으로 합당하게 우리의 자리를 차지한다.

마찬가지로 각자를 그늘지게 하는 더 낮고 더 높은 단계로부터 벗어나, 의식적으로 갈등하는 원리로 혹은 더욱 정확히 갈등하는 경외함으로 나아가게 된다. 그러면 즉각 우리는 적대적 신앙 사이에 놓임을 알게 된다. 혹은 그 사이는 마치 선지자들이 보았던 것처럼, 신앙과 우상 사이이며 자기 자녀를 향해 사랑으로 대하는 경배하는 하나님과, 자기애 가운데 하나님 선물 중에서 한 우상을 세우는 것, 즉 우리가 하나님의 자녀를 희생제물로 하는 것 사이이다.

이런 원리들, 즉 사람을 목적으로 그리고 물질적인 것을 수단으로 간주하고 물질적인 것을 목적으로 그리고 사람을 단순히 수단으로 간주하는 것은 심각한 모순에 있는 것이며 동시에 이 원리들이 반대 진영에 지지자들을 심어, 우리의 질그릇 같은 상태 가운데 죽음의 갈등이란 감정을 일으키는 바, 이는 어찌하든 간에 선지자들에 국한되지 않는다. 큰 고통의 나날 동안, 이는 사람들의 두려움의 넓이만큼 선한 영인 아흐리만[2]을 주었다면, 그들의 소망의 넓이만큼 악한 영인 오르무즈드를 주었고, 사탄으로 하여금 하나님의 사랑에 대한 공포의 그림자를 내던지게 만들었다.

진화론은 기원에 시선을 돌리게 하고 문제로부터 멀어지게 하며 따라서 살아 있는 피조물의 목적에 의해서가 아니라 유기체로 인해 잘못 해석되고 있음에 이는 심지어 지체하는 진보의 약속으로 그 틈을 치유하는 것처럼 보였다. 왜냐하면, 오랜 세월의 비할 데 없는 풍성함은 이런 결론에 결

---

2   아흐리만(Ahriman)과 오르무즈드(Ormuzd)는 조로아스터교의 선한 신과 악한 신의 이름이다(역자 주).

코 도전하지 않았기 때문이다.

　이제 우리는 한번 더 판결 골짜기[3]를 통과하게 되어 있다는 점에서 비록 이것은 하나님께 속한다는 선지자적 확신이 없음에도, 즐거운 명암법(明暗法)은 사라지고 있고 우리가 선과 악 간의 절대적 갈등이라는 선지자적 세상 감각으로 돌아가는 위험 가운데 있다는 충분한 징표가 있다.

　모든 악에도 불구하고 세상을 하나님 탓으로 돌림은 근본적인 선지자적 업적이었다. 흑암의 나라의 권세에 대한 가장 비관적인 견해와 함께, 그 나라와의 밀접한 연계 가운데 또 그 나라의 수단에도 불구하고 이것은 하나님의 세상이라는 확신이 있었다. 그 안에 유일한 최종의 권세를 갖는 하나님의 통치는 언제나 곧 올 것이며 어떤 실제적 의미에서는 이미 와 있다. 그래서 이제는 그 통치 안에서 사는 것과 이로 인해 우리의 현재적 경험을 관리함이 가능하다.

　놀라운 일은 이 낙관주의가 절망의 심연처럼 보이는 것에서부터 언제나 올라온다는 방식이다. 악의 나라는 사람에 대한 모든 외적 삶뿐만 아니라 심령의 충성도 합병했다. 글로 쓰인 어떤 풍자도 사람과 사회에 대해서 연이은 선지자들이 노래했던 장송곡과 같은 그런 검은 그림을 주지 않는다.

　하지만 항상 이 늪 위에 하나님 나라의 담장은 높이 솟아 있다. 이사야는 자신이 입술이 부정한 자라고 고백하며 부정한 입술의 사람 가운데 거한다. 그들은 부정직하고 목이 곧아 미혹당하고, 그들의 도덕은 심하게 부패하며 그들의 신앙은 하나님의 뜻만을 밟을 뿐이다. 하지만 그들의 더럽혀진 자산(資産)으로부터 떠나 의(義)의 율법 그리고 주의 진리의 말씀은 앞으로 나아가게 된다. 그러면 온전한 평강의 통치가 살인적 투쟁을 하는 모든 천한 우상들을 대체할 것이다.

　우리가 계시의 시작에서 보았듯이 마찬가지로 우리는 그 끝을 본다. 세상은 재앙, 선에 대한 미움, 범죄 그리고 무엇보다 우상 숭배 가운데 잠긴

3　판결 골짜기는 심판의 장소다(역자 주).

다. 그러나 이 세상 위에 새로운 예루살렘은 하나님으로부터 하늘에서 내려오게 된다. 예수의 가르침은 모든 것에 대해 대부분 비관적이다. 최고의 도덕은 단순히 훌륭함으로 드러나며 가장 순전한 신앙은 단순히 형식주의로 드러나며 그래서 불성실은 이 세상의 임금이 거짓의 아비가 되는 그런 것이다. 그런즉 이처럼 현실적 혹은 이처럼 근접한 하나님 나라는 어디에도 없다.

이런 비관적 판단의 이유는 이로부터 일어나는 소망의 이유와 동일하며 이 모든 이유는 모든 형태의 악은 한 뿌리에 귀속되기 때문으로 이는 우상 숭배 혹은 우리 주가 더욱 거슬러 올라가 발견했듯이 위선이다. 이는 하나님의 실제와 진리를 대항하는 자기 기만이다.

악의 나라는 우상 숭배로 너무나 위선으로 말미암아 조직화되어, 스스로 참된 세상의 질서인 것처럼 세운다. 오직 자신만을 위해 그 이웃의 가치를 매기는 그 나라는 소유를 목적으로 사람을 수단으로 만들며 온 세상을 우상의 전(殿)으로 바꾼다. 여기에서 세상은 그 뜻을 다하고, 그 마음을 다하고, 그 힘을 다하여 경배한다.

모든 세상적인 관심의 눈부신 예전(禮典)은 이기적 욕망을 호소하며 타인의 눈뿐만 아니라 자신의 눈도 멀게 하여, 마침내는 그 우상이 세상의 유일한 참된 힘으로 받아들여지게 된다. 그래서 이에 대항하는 사랑의 통치는 단지 환영이며 몽상의 나라처럼 보인다. 이 우상 숭배는 큰 기계적 장치를 가지고 현재의 경쟁 질서에 대한 물질적 정복을 강제하는 예식을 세우는 적이 없었다.

또한, 이것은 그처럼 엄청난 단(檀)이 세워졌어도 액면대로 받아들여지지 않았다. 또 사회는 우상 숭배로 인해 더 많은 이기적 기반 위에서 세워지지도 않았으며 세상의 참된 사용을 빼앗기지도 않았다. 또한, 우상 숭배는 더 광범위한 파괴에서도 문제 되지 않았다.

악을 하나의 조직화된 우상 숭배로써 이처럼 급진적으로 판단함은 모든 선지자적인 견해의 핵심에 속하는 바, 이 우상 숭배는 하나님의 은혜가 갖는 모든 인격적 가치를 부인하며 선을 악으로 악을 선으로 부르며 문명의 모든 자원을 활용하여 위선의 전(殿)을 아름답게 장식하기 때문이다. 오직 이를 아는 것으로 인해 선지자들 역시 알았던 것은 너무나 높은 선이 있고 또 사람의 영혼 속에서 이에 대한 승리가 매우 복되며 어떤 물질적 손실이나 고난이 너무나 커서 이를 얻을 수 없는 것은 없으며 이것을 위해 모든 엄청난 비참함에도 불구하고 세상의 다스림이 하나의 현명하고 거룩하고 또 은혜로운 통치라는 점이다.

인간 본성에 대한 따분한 평균적인 견해는 결코 너무 좋거나 너무 나쁘지도 않으며 죄는 유용한 율법의 단순한 허물로써 선과 악 사이에 심각한 갈등은 없다는 것이다. 또한, 이것이 동시대인들에게 심어주는 견해에 따르면, 하나님에 대한 개념은 하나님은 자기의 택한 백성에 대한 물질적인 복지에 주로 관심을 두며 그들의 소망은 파괴와 황폐함이 그들에게 임할 때에 하나님의 실패라는 처절함의 공포로 바뀐다는 것이다.

이런 오랜 경험은 우리가 이에 대해서 어떤 근거도 줄 수 없을지라도, 우리 자신에 의해 확증된다. 반(半)씩 섞은 도덕은 언제나 인간성에 대한 절망적인 견해를 뜻한다. 반면에 널리 조직화되고 또 심각한 부패에 개입된 사실로부터 인간에 대한 견해는 언제나 그의 가능성에 대한 높은 추정과 생명의 도덕적 의미에 대한 절대적 감각을 뜻한다. 하지만 이 이유들을 발견하는 것 역시 우리의 능력 안에 있다.

가장 단순한 측면에서 죄가 우상 숭배가 된다는 견해는 우상 숭배가 하나님 통치의 보편성 위에서 이기심으로부터 유발되며 위선으로 인해 조직화되기 때문이다.

어떤 국가가 스스로를 하나님의 택한 백성으로 여기되, 높은 섬김이 아닌 높은 특권을 위한 것이라 생각하면서 그 덕과 그 순진성을 선포하며 또 자기 나라의 지배를 위해서 하나님을 자기 것으로 삼을 때에 그 나라의 선과 악의 판단은 외향적이고 부정적일 것이다. 하지만 만일 그 나라가 세상 권세를 선의 대항으로 보는 개념을 갖는다면, 그 무죄 선고를 그처럼 확신할 수도 또 하나님의 목적을 위한 물질적 우위성에 대한 필요성도 확신할 수 없을 것이다. 우리의 모든 전투는 경배와 우상 숭배라는 이 거대한 세상적 갈등 안에 있음을 알 때만이 우리는 하나님에 대한 배타주의적 개념으로부터 참으로 벗어나게 된다. 그러나 우리는 선지자들이 어떻게 이 비관적인 견해를 통과해서 그들의 큰 낙관주의에 승리하는 신적 통치의 발견에 이르게 되는지를 알 수 있다.

악을 추적해서 환상의 한 뿌리에 이르자, 선지자들은 이는 어느 날 단 한 번의 타격으로 인해 잘려나가리라는 것을 신뢰할 수 있었다. 그들은 의원처럼 느꼈다. 열의 진상을 캐서 그 원인이 말라리아임을 알아내고 또 말라리아의 진상은 어느 곳에서나 스며드는 하나의 비옥한 삶의 형태임을 캤던 의원은 비록 하나일지라도 하나의 완치를 견딜 수 있으리라는 꿈을 결코 멈추지 않는다. 비슷하게 선지자들도 가시적 진보가 아닌 원리에 관심을 두면서 품었던 기대는 모든 세상적인 불완전함과 제약이 지나갈 것이란 점이 아니라 우상 숭배가 더 이상 속이지 않으며 세상의 지배 질서 되는 것을 정말로 멈추리라는 점이었다.

그들의 소망은 잘 분배된 부와 정의롭게 조직화된 사회를 갖는 유토피아가 아니라 하나님의 자녀들을 하나님의 선물보다 위에 두는 새로운 경배였다. 물론 그들 역시나 하나님의 선물을 더욱 정당하게 사용하리라는 것을 기대했다. 이는 하나님이 전능한 명령을 통해 우리의 행위를 고치고 우리의 사회를 처방하시리라는 점이 아니라 하나님의 지혜가 우리 심령의 시선을 깨우치는 데 성공하고, 우리의 충성을 하나님 자신의 선의 나라로 돌리게 할 것이며 이것으로부터 인간 관계의 교정이 진척되리라는 점이다.

더 나은 세상을 위한 우리의 많은 책략에도 불구하고 우리는 의로운 사회 질서에 대한 지름길을 발견하지 못했다. 또한, 그 질서 모두가 물질적 복지의 문제가 되는 것처럼 보이는 한, 어떤 성공도 있을 수 없다. 왜냐하면, 그런 경우에 각인이 자신을 위해 할 수 있는 바에 최선을 다하지 않아야 할 이유가 없기 때문이다.

  오직 사람과 함께하는 하나님의 영적 목적이 참된 선이며 또 이를 위한 하나님의 통치가 세상의 참된 질서이고 그리고 우리가 그 목적을 심령의 경외함을 통해 이것과 조화를 이루어 그분의 자녀로서 하나님을 존중할 때만이, 우리는 모든 것을 온당하게 조직하거나 분배할 수 있다. 하나님 통치의 계시에 대한 이런 기대는 노력과 완만한 도덕적 진보로 말미암지 않고 하나님의 깨우침과 역사로 말미암을 때에 다음 요점에 이른다.

  2. 우리는 하나님의 통치가 결코 은혜롭지 않다는 감정을 거쳐 그 통치가 사랑임을 발견하는데 이르러야 한다.

  선지자들은 모두 사람이었고, 부드러운 심령과 큰 연민의 소유자로 일반적 은혜의 원리 위에서 세상을 이해하려 열심히 노력했다.

  또한, 우리 모두가 우리 자신을 즐거워하고, 누구도 다치지 않도록 유의하며 어떤 이유로든 실수에서 또 어떤 동기로든 악에서 벗어나기를 즐기며 그래서 우리 발이 넘어지지 않고 우리의 눈에서 눈물이 떨어지지 않는 것을 하나님이 보시기 원한다는 것, 이것이 하나님의 통치가 뜻하는 바는 아님을 그들은 격한 경험으로 알게 되었다.

  그들의 신앙에 대한 필요는 압도적이었고, 그들의 생각은 특별히 하나님 통치에 대한 의문을 향해 있었다. 그들이 그런 식으로는 지날 수 없었기 때문이다. 그러나 그들은 그런 과정을 통과하여 삶의 아픔들을 이기는 승리를 위해 결단했고, 또 금욕적이든 감정적이든 간에 이런 아픔들에서 물러서기를 기뻐하지 않았다.

  그들 자신의 고난들은 선지자들에게 그들 나라의 당혹감이 아닌 고난을 낳게 했다. 그들이 남들보다 그 고난들을 보다 분명하게 이해하고 또 보다 동정적으로 느꼈다면, 동시대인들의 중심적인 신앙 확신, 곧 하나님이 자기를 경배하는 유일한 국가에 큰 재앙을 내리도록 하지 않을 것이란 확신을 부정하는 것은 쉬운 일이 결코 아니었다. 하지만 큰 갈등이 백성 간이 아니라 신앙과 우상 숭배 사이, 선과 악 사이에 있음을 그들이 알았을 때, 물질적 패배를 이기는 것이 필요할 것이라는 이 소망의 어리석음을 보았다. 왜냐하면, 그때 그들은 더 높은 승리를 발견했기 때문이다.

국가적 번영 혹은 존재를 훨씬 뛰어넘는 이 영적 목적에 비추어, 그들은 사랑이 하나님의 형상으로 지음 받은 인간에 새겨진 도덕적 가치이지, 사람이나 국가의 물질적 복리에 대한 관심이 아님을 배웠다. 따라서 그들에게 너무나 분명한 것은 최고의 재앙이 매우 보편적이고 비참한 것처럼, 거짓을 믿음은 큰 미혹이며 거짓의 폭군 아래서 어떤 것도 유익이 없고, 이로부터 행방되기 위해 어떤 대가도 너무 크지 않다는 것이다.

자신들의 책임감을 향한 엄격한 경외로부터 출발해서 그들은 모든 감상주의에서 벗어났으며 인간의 선택이라는 엄청난 문제를 유일하게 의식했다. 이웃을 사랑하는 것은 동일하게 높고 진지한 경외로 그자를 붙드는 것이다. 경외는 어떤 것도 자신을 도울 것이 남아 있지 않아도, 각자의 운명은 자신의 손안에 있지, 사물의 본질 안이나 다른 이의 손 안에 있지 않다는 확신에 뿌리를 박는다.

그들은 사람에 대한 자신들의 관계가 소외가 없되 강요도 없으며 딱딱함도 없지만 연약함도 없으며 크게 오래 참되 역시나 크게 요구하는 것을 생각했기에 하나님과의 관계도 마찬가지로 생각했다.

하나님 통치의 본질은 사람 자신의 심령 안에 있는 것을 존중하는 것에 있다. 하나님의 구원이 오직 그것에 관심을 두며 따라서 사람을 기각시키는 의미에서 하나님 자신이 인간의 운명을 결정할 수 없었다. 정의롭게 유지되는 것은 아무것도 아니되, 그 자신의 통찰과 선택이 정의로운 것이 모든 것이다. 그런 이유로 하나님은 강제할 수 없었다.

또한, 그런 이유로 하나님은 고통과 갈등 혹은 시선을 끄는 경험을 당하지 않게 할 수 없었다. 왜냐하면, 이것이 사람의 눈을 열어 그들이 경배했던 우상의 헛됨을 알게 하기 때문이다.

따라서 단지 즐거운 경험 같은 인생은 대부분 고통과 고난이거나 혹은 사람들이 선지자적인 믿음보다는 더 쉬운 길을 찾는 나날 동안 전도자가 한마디로 요약한, "헛되고 헛되니 모든 것이 헛되도다"(전 1:2)를 배우는 힘든 여정으로 말미암아, 선지자들은 사랑의 일이 우리를 행복하도록 유지하는 것이 아니라 우리에게 도덕적 승리를 주는 것임을 발견하기에 이르렀다.

하나님의 나라는 따라서 도덕적 통치로 오직 도덕적 수단에 의해 도입된다. 그러나 이는 경주라는 더딘 도덕적 진보로 말미암아 오지 않으며 오직 하나님의 계시에 속하지만, 인간의 성취에 속하지 않는다. 선지자적인 소망은 주의 날에 있으며 비록 느려도 꾸준한 세상 개혁의 성공에 있지 않다. 왜냐하면, 우리 심령의 중심적인 경외에 관해서 그 나라는 깨달음의 날을 대망하지 더딘 수정(修正)의 과정을 대망하지 않기 때문이다.

이 주의 날은 실제적 경험이나 혹은 더 자주, 큰 갈등과 고통의 때에 대한 잘 뿌리내린 기대와 언제나 연결되어 있다. 비록 하나님 나라의 최고의 축복이 사회와 함께 자연을 포함하는 평강이지만, 이는 자연의 예속 혹은 정치적 보장의 수립에 관심이 있지 않다. 이 나라는 이런 것들에 대한 믿음이 깨어질 때에 언제나 가장 근접해 보인다.

이사야가 우상 숭배적, 자기 기만적, 철저히 부패한 사람 가운데서 이야기하면서 사자가 아이들과 함께 눕고, 사람이 칼을 쳐서 보습을 만드는 것을 본다. 그의 이상(理想)의 광휘는 그 기술에 시적 자원이 필요하지만, 하나님의 진노와 인간의 황폐라는 모든 모습을 겪은 이후에 그가 이를 주목한 것은 오직 파멸의 신화로 기술되는 재앙을 통해서이다.

게다가 그것은 각인이 악행 하는 자와 위선자가 되는 한, 끝나지 않을 재앙들이었다. 예수에게는 하나님 나라는 여전히 더 가깝고 또 더 감명 깊고 포괄적으로 그려져 단순히 아버지의 통치가 되지만, 이 나라를 안내할 파국은 더욱 두려워, 주는 어떤 모습도 언급하지 않고 단지 말하길, 창세로부터 지금까지 이런 환난은 없을 것이며 단지 이는 슬픔의 시작일 뿐이라 했다.

가없는 공포와 소망의 혼재에 대한 이유는 극복되어야 할 악의 나라가 불완전함이 아니라 미혹이며 다가올 하나님의 나라는 그 자녀를 통한 하나님의 경외이지 어떤 더 높은 발전 혹은 더 나은 조직이 아닌 까닭이다.

그 근거는 준엄한 경외다. 이는 감상주의에서 벗어나, 인간의 선택이 오직 더 좋은 것과 더 나쁜 것 사이의 즉각적 선택에 불과해도 궁극적으로 빛의 나라와 흑암의 세력 사이에 있다는 놀라운 사실을 분명히 인식하는 것이다.

사물의 본질상, 악의 지배는 큰 환영이며 또 그 전체적인 질서 안에서 개인과 사회를 위해서는 재앙 외에는 아무것도 갖지 않는다. 불의로 진리에 반항하는 것에 하나님의 진노는 하늘로부터 계시되는 바, 마치 심령에서 이성을 통해 몸에 전달되듯, 거짓의 아비의 나라는 마침내 스스로 혼돈과 자기 파멸에 이르게 됨을 보여 준다. 이것이 인간 심령의 우상 숭배와 자기 기만의 자연스러운 결과이며 오직 하나님의 억제하는 손의 결과에 지나지 않을 것이다.

그런데도 때때로 하나님은 이 거짓의 지배를 허락함으로 인해 자연스러운 혼돈과 고뇌를 풀어놓고 그래서 인간이 자신을 지키고자 바랐던 소유물들과 조직들을 가리도록 만든다. 하지만 진노에 자리를 내어 줌은 사랑의 역사이지 분노의 역사가 아니듯, 우리가 확신할 수 있는 것은 이 진노가 사람으로 환상에서 벗어나도록 하는 지식이 없이는 허락되지 않으며 어떤 특정한 시험의 때가 새롭고 더 고귀한 경외에 대한 새벽을 알리는 것일 수 있다는 점이다. 사람의 유일한 선은 진리와 의 안에 있는 까닭에 어떤 재앙도 사람에게 잘못과 악의 파괴적 힘을 보여 준다면, 이는 결코 너무 크지 않다.

선지자들만큼 그렇게 작게 우리는 은혜로운 감정을 통해 세상을 해석할 수 있다. 만일 하나님의 사랑이 누구나 다치는 것을 예방하고 또 안전한 국내적 규율과 가정의 쾌적함 가운데 모든 것을 지키는 의지를 뜻한다면, 이는 그 순간 세상에서 가장 성공적인 역할을 하는 것이 아니라 가장 행복한 때라도 그 효율성에 많은 관심을 갖는 것은 상당한 정도의 맹목적,

자기 만족적인 형통함을 취하게 된다. 하나님의 뜻을 행하려는 우리 자신의 빈한한 의지를 통해 해석한다 해도, 우리는 성도가 된다는 것이 형통함의 보장이 아님을 알지 않을 수 없으며 반면 우리가 승리의 징표인 수치와 고뇌의 십자가로 해석한다 해도, 진보는 언제나 '그 옷과 그 다리에' 피를 흘리게 됨을 보게 된다. 백만장자와 순교자 간이 무관한 것처럼, 우리는 단순한 호의의 원리 위에서는 인생을 위한 어떤 류의 인도도 발견할 수 없다.

요즘 소망의 요소보다는 악의 요소를 보는 것이 더 쉽다. 우리가 단지 친절함으로는 인생의 준엄함을 감당하지 못했다는 점에서 우리는 가혹함으로 이를 감당했지만, 이는 더욱 나쁜 것이다. 오직 조롱만이 다음처럼 우리의 경쟁 체제를 말할 수 있었다.

> 즐거움을 주는 투쟁이 그처럼 시작됐으니, 이제 인생을 친절하게 만들고자 만사에 뛰어나라.[4]

경쟁은 참된 존엄의 사람을 두고 인생을 정의롭고 고귀하고 가치 있게 만들기 위한 투쟁이 아니다. 이에 대한 효용성은 지혜, 아름다움 혹은 선을 낳는 힘이 아니라 남들을 무시하는 힘으로 전적으로 거친 일이며 이는 매우 자연스럽게 전적으로 죽음과 같은 것으로 끝나게 된다.

무슨 유익이 우리 같은 필멸적 존재에게 올 수 있었으며 자연에 대해 무슨 합당한 사용이 혹은 무슨 교제의 축복이 올 수 있으며 경쟁에서의 눈에 보이는 승리를 얻음으로써 이것이 세상의 참된, 유일한 가능한 질서라는 환영을 키울 수 있는가?

하지만 다른 한편으로는 우리의 심령 안에 심지어 우리 사회 안에 다른 그리고 더욱 신적인 요소들이 있지 않다면, 또 우리 가운데 사람들이 그들

---

4 조지 메러디스의 시, 'Phoebus with Admetus'에 나오는 말이다.

자신의 통찰, 믿음 및 용기를 가지고 상당히 다른 삶의 영위에 진력하지 않는다면, 재앙의 유익이 무엇이란 말인가?

심지어는 그들 역시 교훈이 필요할 수 있을지라도 그렇다. 이 교훈은 재앙이 단지 우리 삶의 방식에 대한 개정만이 아니라 우리 심령의 갈망과 신뢰와 경외에 대한 변혁을 요구하고 있다는 것을 그들에게 가르치기 때문이다.

불태움으로 인해 나타나게 될 금이나 은이나 보석이 없다면, 나무나 풀이나 짚을 태우는 것은 우리를 단지 집 없는 자로 만들 뿐이다. 하지만 만일 그 끝이 환멸이라면, 또 우리가 하나님의 "인자하심과 용납하심과 길이 참으심"(롬 2:4)의 풍성함을 의심하지 않는다면, 하나님이 옛것의 파괴를 행하기 전에 새 것을 향한 자신의 길을 보이심을 우리는 의심하지 않을 수 있다.

비록 우리는 그 새 것이 도덕적 질서이어야 함을 알지라도, 이는 그러므로 우리 자신의 통찰력에 속해 도덕적으로 수용되는 것 역시 의심하지 않을 수 있다. 그렇지만 만일 세상이 이 새 것이 필요하다는 것과 또 이를 통해 유익을 낼 수 있다는 양자(兩者)의 의미에서 심판이 무르익는다면, 악의 허용은 사랑에서 나온 것이지 분노에서 나온 것은 아니다.

3. 우리는 하나님의 통치가 죄 사함의 발견을 위한 것만이 아니라는 인식을 경험해야 한다.

대부분의 우리는 전도서 기자처럼 괴로운 경험을 통해 배워야 한다. 왜냐하면, 그 경험은 때로는 실망만큼이나 회한(悔恨)으로 인해 쓰다는 것과 우리는 단순한 호의의 방식으로만 인생길을 갈 수 없다는 점 때문이다. 하지만 우리가 의도적으로 완고하고 눈멀지 않는 한, 우리는 새롭게 배운다. 즉, 선지자적인 영혼은 아픔 없이는 배우지 않더라도, 보통은 지체 없이 배우는 법이다.

그러나 우리가 정의의 길을 지나칠 수 없는 것처럼 호의의 길도 지나칠 수 없다는 것을 아는 일은 선지자들에게는 더 오랜 그리고 더 혹독한 교훈이 필요했다. 욥의 친구들처럼, 그들 백성은 보상의 불평등함에 대한 자신들의 착잡한 생각을 풀기를 원하여, 사람의 심령을 더 깊이 바라보고자 했으며 또 더 오래 기다리며 삶 가운데 자신들의 행위의 결과를 보고자 했다.

확연한 재앙들은 숨겨진 죄악의 결과로 생각되었으며 또 확연한 범죄는 어떤 사람의 생애에서가 아니라면, 그 후손의 생애에서 처벌을 받았다. 반면에 선한 자는 결코 버림받지 않았으며 그의 씨는 결코 빵을 구걸하지 않았다.

선지자들은 자신들을 위한 인정과 상급을 기꺼이 포기하는 것에 만족했으며 곧 "무리의 비방과 사방의 두려움"(렘 20:10)을 감당하는 것을 배웠다. 그러나 의인의 고난, 물같이 쏟아진 그들의 피, 경멸과 책망이 되는 그들의 이름, 이는 오랫동안 고통스러운 비밀로 머물렀다.

하지만 그들은 이 비밀과 씨름했고 마침내 이로 인해 최고의 발견으로 축복받았으니, 그것은 여기가 사랑의 최상의 승리라는 것 그리고 그들의 두려움과는 달리, 가장 깊은 실패가 아니라는 것이었다. 잘못에 대한 분함이 불행한 슬픔의 샘물처럼 죽지 않았지만, 이에 대한 대립이 매우 높은 과감함으로 나타났을 때에 분함은 스스로 연민이 되었고, 그 대립은 평강이 되었다.

저주와 긍휼의 최상의 연합은 주 안에 있다. 주는 아버지 안에 있었고, 아버지도 주 안에 있었으며 주는 죄로부터의 고난 또한 죄의 대가를 위한 고난 이외에 어떤 다른 길을 결코 택했던 것같이 않다.

주가 위선자들에게 그들이 신앙의 이름으로 억압과 불의를 가리는 자라 말하신 것 같은 그처럼 두려운 책망이 어디 있겠는가?
그리고 무엇이 하나님의 연민의 심령에서부터 나오는 고동소리가 되는가?
이 연민은 이 동일한 위선자들의 성읍 예루살렘을 두고 나오는 탄식이었다!

그런데도 어떤 책망보다 더욱 불행하게 다음의 말로 끝났다!

> 그러나 너희가 원하지 아니했도다(마 23:37).

이 뜨거운 분함 그리고 타협 불가한 대립—이는 측은하고 온유하다— 가운데, 우리는 즉시 사람의 책임과 하나님의 사랑으로 말미암아 삶에 대한 최고의 해석을 갖는다. 또 이 안에서 우리가 마침내 보게 되는 것은 하나님이 자신을 제한해, 안에서부터 얻어지고 밖에서부터 강요되지 않는 승리에 이르지만, 여전히 정의보다는 더 나은 방식으로 하나님의 통치를 세울 수 있다는 방편이다

이런 더 나은 방식이 속죄하는 통치, 하나님 백성에 대한 통치로 여기서는 어떤 권리의 주장도 없고 공로와 상급에 대한 멋진 저울질도 없으며 단지 우리는 그 잘못을 그들과 함께 또 그들을 위해 짊어짐으로써 도울뿐이다. 이것이 선지자들의 가장 큰 승리였다. 그들은 의인의 고난에 대한 자신들의 생각을 바꾸어, 마침내는 이 고난이 '우리의 질고(疾苦)를 지고 우리의 슬픔을 당하신' 주의 종됨에 있다는 숭고한 표현을 보일 수 있었다.

주에 대한 이 동일한 영광이 자신의 목숨을 많은 자의 대속물로 드렸던 그의 얼굴에서 온전하게 보인다. 주의 희생조차도 인간의 책임에 대한 대속이 아니라 오직 사랑의 유일한 길만이 대속이다. 왜냐하면, 우리의 책임은 사랑의 첫째가 되는 관심인 까닭이다. 우리를 하나님 백성의 지체로 만들기 위해 사랑은 고난을 당하지 강요하지 않는다. 이 유일한 길에서 우리는 이 나라에 진정으로 속하게 된다. 하나님 자녀의 자유 안에서 말이다.

하지만 속죄하는 통치, 곧 우리의 책임을 유지하기 위해 모든 것을 감수하는 그 통치는 역시 그 동일한 목적을 위해 우리로 고난당할 것을 허용하는 권리 또한 특별히 악을 허락해 스스로를 파괴시키는 권리를 갖는다.

주의 날은 이 땅에서 그 통치의 파괴자들에 대한 하나님의 승리를 나타

냄을 통해, 거룩한 남는 자를 키질하는 날이지만, 결코 좋은 영향력을 명백히 확장하거나 대중을 받아들이는 날이 아니다. 그 복에 대한 기술은 평강의 음률로 소리 나지만, 그 결과는 뚜렷한 간극을 만들며 또 더욱 분명하게 그 전열을 가다듬어야 할 것이다.

이 땅에서 영원히 참되게 불러질 유일한 승전가(勝戰歌) 가운데 이렇게 이상하게 상충하는 긴장, 즉 우주적 지배와 너무나 적은 그루터기의 긴장, 큰 평강과 심화된 갈등의 긴장은 언제나 혼재하지만, 그러나 이 긴장은 마지막 승리의 노래로 화합하게 된다. 왜냐하면, 하나님의 승리는 희생적인 사랑의 역사로 말미암는 것이지 부서뜨리는 힘의 무게로 말미암지 않기 때문이다.

시가서(詩歌書)는 더 많은 비창한 주제를 다룬 적이 없었다.

> 만군의 여호와께서 우리를 위하여 생존자를 조금 남겨 두지 아니하셨더면 우리가 소돔 같고 고모라 같았으리로다(사 1:9).

그리고 더 작은 주제는 "나와 및 여호와께서 내게 주신 자녀들"(사 8:18)이었다. 마침내 예레미야만이 차꼬에 묶여있으나 하나님의 집처럼 여기고, 외로운 고뇌의 심령 가운데 그의 대의를 하나님께 열고 홀로 포도주틀을 밟는 주의 전령으로 나타났다.

주의 제자들은 그를 버리고 도망했으며 또 주가 자기 목숨을 대속물로 주었던 그 백성은 욕을 하고 머리를 흔들면서 지나갔다. 하지만 그렇게 주의 팔은 드러났다. 그렇게 함으로써 주의 진리를 거절하고 그 뜻과 다투는 모든 찰나적이고 덧없는 본색은 명백하여지고, 또 "이방을 비추는 빛이요 주의 백성 이스라엘의 영광"(눅 2:32)은 어둡고 죄된 세상 가운데 세워진다.

이 구속적인 사역의 발견으로 재앙의 목적에 대한 개념 역시 변화한다. 처음에는 하나님의 심판은 세상에서처럼 오직 정화시키는 것만으로 여겨졌다.

> 이스라엘의 빛은 불이요 그 거룩한 자는 불꽃이라(사 10:17).

오직 남는 자만 돌아올 것이며 또 이로부터 직접 거룩한 나라가 솟아날 것이다. 하지만 소망이 나라를 뛰어넘어 자라감에 따라, 이를 실현하는 방편은 단순히 악인의 파멸보다는 또 다른 목적을 갖는 것으로 보였다. 남는 자는 단지 택함 받은 종족만이 아니라 구속적 제사장이 되어, 단지 멸망케 하는 효소만이 아니라 변화시키는 효소가 된다.

마침내 이것이 자기 목숨을 많은 자의 대속물로 주셨던 주 안에 구현된 것처럼, 하나님 아버지의 나라는 회개하는 한 사람의 죄인을 두고 천사들이 기뻐하는 하늘을 가지고 있다. 우리가 이 기쁨을 서로 공유함으로써, 우리는 슬픔 가운데 복을, 갈등 가운데 평강을 가지며 우리 자신은 외적 패배나 죽음 혹은 어떤 필멸적 힘에도 난공불락의 입장에 있게 된다.

그리고 이런 경험을 갖고 우리는 잘못을 복수하려는 더 이상의 유혹을 갖지 않으며 여기에서부터 인간의 권리는 나오게 되고, 또 하나님의 세상에 대한 갈등이 저주에서 변하여 복이 되는 것으로 인해 우리의 삶에 대한 부인 그리고 오욕과 박해의 지불에 더 이상 고통하지 않게 된다.

그리스도의 추종자들은 화평이 아닌 검을 주려 여전히 온다. 자유의 누룩으로 그들은 세상에서 출발했지만 실제적인 전쟁들이 일어났다. 아마도 그리스도인의 모든 전쟁에서 희생이 유지됨은 섬김을 통한 구속이라는 이같은 생각이 낳았던 이상과 감정으로 말미암음이다. 그런 류의 갈등이 옳은 것인지 아닌지는 단지 생명의 관점으로만 결정될 수 없다. 왜냐하면, 자유의 명분이 육신을 죽이는 그들의 두려움을 뛰어넘기까지는 이 갈등은 진정으로 존재하지 않기 때문이다.

어떤 질문도 단지 무저항의 근거라는 이유로 해결될 수 없다. 우리의 저항하지 않는 것이 우리 자신의 잘못이기 때문이며 따라서 우리는 화해하는 섬김의 긍정적 일까지를 부인하는 헛된 분냄 가운데 우리의 삶을 허비하지 않아야 한다. 반면에 우리는 모든 힘을 다하여 세상에 있는 악의 조직에 저항해야 한다. 하지만 세상이 더 나은 길의 가능성으로 나아가는 것처럼, 과연 전쟁이 우리의 모든 힘으로 싸워야 할 길인가 하는 의심은 항상 있어야 한다. 게다가 싸워야 할 전쟁을 찾기는 갈수록 어려워질 것이니, 이는 우리가 "블레셋 사람의 어깨에 날아 앉고 함께 동방 백성을 노략하는"(사 11:14) 것으로부터 우리의 소망이 생기며 우리가 종족적 충동에 순종하여 오직 물질적 목적만을 더 이상 찾지 않을 때이다.

속죄하는 통치가 신의 방식이라면, 이것은 사회를 위해서도 더 뛰어난 길, 더욱 영웅적이고 효과적인 길을 제공하는 것을 보여 줄 수 있어야 한다. 그러므로 그 진정한 갈등은 더 예리하고, 그 승리는 전쟁에서의 승리조차도 절대로 보장될 수 없는 그런 것이다. 전열(戰列)을 가다듬어야 하는 전투는 사람을 물질적 목적을 위한 수단으로 사용하는지, 아니면 물질적 목적의 척도가 사람을 위해 사용되는가 하는 것 사이의 전투다.

그것은 영원히 전쟁을 끝내려는 유일한 전쟁이다. 왜냐하면, 그 전쟁에서의 승리로 인해 효과적인 정치적 보장이 생길지라도, 모든 보장은 속죄하는 통치 없이는 헛된 까닭이다. 그리고 이것은 역시나 사회적 갈등을 끝내는 유일한 길이다. 범죄의 억압과 좋은 관습의 정립 혹은 건전한 교리의 강요에 의해서는 어떤 지속적인 성공도 얻어질 수 없다.

모든 세대의 갈등의 키질은 반대로 우리의 소유를 죽이고, 약속의 보장을 약화시키고, 도덕적 관례를 던져버리며 또 단순한 정통주의를 폐하는 것이다. 이것의 실질적 유익은 사람들로 자신의 포장을 벗기게 하며 자신의 외적인 안전장치를 흔들고, 그들로 무엇을 참으로 믿으며 어떤 명분에 자신의 삶을 걸려 하는지를 묻도록 만든다.

대부분의 사람은 기생적 믿음으로 살아가며 관습적 도덕에 의해 인도받지만, 갈등의 때에는 이것들은 가차 없이 잘려 나간다. 그 첫 번째 결과가 재앙이다. 심지어 참된 것이 그러나 참되게 지켜지지 않아 부인되고, 옳은 것이 그러나 올바르게 행해지지 않아 거절당한다. 기초는 흔들리고 또 제도는 비틀거리며 또 개인은 홈리스이다. 따라서 기생적 믿음과 관습적 도덕은 참된 기초 위에 있지 않은 이유만으로 흔들릴 수 있다. 하나님의 통치는 결코 좋은 관습의 문제가 아니라 언제나 결단력 있는 사람의 문제다. 그들은 참되며 옳다고 생각하는 바를 따르려 결단하며 사람에 주목하지 않고 오직 하나님에만 마음을 두는 자들이다. 그런 까닭에 재앙으로 보이는 것은 단지 키질일 터이다.

용서하는 하나님 나라의 진정한 힘은 대중의 운동에서가 아니라 어느 쪽에 참된 능력이 있는가를 보는 자들에서 나타나며 이를 통해 인류의 진정한 지속적인 유익은 있다. 왜냐하면, 그들은 최종적인 복된 세상의 질서를 분별했기 때문이다. 하나님 나라의 시민권자로서 그들은 세상을 향해 나아가며 그들의 영혼은 하나님만을 기다리며 자신의 삶을 살아갈 수 있었고, 평강 가운데 죽음을 죽는다.

또한, 이 땅의 어떤 힘도 그들로 일을 행하는 것을 막을 만큼 강하지 않으며 그들은 그 나라 안에 있는 자신의 복을 깨닫고, 가난함을 부요로, 패배를 승리로 바꾸며 하나님을 섬김이 자신만을 위함이 아니라 형제들을 위한 일인 것처럼, 하나님의 사랑의 뜻은 하늘에서처럼 이 땅에서도 성취될 수 있음을 발견한다.

만일 우리의 짧은 날을 인내함에도 그들 앞에 있는 길이 길어 보인다면, 여전히 그들은 그 목적지를 보았고 그 목적지만이 중요하다. 만일 여정의 과정이 하나님 방식의 인내를 말한다면, 이는 역시나 하나님 목적의 크기와 완벽함을 말하는 것이다. 하나님은 이 목적을 위해 오래 참고 또 인내하신다.

하나님 나라에서의 사랑의 통치는 오직 자유 가운데 수용되어야 할 것이며 또 그 나라에서의 도덕적 존경은 감상이 아닌 인간의 노력과 하나님의 손으로 도입되는 나라다. 하나님 나라에 대한 이런 개념을 통해 우리의 모든 도덕적 태도도 결정되어야 할 것이다.

자유 안에서의 인격적 통치가 하나님 나라를 드러내는데 실제적인 실패 그리고 제한된 성공에 머물지라도, 이 나라는 그런데도 유일한 실제다. 이 나라는 오직 충성된 소수만을 통치할 것이다. 반면 그들과 대조해서 여전히 미혹된 다수의 광범위한 조직이 서있고, 모든 외양에도 불구하고 악은 이 세상 나라들을 소유할 것이지만, 이 땅은 주의 것이고 그것의 충만이다. 상황은 이 땅이 하나님의 몇 가지 실패작 중의 하나—우리가 그렇게 믿어보자—가 아니고, 하나님의 통치는 중력의 법칙처럼 제한이나 유예도 없는 세상의 질서일 수가 없다.

왜냐하면, 이 통치는 제약과 거절조차도 참는 사랑의 본질에서 나오기 때문이다. 그 사랑은 사람들이 자신을 위해 만든 세상 안에서의 자신들의 책임감을 갖는 인격체를 존중하며 복과 자유로써 그 질서를 수용한 것 외에는 더 작은 성공에 만족할 수 없음을 안다.

하지만 이것만이 힘과 지배를 가진다. 하나님의 통치는 실제적이고 또 하나님의 역사로 항상 가까이 있어 우리는 그 나라 안에 그리고 그 나라를 위해 살고 있다. 따라서 우리는 모든 자에 대해 온유하고 또 우리의 일을 긍정적으로 또 평강의 마음 가운데 행하고 싸우며 우는 것을 그만둘 수 있게 된다.

복음서에서 배운 바대로 이 삶에 대한 태도는 잠정적인 도덕으로 불린다. 하지만 다른 참된 도덕은 없다. 항상 이 세상의 임금인 거짓의 아비를 받아들이는 도덕들은 언제나 타협물이며 합의물이다. 그 합의물은 평강하고자 지옥과 맺는 것이며 심지어 불안하고 고통스럽고 부정적이며 짜증나며 위협적인 그들의 행위에 대한 외견상의 빛과 맺는 것이다.

진정한 도덕은 어떤 의미에서 항상 잠정적이며 언제나 묵시적이며 언제나 옳다고 생각되는 것이 자기 편에서 우주적 힘을 갖는다는 것을 확신하는 일이다. 이를 위해 꽃샘추위는 봄의 전령이며 쌀쌀한 삼월의 날씨에 파종함은 여름과 가을의 약속으로 인해 유쾌하다.

이 섬김의 형태만이 인류의 도덕적 역사에 중요하다. 그리고 우리 자신의 삶을 위해서도 이것은 묵시론적 순간들이라 부를 수 있으리니, 이 순간들은 우리가 환상과 용기의 때요, 엷은 안개가 걷히고, 진리와 아름다움이 모든 것 중에서 가장 근접하고 가장 실제적이며 가장 강력한 것으로 보이는 때이며 이때에 악과의 타협이 오직 어리석음이며 가장 높은 요구만이 분명한 인도이며 또 잘못에 대한 투덜거림과 분개함은 단지 환상의 결여이며 악을 막으려는 모든 기도는 단지 헛된 노력이 되며, 또한 범법 행위를 어리석음으로 보는 연민이 우리의 심령 안에 적어도 동일한 자리를 차지하는 바, 그 심령 안에는 그 범죄의 목적과 손상의 성공에 분개함을 갖기 때문이다.

제8장

영생
(Eternal Life)

　인생의 각 사건은 그 최고의 선을 향하기 때문에 인생의 선이 실현되기 전이라면 이는 중단될 수 없다는 한 가지 조건에서만 축복된 삶이 될 것이다. 하지만 이 확신은 만일 이생에서만 우리가 소망을 갖는다면 분명 우리의 것이 아니다. 우리는 삶에 대한 화해를 말해왔고, 또 어떤 것에 화해된다는 것은 바로 그것이 선(善)임을 아는 데 있다는 것은 사실이다.
　이 선은 삶 밖에 있지 않는 까닭에 삶과의 화해는 시대의 병들을 참아내는 자발성을 뜻할 수 있다. 왜냐하면, 그 삶은 영원을 위해 유익하기 때문이다. 하지만 어떤 더 높은 신앙을 위해 우리가 현재 그 자체로 말미암아 현재와 화해할 수 있다는 의미는 결코 아니었다.
　반면에 우리의 연민이 더 클수록 우리의 열망도 더 높으며 더욱더 우리가 깨닫는 것은 우리의 나날이 적고 악하다는 것 그리고 삶은 항상 세상적인 것에 대한 맹목(盲目)이며 또 믿음의 통찰력이 아니다는 사실이다. 왜냐하면, 이 통찰력이 지금 있는 그대로의 세상에 우리를 화해시키기 때문이다. 영혼이 중지되고 기껏해야 몇 년의 밝은 건강과 젊음과 형통한 평안을 감내하는 때라도 그런 만족은 육감적이며 몰지각하며 신적인 것에서 멀다. 실패와 투쟁과 병듦의 그림자가 곧 인생에 임한다. 그리고 크고 좋은 행운으로 인해 그런 것을 피하게 될지라도, 모두는 죽음의 암울한 전조를 맞닥뜨리게 된다. 그러므로 세상적인 것은 어떤 조건 하에서도 그 자녀 안에서는 오랫동안 정당화되지 않으며 가장 빛나는 세상적 얼굴은 언제나 어두운 구름같이 언짢은 것으로 끝나게 마련이다.

사람은 전적으로 죽어야 할 상태라는 이 헛됨에 대해 통찰력을 우리가 갖기 전까지는 우리의 삶과의 화해에 대한 질문은 결코 일어나지 않는다. 왜냐하면, 오직 그럴 때만 우리는 이 땅에서의 불확실하고 걱정스런 세월을 훨씬 뛰어넘는 삶에서의 목적을 발견할 수 있으니, 이것이 우리가 삶을 살아가는 것처럼 우리로 하여금 삶과 화해하도록 하기 때문이다.

하지만 만일 화해가 또 다른 생애에 대해 이런 의존을 갖는다면, 다음과 같은 물음을 가질 수 있다.

과연 하나님이 어떤 더욱 햇빛 찬란한 정원, 곧 우리의 사랑에 속하며 우리의 도덕의 그림자 가운데 자라나는 아름다운 식물을 위한 정원을 갖고 있는가라는 질문을 왜 우리는 그처럼 늦게 남겼을까?

미래의 삶에 대해서 이 질문으로 시작했다면, 합당한 방식에 대한 가장 분명한 요구 사항이지 않았을까?

그리고 만일 우리가 영혼의 불가분의 연합과 같은 불멸에 대한 어떤 이론(異論)의 여지가 없는 주장으로 혹은 영계(靈界)로부터의 여행자의 돌아옴 혹은 고인(故人)의 영과의 교제 같은 어떤 반박 불가한 사실로 그 증거를 발견할 수 있다면, 우리는 위로 올라가기 위해 훨씬 더 분명한 것을 해야 하지 않았을까?

그리고 우리의 과제는 크게 가벼워지지 않았을까?

대답을 위해 다음처럼 생각할 수 있다.

첫째, 만일 주장들이 있다면, 그것들은 저울에 달아보아야 한다.
둘째, 만일 사실들이 있다면, 그것들은 조사되어야 한다.

이 두 가지는 적어도 이견을 해소하는데 도움이 될 수 있다. 그것은 작은 일이 아닐 수 있다. 왜냐하면, 지적 근거에 뿌리박지 않는 소망은 여전히 지적 난제로 인해 방해를 받을 수 있기 때문이다. 하지만 주장들이나 혹은 사실들 어느 것이나 일종의 확신을 우리에게 줄 수 있으니, 이 확신으로 우리는 하나님을 더 잘 의존하거나 혹은 우리 자신에 대해 보다 자유롭게 될 수 있게 될 터이다.

그것들은 우리의 소망의 주된 근거로써 오히려 미래의 삶과 그 안에 있는 우리의 전망을 우리의 직접적 목적과 일로 만들어 도덕과 신앙을 부패케 하는 그런 위험을 증대시키지 않을까?
그것들은 저승의 복과 화로부터 도적적 제재를 끌어내는 신앙의 강화 그 이상을 할 수 있을까?
신앙과 도덕이 이처럼 결합된다면, 그 효과는 단지 상상적 세계일 뿐이다!

도덕은 오로지 세상적인 신중함의 연장이며 실리적이며 쾌락적이며 비종교적 윤리학과 단지 구별될 뿐이니 이는 상주고 벌주는 더 긴 팔을 갖기 때문이다. 그리고 신앙은 일종의 경찰관이 되는 바, 만일 사람들이 자신들의 눈 앞에 있는 그를 두려워해야 할 필요를 갖지 않고 스스로 처신하는 법을 배우고자 한다면, 경찰관은 없어지게 될 터이다.

실용적 도덕은 매우 잘 보장되어, 신앙의 기초석으로 간주되어 왔다. 또한, 그런 선함을 보이려는 시도는 자체의 법을 가지며 또 그 동기는 신앙이 불필요하고 근거 없음을 증명하기 위한 모든 시도 중 가장 교묘한 것으로 비난받아 왔다.

사람을 도덕적으로 만드는 것은 내생에서의 행복에 대한 보장으로 주로 간주되는 신앙에 의한다. 이런 방식의 중요성이 적나라하게 드러나는 때가 있다. 즉, 신앙보다는 이윤에 더 관심을 가진 어떤 허세를 보인 속물적 인간이 감옥과 구빈원(救貧院)—사람들을 정직하고 법에 충실하며 근면하게 만든다—보다는 신앙이 더 값싸고 더욱 효과적인 방식인 것처럼 변호할 때이다.

이처럼 생각된다면, 천국과 지옥은 순전히 이기적 자존감을 향한 호소일 뿐이다. 이것이 더 물질적일수록 더 효과적인 것처럼, 천국은 바로 물질적 복의 장소요, 지옥은 바로 물질적 비극의 자리가 되게 마련이다. 심지어 이런 상급과 징벌이 보다 영적으로 생각될 때도, 만일 그것들이 물질적 축복처럼 동일한 자존감을 주는 방식 안에서 찾아진다면, 세상적 기질로부터의 실제적 해방은 전혀 없다. 실제로 금욕적 헌신의 삶조차도, 비록 내생을 위해 살았을지라도, 그 외형적 모습으로 인해 우리가 추정하는 것만큼이나 비물욕적(非物慾的)이지 않다.

참으로 물욕 없는 삶은 우리 자신의 유익—그것이 물질적이든 영적이든 간에, 이 세상이든 혹은 저 세상이든 간에—을 위해 사는 것이 아니라 지금 하나님의 목적을 위해 살아야 함에 있다.

하지만 만일 세상적인 투자 방식의 경우처럼 미래에 돈을 걸기에는 너무나 하찮고 의심스러울 것이라는 주장을 두고, 미래의 삶에 대한 설득력 있는 구체적 예시가 더해진다 해도, 그 결과는 여전히 더욱 내세적이고 실리적일 터이다. 보는 것으로 인해 행함은 어떤 경우든 어떤 영적이고 영감을 주며 또 사심 없다는 의미에서 우리로 믿음으로 행하게 만드는 어떤 일도 하려 하지 않을 것이다.

무덤이라는 암울한 침묵이 그 자체 신앙적 의미를 갖지 않는다고 주장할 수 있는가?
다양한 신학들이 이 비밀을 캤고, 신앙들은 신학들을 따랐다!
하지만 신학이 신앙적으로 따랐던가?
신앙이 직접적이고 영원한 길에 있는 또 다른 삶에 관여하는가?

신앙의 진정한 일은 하나님이 직접 우리를 두었던 이 세상 안에서 그리고 삶의 한가운데 있지 않는가?

시간뿐 아니라 영원이란 점에서 오늘의 악은 충분하며 또 우리는 내일에 대해 생각하지 않는다. 어린이는 장래의 어른이 아닌 단지 어린이인 것처럼, 우리는 영광 중의 장래의 성도가 되는 것이 아니라 단지 현재의 이 삶에 최선을 다하는 불사신(不死身)의 존재일 뿐이다.

어린이를 어른들의 일들에서 손을 떼게 하고, 오직 애들의 일들에만 주목하도록 하는 무지함은 그 아이로 하여금 미래를 위해 더 잘 준비하도록 할 뿐만 아니라 동시에 자신의 진정한 삶을 살도록 허락한다. 비슷하게 우리는 지금 하나님 나라의 아들로서 하나님 왕국의 시민으로서 이생의 일들에 우리 자신을 바쳐야 하며 두꺼운 휘장이 우리로 내생의 더 영광스러운 행위들로 말미암아 마음이 흐트러지지 않도록 하는 것을 감사해야 한다.

그 어린이에게 자신의 성인(成人) 의식이 올바르게 있는 곳은 어른이 되는 직접적 목적에 있는 것이 아니라 그가 아동의 의무들을 합당하게 이행함을 통해, 오직 자신의 성숙함의 책임을 예감하는 것에만 있다. 이와 마찬가지로 우리도 소망으로 깨어나 힘을 얻어야 하며 이 소망은 우리의 현생에 대한 올바른 삶으로부터 꽃피는 것이다.

왜 믿음이 가장 진지하게 신앙적인 영혼 중 많은 자에게 영향을 주는 것에 실패하는가?
그것도 특히나 그들이 가장 관대한 마음의 충동에 기꺼이 반응하는 때의 삶의 시기에 그러하는가?
이에 대한 여러 이유 중 적어도 하나는 '신앙은 현생에서의 축복이라는 확신에 대한 상식적인 신앙의 가르침의 부재이다'라고 아니할 수 있을까?

신중하고 세상적인 사람들이 이생에서 어떤 능력을 이루었지만, 오는 세상에서 더 나은 능력을 확보하는 유익의 년수가 줄어든다는 경고를 받게 된다면, 그들이 갖은 성공은 그 실패에 대한 가난한 보상일 뿐이다. 젊고 관대한 영혼들은 열렬하게 삶을 의식하며 또 그리해야 한다.

하지만 삶이 그들의 직접적이고 긴박한 관심사가 아니라는 것에 대해 어떤 것도 그들을 설득시킬 수도 없었고, 어떤 것도 그들을 설득시키지도 않았지만 삶이 그들의 직접적이고 긴박한 관심사가 아니라는 것에 대해 어떤 것도 그들을 설득시킬 수도 없었고 어떤 것도 그들을 설득시키지도 않았으리라.

그러므로 사람들은 자신의 냉혈적인 피에도 불구하고 분명하게 언제나처럼 삶에 집착할 때, 삶의 문턱에 서 있는 자들을 격려하되, 그들 앞에 놓인 삶의 모든 영광스러운 가능성으로 그리하며 연수 많고 옥에 갇힌 성도처럼 말한다.

> 내가 떠나 그리스도와 함께 있을 욕망을 가진 이것이 더욱 좋으나 (빌 1:23, 개역한글).

하지만 그 결과는 단지 비현실과 실망의 두 가지 감정일 뿐으로 마치 신앙은 이생에서 어떤 류의 의미도 전혀 찾을 수 없고 그래서 절망 가운데 또 다른 삶에 이생을 내팽개쳐야 하는 것과 같다.

연약함, 사로잡힘 그리고 노년은 당연히 삶을 지치게 한다. 반면 야외에서의 젊음과 활력은 그렇지 않다. 심지어 노년의 바울에게도 그 기분은 오직 본질에서 오는 것이지, 은혜에서 오는 것이 아니다. 진정한 신앙적 음률은 그런 자연적 충동을 이기는 그의 승리요, 삶은 그 마지막 앙금까지 의미와 가치를 가질 것이라는 영광스러운 확신이다.

이 영원한 젊음의 음률이 진정한 불멸의 소망이며 이는 절망적인 가난함의 두려움에서, 편벽된 염려들에서, 쥐가 날 정도의 개인적인 야망에서, 추락하는 권력과 삶에서의 좁아지는 기회라는 마비감에서 해방되는 것이다.

또한, 이는 우리로 하나님 자신의 높은 길을 밟도록 만든다. 이는 시간의 노골적이고 물질적인 통치를 뛰어넘는 자리로 우리를 옮기기 때문에 종말의 때만이 아니라 인생의 모든 순례를 통해 영원을 위한 전망을 낳게 한다.

불멸에 대한 진정으로 유일한 신앙적 소망은 하나님이 죽은 자의 하나님이 아니라 산 자의 하나님을 아는 것만큼이나 그렇게 하나님과 함께 사는 것이다. 이 소망은 "다가올 삶을 위해 살자"가 아니라 "이제 우리는 영생을 갖는다"라고 말한다.

우리가 이후에 행복하기 위해 지금 비참하게 되는 것 대신에 소망은 우리에게 축복이 끝날 수 없다는 것을 아는 그런 성질의 축복을 현재에 소유하도록 할 것이다. 소망 안에서 죽을 공포를 이기는 승리를 이미 갖음으로 하여, 이는 우리에게 마지막 원수인 죽음을 이기는 승리를 확신하는 권리를 준다.

이생에서의 복된 그리고 무한한 목적을 찾음으로 인해서만, 우리는 이생이 담고 있는 것보다 더 큰 승리의 소망을 가질 수 있게 된다. 기껏해야 어떤 책임감의 연대―만일 이 장래의 삶이 지금 보이는 것처럼 비참하게 보이지 않는다면, 매우 단단히 고정되지 않았을 연대―로 인해 이생과 연결되는 또 다른 생의 소망은 우리에게 사려분별의 고려함 외에는 역사하는 능력이 없는 의심스러운 가정에 지나지 않을 것이다. 많은 자에게 이것은 정말로 매우 의심스럽다.

어떻게 지금도 도움받지 못한 그들이 갖는 악의 상태가 오는 세상에 보상받는다는 고무적인 전망을 줄 수 있는가?

모든 선을 또 다른 생으로 이처럼 이전함은 그들의 즉시적인 정당한 요구들을 잠재울 공허한 약속처럼 보인다!

우리의 현재적인 필요 사항들을 위해서는 어떤 것도 얻어질 수 없는 미래를 근거로 그 미래에 대한 백지수표가 어느 때고 지불되지 않으리라는 것을 두려워할 이유가 없기 때문인가?

그런 이유로 인해 신앙의 첫째 목표는 장래 삶의 실제를 보여 주는 것이 아니라 이생 안에서 우리가 하나님과 화해하는 일이다. 만일 삶을 뛰어넘는 것이 없어서 비록 우리는 삶과는 화해할 수 없을지라도, 하나님과의 화해는 악 자체에도 불구하고 또 다른 삶에서 우리를 기다리는 보상 때문에 하나님께 화를 내지 않아도 이생이 용인될 수 있다는 뜻이 아니다.

우리가 또 다른 생을 믿기 때문에 하나님과 화해되어야 하는 것이 아니라 하나님과 화해된 우리가 확장되고 있는 삶에서의 의미 그리고 죽음이 끝낼 수 없는 목적을 찾기 때문에 또 다른 생을 믿어야 하는 것이다.

거룩한 사랑의 무한한 목적에 못지 않게, 삶은 우리에게 다름 아닌 그 자체에 영원한 근사치를 확신시켜 줄 수 있다. 규율과 의무라는 우리를 위한 모든 약속 가운데 이것을 깨닫는 만큼, 우리는 지금 그 자체를 완성하고 있는 영원한 소망 안에서 삶의 현재적 확신을 갖게 된다. 따라서 우리는 합당하게 또 신앙적으로 또 다른 생을 믿는 바, 우리가 이생에게는 너무나 작은 사랑의 목적을 섬기고 있기 때문이다.

그런 소망은 끝없는 생명의 능력이며 단지 숨은 상급의 기대만이 아니다. 상급은 하나님이 수여할 하늘을 갖고 있다는 이유만으로 우리로 하나님을 섬기게 만들지만, 하나님에 대한 모든 소망이 살아 있게 만드는 사랑에 대한 바로 그 확신을 부패케 한다. 우리의 모든 실패로 인해 사랑받을 가치가 없음에도 불구하고, 하나님 사랑의 뜻을 우리 자신의 자유의 법으로 받아들임으로 말미암아, 우리는 그 법 안에서 무궁하고 복된 목적을 사랑 그 자체로 발견하게 되며 그래서 우리는 이미 영생을 갖음을 아는 바, 그 영생은 사랑 안에서 즉시로 영광스러운 인격적 소망을 또한 장래에 대한 걱정의 지배로부터의 해방을 갖는 까닭이다.

하지만 또 다른 생의 소망이 없이는 선의 목적에 대한 모든 실현은 영원히 우리의 범주를 벗어나지만, 이 소망은 숨겨진 상급을 위해 섬기는 것을 목표로 하지 않고는 약속 혹은 은사의 직접적 방법을 통해 주어질 수 없다. 왜냐하면, 상급은 선 그 자체를 위한 섬김으로부터 우리를 멀어지게 하기 때문이다. 하지만 다시금 직접적인 전능성의 일로써 가능하지 않는 것이 하나님의 인격적인 따라서 간접적인 방식에 의해 가능하다.

이는 풍성한 수여뿐만 아니라 합당한 수용에 유의한다. 다시 한번 그 결과는 다음처럼 요약할 수 있다.

또 다른 생의 축복은 하나님으로부터의 직접적인 선물도 될 수 없고 혹은 우리 자신의 성취를 위한 직접적 목적물도 될 수 없다. 신앙으로 말미암아 도덕적 행위를 부패케 하지 않으며 혹은 도덕으로 말미암아 신앙을 부패케 하지 않음으로 인해 우리는 영생의 소유를 갖으며 이는 하나님의 영원한 목적과의 화해로 말미암는 바, 우리 자신, 우리 이웃 그리고 하나님에 대한 올바른 관계를 수여하며 그러므로 적절한 도덕적 주체, 적절한 도덕적 영역 및 적절한 도덕적 질서를 준다.

오직 어떻게 신앙이 우리에게 이런 것들을 제공하는가를 아는 것만큼, 우리는 신앙에 대한 도덕적 행위의 참다운 의존을 이해하게 되며 도덕적 행위를 잘못되어 그리고 이기적으로 신앙적 동기에 의존하게 만들려 하거나 혹은 신앙을 도덕의 단지 부속물로 만들려 하거나 혹은 신앙과 도덕을 별도의 객실에 두려는 생각을 더 이상 하지 않게 된다.

첫째, 은혜는 우리를 이생과 화해시키고 이것이 어떻게 또 다른 생에서 완성되는가를 보여줌으로써, 우리를 우리 자신과의 올바른 관계에 두게 하며 또 이처럼 적절한 도덕적 주체(독립)를 제공한다.

신앙의 이런 도움이 없이는 도덕은 해결 불가한 이해상충으로 끝나고 만다. 도덕적 주체는 그 자신으로 목적이 되어야 한다. 그가 복종한 율법은 그 자신의 자유의 율법이며 그가 율법을 복종하는 수단인 경외는 도덕적 인격체로서의 자신을 위한 경외이다.

하지만 만약 도덕적 주체가 단지 목적에 대한 수단으로만 간주된다면, 심지어 그 목적이 하나님의 백성 혹은 그 나라뿐이라면, 이는 이루어질 수 없다. 하지만 다른 한편으로 자기 실현은 도덕적 목적이 아니며 또 그렇게 함으로 해서 우리가 더 높은 섬김을 행함이 없다면, 이는 도덕적 목적의 어떤 면도 되지 못할 것이다.

  진정한 도덕은 아름다운 동기들 혹은 아름다운 성품에 눈을 두는 것이 아니라 단순하게 올바르게 행하는 것에 시선을 둔다. 따라서 도덕은 스스로 풀 수 없는 문제를 직면하게 된다. 그 문제는 그가 행한 모든 것을 향한 도덕적 주체의 영원하고 무한한 의미로 자신의 도덕적 과제 가운데 자신을 잊게 만드는 끊임없는 요구 조건과 함께 한다.
  이는 도덕적 주체가 어떻게 유일한 최종의 목적인가를 말할 수 없다. 그러나 말할 수 있는 것은 어떻게 진정한 도덕적 태도가 우리의 과제만을 만들 뿐, 우리의 의식 있는 대상인 우리 자신은 결코 만들지 않는다는 사실이다.
  하지만 어느 경우든 신앙은 단지 불멸의 소망만으로는 그 해결책을 발견할 수 없다. 무덤을 뛰어넘는 소망이 없이는 우리는 인격체이기보다는 차라리 물건이다. 즉, 우리는 우리의 어떤 목표—그러나 이는 부패다—에 분개하는 것을 낯설게 더한다 해도 그렇다.
  자신을 목적으로 한 도덕적 주체는 그러므로 어떤 지속적인 가치가 없이는 전혀 존재하지 않는 것처럼 보일 것이다. 우리 자신을 부인하는 것은 이것이 그렇고 혹은 그렇지 않고 하는 것에 무관심하는 것이 아니다. 신앙은 시간을 뛰어넘는 승리이지, 영원에 대한 외면이 아니다. 자신을 좇아 살지 않는 삶의 비밀은 우리 자신을 위한 경외이며 경외만이 지금조차도 무한한 생명의 능력을 알게 한다. 자기 부인(自己否認)은 자기 소멸이 아니다.
  만일 우리 모두가 살기를 그만둔다면, 우리가 어떻게 우리 자신을 좇아 살지 않을 수 있겠는가?
  게다가 자기 부인은 그 자체가 도덕적 목적은 결코 아니지만, 도덕적 목적에 대한 필수적 수단으로써만 좋다. 하지만 자기 부인이 불멸의 소망 위로 우리를 들어 올린다고 여겨지는 것은 사실상 잘못된 생각이지만, 단지 불멸의 소망은 우리를 비도덕적인 입장에 있도록 둘 터이다. 이 입장은 도덕적 목적을 우리의 불멸하는 영혼의 완전함으로 만든다. 왜냐하면, 이는 비록 우리로 하여금 자신을 좇아 살도록 요구하지 않을지라도 여전히 우리 자신을 위해 살도록 놔둘 것이기 때문이다.

우리의 영원한 선을 제공하는 세상 안에서 하나님과의 화목으로 말미암아 우리가 율법과 사랑이 하나가 되는 무한한 생명의 능력을 갖지 않는한, 우리가 진정한 도덕적 주체를 가질 수 없다. 이는 그의 도덕이 즉시로 그 자신의 가치와 축복으로부터 격발되지만, 그러나 이를 잊고, 오직 부르심과 기회만을 마음에 두기 때문이다.

그리고 우리가 이 승리를 얻었을 때에만, 우리는 자아에게 즉시로 매우 충성하며 동시에 자아를 철저히 잊는 주체를 갖게 된다. 그러나 이로 인해 가장 온전하지 않은 자가 적절한 도덕적 주체가 될 수 있는 반면, 가장 높고 거룩한 자라도 단지 도덕적 성취만으로는 이에 이를 수 없다.

둘째, 은혜는 또 다른 생에서의 충만한 의미를 보여 주기 위해 우리를 이생과 화해하게 함으로 해서 우리를 타인과의 올바른 관계에 두며 우리에게 적절한 도덕적 영역을 제공한다.

사랑의 윤리적 의미는 각 사람을 그 자신 자체를 목적으로 대접하는 것, 즉 그를 경외하되 그가 현재 어떤 존재이기 때문이 아니라 그가 어떤 존재가 되어야 함을 위해서이다.

그러나 모든 이야기가 무덤에서 끝나고 우리가 그는 결코 그런 존재가 되지 않음을 안다고 해 보자.

우리는 그는 어떤 존재가 되어야 한다고 계속 말할 수 있는가?

우리의 경외는 의심할 바 없이 온유함에서 나오는 바, 우리의 모든 관계가 변화와 죽음의 처분에 달려있다는 의식으로부터이다!

그러나 만일 우리가 우리의 관계 뒤에 철저한 덧없음을 놓았고 또 죽을 존재라는 깨어지기 쉬운 그릇이 불멸의 내용물을 갖고 있다는 의미를 잃어버렸음에도 이 경외가 지속할 것일까?

만일 우리가 우리의 동료를 그들의 몇 년 안 되는 지상의 년수 가운데 가능성의 관점에서 그리고 약속으로써가 아니라 성취로써 섬겨야 한다면, 어떻게 우리가 사람을 단순히 사람으로서 경외할 수 있겠는가? 혹은 확신 있게 그의 기쁨 위에 그의 가치를 두겠는가?

특히, 그가 자기의 업적과 성품에서 우리에게 존경을 위한 작은 근거만을 주는 때라도 말이다!

사람으로서 사람에 대한 경외가 없음에도, 그 안에서 한량없는 가능성 때문에 누구도 어떤 깊고도 혁명적인 정의, 곧 권리에 대한 가장 피상적인 판단과 순전하게 전통적인 소유관을 넘어선 어떤 것을 효과적으로 옹호하지 않는다. 그가 서서히 진행된 연륜을 마주하면서 지속적인 인내도 가질 수 없음은 그가 모든 올바른 인간 관계는 물질적인 것들에서조차 이생을 뛰어넘는 가치를 갖고 있음과 또한 영원한 하나님의 질서로 자리 잡게 됨을 믿지 않기 때문이다.

의심할 바 없이, 많은 자가 깊은 정의감을 갖고 있음에 따라, 자신들이 어떤 불멸의 영혼에 대한 생각으로 영향을 받았다는 것을 인정하지 않을 터이다. 하지만 부분적으로 영웅주의는 자주 지적 쇠퇴를 겪게 하는 믿음으로 인해서 자라나게 된다. 그리고 부분적으로 불멸에 대한 믿음은 미래에 대한 단순한 주장으로 간주되어 왔지, 인간 관계에서 영원과 영원을 위한 의미에서가 아니었다. 우리가 이생을 인간에게 속한 모든 것으로 간주하는 한, 우리는 언제나 옳음을 위한 단지 혼란 상태에 있는 사회를 가질 것이다.

거기에는 강자의 우선되는 의무가 자기 자신의 보호가 되는 것처럼 보일 것이지만, 비록 이것이 밖으로부터 규제될지라도 언제나 도덕적 혼돈이 되는 상태일 뿐이다. 오직 죽지 않는 자들의 사회 일원으로서 우리는 질서를 의에 근거하도록 소망할 수 있고, 그런 점에서 나중된 자가 먼저 되고, 연약함과 필요가 성취와 소유보다는 더 큰 주장이 될 수 있다.

하지만 다시금, 또 다른 생이 공로와 상급의 끈으로 말미암아 이생과 연계될 것이라는 단순한 기대만으로는 그것은 촉진될 수 없다. 법적 공정에 대한 신뢰, 즉 이에 따라 각자가 어느 때건 간에 자신의 행위에 대한 상급을 받는다는 것의 신뢰는 죄와 고통에 대해 강퍅한 무관심을 갖는 가장 보편적이고 가장 강력한 원인들의 하나이다.

사람의 각 영혼을 위해 이 불완전한 세상에서도 영원하신 아버지의 영원한 역사가 있다는 것, 영혼의 진정한 선은 아버지의 목적이며 사물은 단지 수단에 불과하다는 확신, 이것만이 사람 안에 하나님의 형상의 가능성을 위해 그를 경외하는 그 사랑을 우리 안에서 자라나게 할 수 있으며 우리로 돕는 것에 앞장서고 정죄하는 일에 늦도록 만들 수 있다.

은혜는 우리로 이생과 화해하게 하므로 인해 또 다른 생에서의 그 충만한 의미를 보여 주고, 그러므로 적절한 도덕적 질서를 제공한다. 왜냐하면, 도덕적 질서는 비록 아직 실현되지 않았음에도 타당한 까닭에 이것이 실현되지 않을 것임에도 불구하고 여전히 타당할 것이라고 주장할 수 없다.

도덕은 공중에 지어진 성이 아니며 헉슬리가 상상한 것처럼, 우주적 질서에 대항하는 단명(短命)의 위험스러운 반동이 아니다. 이는 생명의 궁극적 의미이거나 혹은 아무것도 아니다. 그리고 만일 그 궁극적 의미가 사랑이라는 도덕적 질서라면, 최종의 실제적 질서가 죽음이라면 타당하다고 말하는 것은 터무니없는 일이다.

사랑은 자존감이 아니라 자기 헌신이다. 하지만 이는 자기 파괴나 자기 무시가 아니다. 그러므로 만일 사랑 그 자체가 우리의 최상의 자아 실현이라면, 사랑은 우리 자신에 대한 시선을 돌려, 사랑 자체의 명령의 완수에 두는 것은 당연하며 사랑이 그럴 수 있음은 세상이 그렇게 만들어져 구원 받기 위해서는 자아로부터 해방되어야 하기 때문이다.

사랑은 자기애(自己愛)에 합당한 자리를 주지만, 공리주의적 도덕으로부터 우리를 해방시킨다. 이 도덕은 자기애를 덕행의 척도와 목적이 되게 하기 때문이다. 공리주의는 이렇게 말한다.

"무엇이 우리를 참으로 즐겁게 하는가를 넓게 판단해 본다면, 양심은 오직 자기애다."

하지만 진정한 도덕은 다음과 같이 말한다.

"올바른 자기애는 하나님의 사랑의 뜻에 의해 전적으로 결정되는 양심일 뿐이다."

즉, 하나님의 사랑의 뜻은 무엇이 우리 안에 하나님의 형상에 가치가 있는가에 도움을 주며 우리를 축복한다. 왜냐하면, 이는 하나님이 우리를 놓아두셨던 참된 질서와 조화되기 때문이다.

그런데도 이 도덕적 질서는 또 다른 생이 오직 도덕적 처벌을 통해 이생에 연결된다는 것에 대한 단순한 믿음만으로는 제공될 수 없다. 그 믿음은 오히려 도덕직 질서의 파산이며 전혀 도덕적이 아닌 물질적인 것인 오직 동기에 대한 신뢰의 고백일 뿐이다. 왜냐하면, 비록 동기가 영적으로 되어도 물질적 유익을 위해서처럼 동일한 방식으로 여전히 자아 위에서 역사하기 때문이다.

사랑의 질서는 즉시로 자기 희생이며 자기 실현이다. 이는 약속으로 말미암아 행하지 않고 그 모든 역사(役事) 가운데 약속의 충만함이기 때문이다. 또 이는 사랑 안에 땅의 발자국을 갖지 않으며 그 사랑 위에는 하늘의 모든 궁창이 있지 않고 오직 사랑만이 가치가 있을 것이다. 사랑은 다음처럼 말할 수 있기에 쓸모가 있다.

하늘에서 너희의 상이 큼이라(마 5:12).

왜냐하면, 그 하늘은 그 자체의 완전한 규율이며 그래서 사랑 안에서 사는 우리는 영원한 것 가운데 있음을 알기 때문이다. 여기서 우리는 도덕과 신앙의 진정한 관계를 본다. 지금껏 말해왔듯이 어떤 것도 신앙을 위해 행해져서는 안 되며 모든 것은 신앙과 함께 행해져야 한다.

하지만 신앙 세계, 곧 당장에 우리로 우리 자신을 부인하고 또 우리를 발견하게 만드는 그 세계에서는 단지 도덕은 그 자체를 잃어버림을 기뻐해야 한다. 왜냐하면, 이는 그 율법을 완성함보다 더한 것이 사랑임을 발견하는 까닭이다.

그것을 볼 때, 신앙은 다시금 삶의 모든 일의 심장부라는 그 주장이 유효하게 될 것이며 그리 해왔던 것처럼, 신앙을 고백하는 많은 자를 위함이 아니며 그 자체로 선이 될 수 있는 어떤 것을 위함이 아니라 삶의 모든 일을 위해 유용하다고 생각될 수 있는 최종적인 것이라고 당당히 주장할 수 있다.

하지만 여전히 삶의 본질은 우리 자신의 손을 위해 싸우도록 남겨져 있다. 그러면 신앙이 없이 방종과 비참함이 되는 삶이 즉시 검소함과 축복이 된다.

CLC 도서 안내

In Search of Personality
기독교 인격론
기독교와 현대 심리학

**피터 모레아 지음 | 정은심 옮김 |
신국판 360면**

　본서는 인간론 중 특히 인격에 대한 문제를 심도 있게 다루고 있다. 현대 심리학의 인격론과 기독교의 인격론을 비교 분석하여 양자 간에 어떤 공통점과 차이점이 있는지 살핀다. 기독교 인격론에 있어서 어거스틴, 키에르케고르, 아빌라의 테레사, 파스칼, 머튼, 칼 라너의 인격론을 살피면서 현대심리학의 다양한 입장들과 비교 평가하므로 기독교 인격론 이해에 유익한 지침을 제공한다.